# 學校領導

## 新理論與實踐

黃宗顯等 合著

五南圖書出版公司 印行

# 序

　　領導對於組織發展具有關鍵影響力，因此，國內外有關領導理論的研究蓬勃發展，累積的研究成果也頗為豐碩。學者們提出的領導理論不僅多元，且許多皆甚具洞見與啟發性。國內過去雖已有先進針對領導理論加以引介，然而由於領導理論研究的多元與快速發展，既有的領導理論專書或已失之較舊，或因較偏於研究專門理論，而未能針對各種新領導理論進行較全面性的介紹，以協助讀者對於新領導理論發展的樣貌有較廣泛的瞭解。這種情況對於有興趣研究領導理論的入門者，以及平日忙於紛冗校務的學校領導者而言，在某種程度上已形成一種探究上的不便和不足之憾。有鑑於此，本所博士班師生乃共同研議撰寫本書。一方面可以一起研究與欣賞各種理論的洞見與智慧之美，一方面得以彌補國內既有領導理論書籍的不足之處。

　　基於此種用心，本書首先針對領導理論發展的梗概，進行扼要的概覽及特色介紹；接著再以專章分別探討各種新型領導理論的內容及其在學校實踐的可行做法。本書撰寫的主題包含：自我領導、文化領導、分散式領導、火線領導、服務領導、加值型領導、家長式領導、混沌領導、第五級領導、創新領導、道德領導、教學領導與課程領導、賦權領導、轉型領導、競值領導、靈性領導等十七種。各章撰寫之後並附有問題討論，以加深讀者對各種理論的探究與思考。本書雖未能涵蓋所有的新領導理論，但已能提供讀者較完整瞭解新領導理論發展的圖像。各章所提出的學校領導實踐做法，對於學校領導實務亦皆具有參考價值。

　　有學者指出：「有什麼樣的校長就有什麼樣的學校」，這句話點出領導者對於學校發展的重要性。目前社會環境快速變遷，學校領導者需要面臨的挑戰亦不斷的急劇變化。如何進行有效的領導，以因應學校內外在的變局，並提昇學校領導的效能，乃是學校領導者需要費心研究的課題。本書對於各種新領導理論內涵及實踐的介紹，希望能有拋磚引玉之效，對於學校領導視野的開拓及行動智慧的啟迪，亦祈可以貢獻棉薄之力。

　　本書能夠付梓，感謝五南圖書出版公司楊榮川董事長、陳念祖副總編輯、

李敏華責任編輯及有關同仁，慨允及協助本書的出版。本書能與讀者歡喜結緣，渠等功不可沒。也感謝明宗及作者群們一年來的合作與努力。這本書的完成，代表大夥兒在學習上的一份心力與精神。各章寫作雖已頗為盡力，但疏漏不足之處難免，敬請方家不吝指教。

黃宗顯 謹識

2008年8月於臺南大學教育經營與管理研究所

# 目　錄

# 第一章

# 領導理論
# 研究概覽

# 壹、前言

有關領導理論的研究很多，綜合相關學者的觀點（張明輝，2000；張慶勳，1997；黃昆輝，1988；蔡培村、武文瑛，2004；謝文全，2003；羅虞村，1986），領導理論研究的發展，大致可分為實證與非實證兩個階段，以20世紀為分水嶺，之前為非實證階段，之後為實證階段。

在非實證時期之領導理論，較常被論及的有：英雄論和時代論。前者認為英雄造時勢；後者認為時勢造英雄。非實證時期之領導理論，主要係思想家對領導之主張與看法，涉及主觀信念與時代背景因素，屬於未經嚴謹科學程序驗證之論述。

20世紀邁入領導理論之實證研究階段，研究發展重點大致可以劃分為四種理論：一、特質論：約在20世紀初至40年代末，也就是領導理論出現的初期，研究者主要從事的是成功領導者特質之探究；二、行為論：約從40年代末至60年代末，此類型研究主要的重點在探究領導者之行為，其核心觀點認為領導效能與領導行為、領導風格有關；三、情境（權變）論：約略在60年代末至80年代初，學者提出了情境（權變）領導理論，認為有效的領導行為視情境狀況而有不同，領導行為需依不同情境權變調整，進行有效的搭配；四、現代領導理論：大致從80年代初至今，出現了許多新興的領導理論研究，內容涵蓋組織轉化、自我提升、道德、價值、文化、服務、賦權、專業等各種領導觀點。

新興領導領論目前正蓬勃發展，理論呈現百家爭鳴之態。坊間目前尚少有針對新領導理論及其實務應用出版綜合性的專書。本文以下將先針對80年代以前的領導理論發展做一概要性的回顧，接著將對本書所整理的包含「自我領導」等十六種新領導理論，作一綜合性的介紹，並指出新領導理論具有的一些特徵，以協助讀者對領導理論研究發展狀況的瞭解。

## 貳、領導理論研究回顧

　　如前所述，領導理論研究之發展，基本上可分爲實證與非實證二階段，以20世紀爲其分水嶺，之前爲非實證階段，之後爲實證階段。而實證階段又可區分爲傳統實證研究階段與現代實證研究階段（如圖1-1），以下扼要析述之：

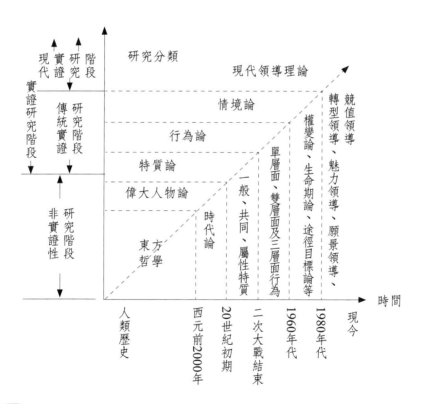

**圖1-1**　領導研究之發展脈絡分析圖（蔡培村、武文瑛，2004：89）

## 一、非實證研究階段

　　中國遠自春秋戰國時代孔子、孟子等大儒，西方溯及希臘時代蘇格

拉底、柏拉圖等哲學家，以及後續各時代的思想家，皆曾對領導提出其
看法。

　　分析非實證研究階段有關領導之論述，受到較多討論的有兩大類
別：一為「英雄論」或稱「大人物論」，認為領導者的言行決策，影響
國家的安危興衰，並認為成功的領導者必具備獨特的人格及領袖特質，
足以開創新局，即所謂「英雄造時勢」。另一為「時代論」或稱「時代
精神論」，為前述「英雄論」之反動，認為時代的思潮及環境，孕育了
不同的領導人物，即所謂「時勢造英雄」。上述兩個領導探究途徑屬於
歷史及哲學研究的範疇，而非屬於科學實證研究的性質，其中「大人物
領導論：英雄論」實可稱為古典的特質論（黃昆輝，1988）。

　　綜合而言，非實證研究之領導理論，較缺乏系統性的理論架構，主
要為思想家對領導之主張與觀點，涉及主觀信念與時代背景，屬於非經
嚴謹科學程序驗證之論述。

## 二、實證研究階段

　　領導理論實證研究階段又可分為傳統實證研究及現代實證研究階
段，析述如下：

### （一）傳統實證研究階段

　　有關傳統實證研究階段之分期，黃昆輝（1988）、蔡培村、武文瑛
（2004）等皆將其分為特質論、行為論、情境（權變）論：

#### 1.特質論（the traits theory of leadership）

　　特質論研究者主張一個理想的領導者，均有其共同特質與屬性，例
如：果決、具親和力、有智慧……等，其基本假定認為這些特質可以用
科學的方法加以測量，並做為組織選才之依據。

　　特質論研究重要代表者Stogdill（1969）曾探討自1904年至1947年
所完成有關領導特質的一百二十四篇研究文獻，而將與領導才能具有關
聯的個人因素歸納為六大類：(1)能力：包括智慧、機警、言詞靈巧及判
斷；(2)成就：包括學識、知識、及運動成就；(3)責任：包括可信賴、倡

導、堅忍、積極、自信、及超越他人的慾望；(4)參與：包括活動、社交能力、合作、適應能力、及幽默；(5)地位：包括社經地位及聲望；(6)情境：包括心理層次、地位、技能、追隨者的需求與興趣、以及欲達成之目標。Stogdill（1974）更進一步對1948年至1970年間，一百六十三篇「領導特質研究」文獻進行領導者特性的因素分析工作。

特質論取向因為研究對象不同、研究工具、研究方法歧異，故所測出之研究結果也不盡相同，只能依研究設計，瞭解不同族群領導者具有之特質。針對上述結果，Stogdill（1969:91-123）曾提出三項頗具啟示的看法：(1)僅有人格特質，實不足以鑑別領導能力；(2)成功領導者所具備的特質，隨不同的情境而存在差異；(3)探究特質理論，應將個人特質及情境因素兩者的特性進行統合研究，如此方能臻其功。

綜合而言，領導特質眾多紛歧的研究結果，不但不足以成為成功領導者共有特質的有力證明，反而產生對領導特質論外在效度的疑惑。明顯的，要確認成功領導者所具備一致且獨特之特質的想法過於樂觀。特別是特質論的研究發現，探究成功的領導應重視情境因素的影響，對於後來「情境論」的研究取向有啟示作用。此外，特質論的研究也影響了新領導理論的發展，例如新領導理論中「轉型領導」、「道德領導」、「靈性領導」、「第五級領導」等，均強調領導者應具備某方面的特質以發揮其影響力。

### 2.行為論（behavior theory）

在40年代特質論的研究結果分歧，無法得到令人滿意的成果。加上行為主義心理學在此階段崛起且聲勢浩大，使得領導理論的研究在此時期出現大轉向，研究者紛紛採用行為論觀點，轉而探究成功領導者的行為。

行為論的基本觀點在於，優異的領導者能夠表現出領導的有效作為，主張傑出領導者之研究取向，應自內隱之人格特質轉而至外顯的領導行為。因此行為論者希望經由檢驗領導者的外顯行為來解釋領導，即透過對其外顯行為的觀察，獲得更為客觀而有效的觀點以區分領導者的優異與拙劣。行為論主要研究取向包括以下數種：

(1)單層面領導行為研究：例如Lewin、Lippitt與White（1943）依

據權力分配和決策過程將領導的型式分為：權威型（authoritarian）、民主型（democratic）、放任型（laissez-faire）。研究結果顯示：「權威型」的領導型式能在短期間內提高工作效率，但成員的工作滿足低；「民主型」的領導型式與工作效率和成員的工作滿足呈現高度正相關，但決策的過程費時；「放任型」的領導型式與工作效率呈現負相關，成員的工作滿足亦低，但最能發揮成員的最大才能。

(2)**雙層面領導行為研究**：最具代表的為Ohio州立大學企業研究中心（The Bureau of Business Research）研究團隊從事的領導行為相關研究。該研究團隊並發展設計出「領導者行為描述問卷」（Leader Behavior Description Questionnaire, LBDQ）。經因素分析，LBDQ可測量領導行為的兩個層面：倡導（initiating）與關懷（consideration）。強調領導行為非單一層面，而是二層面之連續、交互運用歷程。依照倡導與關懷程度的高低，可將領導型態分為四種：①高倡導高關懷、②高倡導低關懷、③低倡導低關懷、④低倡導高關懷（Halpin & Winer, 1957）。

Ohio州立大學研究團隊之研究結果得到：「關懷」行為對教師的工作滿意、士氣等有顯著的關係，而「倡導」行為則與工作績效、生產力等有密切的關係（Halpin & Winer, 1957）。值得關注的是對於領導者運用「高倡導高關懷」與領導成效具有密切關係的研究結果，雖然對於領導實務具有啟示性，但這樣的結果卻仍然遭受到若干批評。特別是其研究並未發現「固定之最佳領導方式」（黃昆輝，1988:378）。亦即並沒有一種放諸四海皆準的固定領導方式，可以適用於各種領導情境。此種看法，有助於情境論研究的興起。

(3)**三層面領導行為研究**：Reddin（1970）以「工作層面」（task dimension）、「關係層面」（relationship dimension）為基礎，將領導型式分為：統合型（integrated）（高工作高關係）、奉獻型（dedicated）（高工作低關係）、關係型（related）（低工作高關係）、分離型（separated）（低工作低關係）四種類型。但他認為這樣並無法完全表現真實的領導情況。因此他再加上「效能層面」

（effectiveness dimension），將效能劃分為：基本型、無效能型及有效能型，發展出「三層面領導理論」。如圖1-2所示，Reddin的三層面領導模式說明效能是從有效到無效之間的連續體，是程度的問題，非絕對的兩端點。因此，領導者應隨時注意修正本身的領導行為，配合組織任務來達成目標。雖然Reddin的理論也述及情境因素，如技術條件、人員及組織需求等，但因其領導架構仍以領導者行為與效能的關係為描述重心，而不似Fielder和 House等人明確將情境因素納入研究架構，進行變項間交互關聯性的探討。因此，本文參考蔡培村和武文瑛（2004）的觀點，將其歸入行為論探討。

綜合而言，領導行為之研究，注重成功領導者之外顯行為的探究。這種研究取向故然有其一定之貢獻，但其相對忽略情境因素對領導行為之影響。有些學者意識到單是研究有效的領導行為，仍然有其不足之處。有效的領導行為，必須將情境因素一併納入探討。因此，情境領導理論的研究乃應運而生。

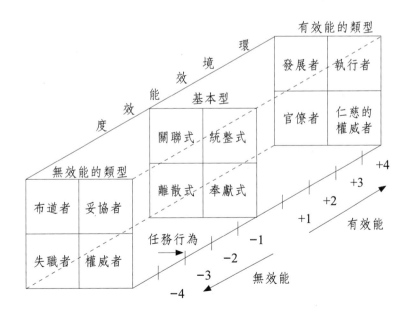

**圖1-2** Reddin三層面領導構面圖（Reddin, 1970:230）

### 3.情境（權變）論

　　情境論的學者們針對特質論和行為論研究的不足，在研究領導與效能的關係時把情境因素納入考慮。情境論者認為領導行為的效能依某些情境因素而有變化，一般情境因素包括部屬的個性與特質、工作團體的性質、工作環境的因素、決策環境的因素、部屬的能力與意願等。情境論者認為沒有任何一種領導行為可放諸四海而皆準，領導者應能通權達變，因人、因事、因地制宜，適度調整其領導行為及策略，方可達成良好之領導績效與目標。情境論因而又被有些學者稱為「權變領導理論」。此類代表性研究包括Fiedler的權變論、Hersey與Blanchard的生命週期論（亦稱領導情境論）、以及House的途徑目標理論等，以下分別扼要說明之：

　　(1)Fiedler之權變論：Fielder（1967）認為沒有任何一種特別的領導方式可以一體適用於各種情境，有效的領導方式必須與情境配合才能成功。而情境因素主要包括「領導者與成員關係」（leader-member relations）、「工作結構」（task structure）、「領導者職權」（position power）等三種因素，其中「領導者與成員關係」對領導效能影響最大。Fielder 把上述三種情境條件每一種變數分成兩種情況，交織成八種領導類型，如圖1-3所示。

　　Fielder 認為上述三種條件均備，即是領導最有利的情境；若都不具備則屬於最不利的情境。其研究結果大致獲得如下的結論：在兩極端情境下，即在情境有利和情境不利的情境下，採用「工作導向」的領導方式最具有領導效果，而在中等情境下，則以「關係導向」的領導方式較有效。

　　(2)Hersey與Blanchard之生命週期論：其理論主要是修正Reddin之三層面領導理論及Fiedler之權變論發展而來。Hersey與Blanchard認為除了「工作行為」、「關係行為」外，領導者應將組織成員的成熟度納為調整領導方式之情境因素。「成熟度」是個人價值判斷與認知狀況的展現，包含領導者與部屬兩方面。領導者成熟度代表領導者所具備能進行決策及達成組織目標之能力與意願；部屬成熟度代表被領導者所具備之

能力與意願。

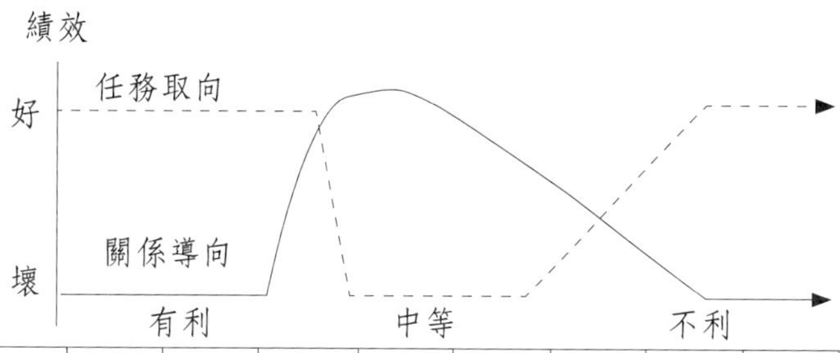


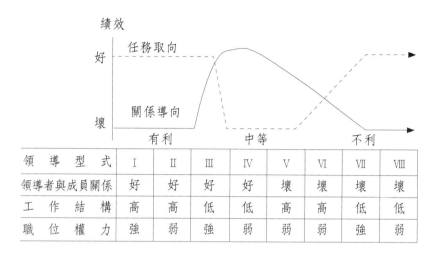

| 領導型式 | I | II | III | IV | V | VI | VII | VIII |
|---|---|---|---|---|---|---|---|---|
| 領導者與成員關係 | 好 | 好 | 好 | 好 | 壞 | 壞 | 壞 | 壞 |
| 工作結構 | 高 | 高 | 低 | 低 | 高 | 高 | 低 | 低 |
| 職位權力 | 強 | 弱 | 強 | 弱 | 弱 | 弱 | 強 | 弱 |

圖1-3 Fielder之權變模式（Fielder, 1967:146）

Hersey與Blanchard之理論模式如圖1-4，越右邊代表越不成熟，越左邊代表越成熟。依據領導者關係行爲、工作行爲及部屬成熟度三個向度，可組成四種領導模式：「低關係、高工作、部屬成熟度M1」（象限一）；「高關係、高工作、部屬成熟度M2」（象限二）；「高關係、低工作、部屬成熟度M3」（象限三）；「低關係、低工作、部屬成熟度M4」（象限四）。依據不同情境，領導者應分別採取「告之」、「推銷」、「參與」、「授權」不同的領導方式（Hersey & Blanchard,1982）。生命週期論強調從部屬的角度出發，認爲對有能力、有意願之部屬，適當予以「授權」，而無意願、無能力者，則施以具體指導，以讓成員各安其位，適才適所。

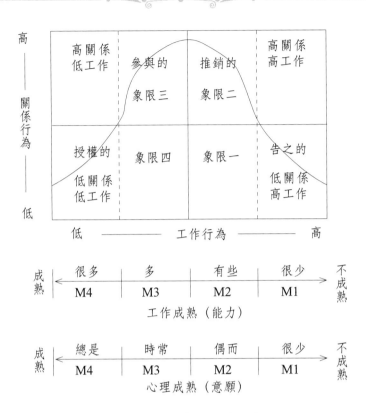

**圖1-4** Hersey與Blanchard之生命週期論（Hersey & Blanchard, 1982:262）

(3)House之途徑目標論：House在1971年提出將領導行為分為四種類型：指導型（directive leader）、支持型（supportive leader）、參與型（participative leader）和成就取向型（achievement leader），其理論認為領導者應依情境不同、部屬之特性（內／外控、經驗、能力），彈性運用各種領導行為（Hoy & Miskel,1987）。特別是領導者之指示行為與部屬之工作滿意度之間，應以「工作明確度」（工作結構、職權系統、工作團體）作為調整領導之情境因素（中介變數），其理論模式如圖1-5所示。

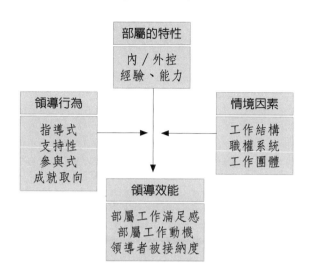

**圖1-5** House之途逕目標理論（Hoy & Miskel, 1987:244）

House之途徑目標論與Fiedler之權變論常被研究者拿來比較，兩者均主張領導者效能是領導者行為與情境因素交互作用的結果，兩者也都堅信並無放諸四海皆準、無往不利之領導模式。但House強調「部屬中心」，重視部屬的感受，因此也依據部屬工作滿意程度來衡量領導效能；Fiedler則是強調「領導者中心」，認為領導者行為取決於領導者之人格特質，其衡量領導效能的指標則是完成任務的多寡（黃昆輝，1988）。基於上述差異，House之途徑目標理論認為：若工作結構化程度高，則達成任務的路徑亦較清楚，領導型式宜偏重人際關係（如：支持型），以減少因結構化工作可能帶來的枯燥、挫折與不滿。相反地，若工作結構化程度低，則因路徑不很清晰明確，此時領導者宜多致力於對部屬工作上的協助與要求（如：指導型）。另外，House的研究結果指出：當部屬的能力低、歸因取向為「外在控制型」時，採用指導型的領導方式較佳。當部屬的能力高、歸因取向為「內在控制型」時，則採用參與型和支持型的領導方式較佳。

綜合而言，情境理論認為領導者如果能將領導者行為、情境因素、領導效能等納入整合考慮，並針對情境的變化適度調整領導方式，則可

以有效的增進領導的效能。基本上，情境論的主要限制來自於情境因素的複雜性，造成研究和實務應用上難能周全的問題。情境論雖考量情境對領導行為之影響，但亦因其研究對象與設計之紛歧，無法取得共識，即使糾合眾家之言，亦如行為論、特質論般，無法窮盡所有因素。整體而言，情境論之研究重點，仍以組織系統內部為主，尚未能廣泛納入組織外部複雜之生態因素。唯諸家之理論對於領導實際仍有其重要參考價值。

## （二）現代領導理論

1980年代後，由於社會演變加劇、組織生態系統日趨複雜，加上後現代主義多元並存觀點當道，不同特徵之領導理論應運而生。其中包含了「自我領導」、「文化領導」、「分散式領導」、「火線領導」、「服務領導」、「轉型領導」、「競值領導」、「道德領導」、「混沌領導」、「靈性領導式」……等相關理論研究。

綜合而言，傳統的領導理論比較偏重探討成功的領導者具備的特質，以及配合特定的情境，運用有效的領導行為，發揮對成員的影響力與領導效果。其雖然已對環境進行回應，但從領導情境研究的變項加以分析，不難發現其考量的情境仍較限於內部人員特質、工作關係、任務結構等因素。新領導理論除了在領導者特質部分，更進一步強調自我成長、道德、服務、專業等精神外；在領導行為上更加強調賦權增能、價值衝突下的整合行為、以及危機情況下的領導；在組織效能上則更強調組織的創新、願景追求、文化型塑與價值創造。這些多元面貌的新領導理論及其概念發展，著實可以彌補過去領導理論研究上的不足，提供豐富的立論觀點，做為領導者思考與採行領導行為的參考。為了進一步呈現這些新領導理論的風貌，以下先簡要介紹本書所挑選的16種較具代表性的新領導理論的內容要義，而俟後本書各章對於各個新理論及其實踐則將有較詳細的介紹。

# 📖 參、新領導理論研究概覽

## 一、自我領導

　　此種理論指出領導者光是重視如何去影響別人以創造組織的績效，這樣是不夠的。領導者能否扮演好領導的角色，達成組織的目標，領導者尚需要能發揮「自我領導（self-leadership）」的功能。換言之，領導者需要能認識自己，反省與策勵自己的領導作為，才能提升其領導的品質與成效。而關於什麼是「自我領導」？倡導者Manz（1992:6）曾簡要的指出：「自我領導可以說是自我影響的歷程」。他並指出：當一個人去建立其欲達成的目標，產生一種自我鼓舞和自我贊同去完成目標的感覺，或者是產生一種因為未能去完成目標的自我批判或愧疚感，其即已涉入自我領導的行動。自我領導可以界定為：個體運用各種方式，影響自己去達成預立目標的行動歷程。自我領導的作為可以從「實踐目標行動」、「調整心智模式」、「借助他人協助和回饋」等策略面向加以實行。

## 二、文化領導

　　文化領導的核心立論強調領導者要去引導其成員共同創造出有利的發展性文化，以促進成員發展及提升組織績效。因此，文化領導係指透過儀式、符號等行動與形式，將理念、價值觀與規範，轉化為新的意義網絡，傳達給組織成員，藉以引導組織成員積極行動及提升組織績效的領導方式。

　　文化領導者可以參考Schein（2004）之觀點，透過人造器物（artifacts）、信奉之信念與價值（espoused beliefs and values）及深層的基本假定（underlying assumptions）等不同文化層次，構思引導同仁共同創造發展性組織文化的作為。文化領導的內涵，根據Trice與Beyer（1993）的看法，需能兼顧「文化革新（cultural innovation）」與優質

「文化維護（cultural maintenance）」兩種向度。

## 三、分散式領導

分散式領導強調在不同領域與情境下，透過領導者權力賦予或人員推舉等不同方式，組織中的領導者和追隨者可以依專業及問題需求，相互轉換領導角色和創造多元的領導型態，藉以促進人員成長與組織績效。

依據Spillane（2006）的觀點，分散式領導不只是協同的領導（shared leadership）；更是在組織中可以有多位領導者的觀念（leader-plus aspect）。分散式領導重視領導情境實況需求、合作參與、賦權增能與人員專長的發揮。

## 四、火線領導

火線領導，顧名思義，指出挺身領導就如同是將自己置身在火線上，是一件具有危險的事，領導者要能面對情境困境，從容不迫、並採取調和衝突和從政治面思考等各種不同作為解決問題。Heifetz和Linsky（2002）認為個人並不一定要躋身高層或身居要職才能取得擔綱領導的工作。任何人在日常生活中都有機會領導，只要願意挺身而出，甘冒風險，無畏於可能的麻煩危險，以及願意處理眼前的挑戰，其便可以是領導者。

Heifetz和Linsky（2002）在合著的《火線領導》一書中談到：領導者在解決問題的過程中，可能會身陷下列四種危險情境：(一)被邊緣化；(二)聲東擊西；(三)攻擊；(四)誘惑。另外，領導人會面臨兩種類型的問題：技術性問題和適應性問題。而在這種具危險的情況，領導人可以透過「到陽臺上」、「從政治面思考」、「調和衝突」、「將工作回歸給該承擔的人」以及「從容不迫」等方法，讓自己在過程中遠災避禍，克服困難問題。

## 五、加值型領導

「加值型領導（value-added leadership）」是Sergiovanni（1990）所提出一種能提升學校運作效能、增加學校價值的領導型態。「加值型領導」視領導者與成員為一種夥伴關係，在此關係下，促進成員認同組織理想、價值與目的，使其不僅能達成工作上的任務，更能使組織邁向卓越、提升組織價值。因此，如何建構願景、發展共識，可謂是領導者最重要的任務。以學校組織而言，一所學校僅能達成上級交付的既定任務是不夠的，更重要的是，學校團隊成員要能緊密結合在某種價值體系之下，擁有共享的願景，透過激發動機與承諾，促使學校有超越預期之績效，創發更高的組織價值。

## 六、服務領導

Greenleaf提倡服務領導。他認為服務領導是一種實踐哲學。組織的領導者宜選擇以服務為優先，然後將其擴展到組織中的其他人，並影響組織績效。因此，服務領導是以服務為優先，它開始於一個人想要去服務的自然情感，然後有意識地想要去進行服務和引導，使得被服務者變得更健康、更聰明、更自由、更獨立自主。服務領導包含兩個核心觀念，第一是自然地想要去為他人服務；第二則是使那些被服務的人有所成長，並能成為服務別人的人（Greenleaf, 1977）。

根據Greenleaf（1977）、Laub（1999）、Patterson（2003）、Reinke（2004）等學者對服務領導的詮釋，服務領導具備的要點為：(一)服務領導乃是強調以服務為優先；(二)服務領導透過忍耐、恩慈、謙沖、尊重，無私、寬恕、誠實守信等優質性格，以及利他主義，建構人性的美德及服務他人；(三)服務領導乃為對他人「有益」，也就是「使追隨者變得更健康、更有智慧、更自由、更獨立自主」。

## 七、家長式領導

鄭伯壎等人（2000）針對華人企業組織之領導進行研究，提出「家

長式領導」的立論。認爲其係華人社會特有的領導型態之一。家長式領導意指在一種人治氛圍下，彰顯父親般的仁慈與威嚴，並具有道德典範的領導方式。家長式領導行爲具有三個重要成分，即威權、仁慈及德行，而部屬回應以敬畏順從、感恩圖報與認同效法，它是一種恩威並濟、以德服人的領導模式（鄭伯壎、樊景立，2001）。

## 八、混沌領導

　　混沌領導強調認知現存環境的非線性、複雜性與自我創生的動力系統特質，希望在蝴蝶效應、複雜混亂、耗散結構、隨機震撼、奇異吸子、迴路遞移與回饋機制等混沌現象中，以一種創新的思維與自我的能量，領導組織成員心智與行動，帶領組織跨過危機、營造契機與展現生機的歷程。

　　一個有效的學校領導者，必須能認知和有信心的立處於不確定與模糊之間，將混沌現象，視爲組織生命的一部分，並持續以開放的態度面對環境的變動與起伏，促使一個新秩序組織型態的出現，以確保組織長期的成功。此種組織生命的邏輯思維，乃是組織生存、調適、轉型與革新的本質。

## 九、第五級領導

　　第五級領導由Collins（2001）所提倡。Collins指出：第五級領導是反直覺的（counterintuitive）和反文化的（countercultural）。一般人都認爲讓組織由優秀到卓越的轉型需要具有魅力和不可一世的領導者，然而Collins認爲重點應該在領導者具有謙虛爲懷、專業堅持與永續追求卓越的特性。因此，第五級領導主張領導者不應僅僅是一個有能力及團隊的管理者而已，其需要能以謙沖爲懷和專業堅持的方式，透過找對人、建立制度紀律文化、激發組織能量、以及運用科技等各種途徑，持續運作不墜，促使組織由好（A）邁向更爲卓越（A$^+$）的境界。

## 十、創新領導

　　創新領導強調領導者不能只是墨守成規，其需要能重視創新環境的營造、創新思考的啓發、創新契機的掌握、創新作爲的調整，以及展現獨創性與實用性特徵，藉以創造出有別於組織自己或與其他組織不同的各種新作爲（或措施），藉以提升組織的競爭力和績效。

　　創新議題的重要性受到學界的肯定與積極研究，非營利組織的創新也越來越受到重視（丘昌泰，2007）。學校組織環境不斷演變，學校的創新領導更形重要（吳佩君，2006）。學校領導者需要有創新的思維和作爲，其可以從理念、願景、組織結構、行政技術運作、學校人力、課程與教學、組織文化、資源運用、公共關係與行銷等方面，去推動具特色的創新性作爲。

## 十一、道德領導

　　道德領導強調領導者要透過道德風範和在組織中倡導道德性認知與行爲的方式，去影響組織成員。此觀點要點如下：(一)道德領導係建立在倫理善行的權威基礎上；(二)道德領導可以透過領導者的品德修養與倡導道德行徑引領組織成員；(三)道德領導可促使組織成員心悅誠服成爲追隨者與組織目標的追求者；(四)道德領導旨在培養組織成員行動的道德義務感與責任心；(五)道德領導的學校教育理想是爲學生建立德性學校，培養學生良好的品格與提升學生的學習成效。

　　可知，道德領導主張運用道德的信念、責任感與義務感來影響成員的動機層次，使其不需經過嚴密監督便可表現良好，亦即「善的就去做」（what is good gets done）的心態。道德領導的倡導者Sergiovanni（1992）認爲道德領導可分爲三個層次：領導之心（heart of leadership）、領導之腦（head of leadership）、領導之手（hand of leadership）。過去對領導行爲與技術之探討，只瞭解了領導之手，而道德領導所重視的價值觀與信念，是屬於領導之心的探究，手必須靠心來指揮，才能發揮其功能。而領導者心中所存的理念與價值觀會在其腦中

產生心像（mindscapes），此心像稱為領導之腦。

## 十二、課程／教學領導

　　課程與教學是學校教育歷程的核心。學校主要的要務在提供學生妥當、適性的課程，安排有效的教學，讓學生能夠快樂無憂的學習成長。因此學校領導者需要進行課程與教學領導。課程領導可以透過願景型塑、課程組織運作、課程研發、提升教師課程專業知能、落實課程教學、進行課程評鑑等方式來加以推展。教學領導可以從教學目標的研訂、教學內容分析、教學知能研習、教學技巧分享、維護教學時間與品質、提供教學支援、激勵學生學習動機、進行教學評鑑與回饋等不同方式，加以有效的推動。

## 十三、賦權領導

　　賦權領導係指領導者在組織中發揮其影響力，透過對組織成員授予及分享權力等方式，促進組織成員提升其能力與自我效能，進而達成組織目標的歷程。

　　隨著教師專業自主及學生意識的覺醒，擴大了教師及學生對校務參與的層面。同時，「賦權」（empowerment）的論述，也成為學界及實務界討論的焦點之一。誠如王麗雲和潘慧玲（2000），以及Short與Johnson（1994）所強調，賦權增能的觀念已成為教育改革，以及學校領導關注的一項焦點。賦權領導從結合「賦權」及「增能」兩個面向出發，建構其在學校組織施行之策略。其具體推動可以從教師賦權、學生賦權、家長賦權、校長賦權等層面去思索其實踐策略。

## 十四、轉型領導

　　轉型領導強調領導者要透過型塑組織願景、個人魅力，以及運用各種激勵策略，提升組織成員工作動機與滿足感，以達成組織目標。轉型領導的「轉型」，其重點涵蓋兩個面向：組織願景轉化及成員工作動機轉化。前者指「將組織的狀態由原來尚未臻理想的狀態，轉變成較佳

或達成符合理想的境界」，即達成願景的目標。後者指稱領導者與部屬間彼此提升工作動機到道德層次或意義感的層次（Bass, 1985; Burns, 1978）。而為了達成前述兩種轉型的目標，領導者可以透過個人魅力、智性啟發、提供獎賞、個別關懷等各種方式，進行影響。

## 十五、競值領導

競值領導強調：領導者需以平衡的觀點作為思考方式，扮演多重的角色與展現綜合領導能力，以便處理組織中存在的弔詭問題，及創造組織的效能。

競值領導提供一種不同的領導思維方式。「競值（competing values）」，係指人類內心常充滿一些相互對立的價值、標準，而造成人類內心的矛盾與衝突。競值領導理論強調領導者不僅應避免過於執著於非此即彼中的某一觀點、規範或價值，甚至應在兩難的困境中不斷創造新的可能性（Quinn,1988）。此種觀點與作為可以提供學校領導者頗具啟發性的參考。

## 十六、靈性領導

靈性領導（spiritual leadership）也可以稱做「精神性領導」。Fairholm（1998）認為靈性領導，是同時考慮領導者、部屬與組織的全面性需求、能力與興趣，並將之整合到一個更寬廣的領導視野，據而發揮領導影響作為的歷程。而Fry（2003）指出：靈性領導是涵蓋價值、態度與行為的領導，領導者採用內在性動機方式激勵自己與他人，讓自己與他人感受到靈性存在的感覺，並在行動上朝目標的方向實踐。靈性領導理論目前尚在發展階段。就其用在學校組織而言，可以將其看成是：領導者在認知上肯定某種目標或任務的高度價值，進而運用各種可能的方式去影響成員，以及克服各種可能的困難，堅忍不拔的去完成目標的領導作為。因此，靈性領導體現在「肯定目標價值的精神性」、「行動實踐的精神性」、以及「影響／感動他人的精神性」的作為上。

# 肆、新領導理論研究特色綜述

　　上述所介紹的16種較具代表性的新領導理論，其理論內容呈現出的特色綜述如下：

　　一、新領導理論研究重視領導者的自我成長、精神性、服務態度、專業性與道德修為。從自我領導、靈性領導、服務領導、第五級領導、道德領導、家長式領導可以看出此類理論研究上的特色。

　　二、新領導理論將研究範圍由探討組織內部之領導交互影響因素，延伸至探究領導者如何引導組織成員去適應外部環境之變遷，亦即更加重視組織生態對領導行為之影響及其交互作用的探討。例如創新領導強調因應環境變局；競值領導強調內外在生態之平衡、外在資源之獲取、以及組織適應環境之革新；混沌領導強調對組織環境因應之敏銳度；課程與教學領導、火線領導等亦強調重視情境變化之因應。

　　三、研究重心由探究領導者的作為，擴展到兼顧被領導者之需求及其能力開展。例如，賦權領導不僅重視教師之專業自主及成長，亦重視學生、家長之賦權與增能。而加值型領導、轉型領導、分散式領導、第五級領導、道德領導、靈性領導、課程與教學領導等亦皆重視被領導者（追隨者）之需求及其能力之開展。

　　四、新領導理論反映出後現代多元並存及兼容並包的思想特色。例如分散式領導強調依據不同情境分享領導權與多元領導角色共存的觀點。競值領導強調多元價值的兼容並蓄；加值型領導、第五級領導希望組織能從好（good）進而邁向卓越（great）；賦權領導同時兼顧教師、學生、家長之授權與增能。

　　五、領導者的影響角色，由重視組織一般性任務和目標之達成，到強調組織願景之型塑與實踐。轉型領導、創新領導、加值型領導、靈性領導等皆具有此種特色。

　　六、領導之權力基礎，由傳統上重視的法職權、獎酬權、強制權，轉移到更加強調專家權與參照權之影響力。例如第五級領導強調「謙沖

自牧、專業堅持」；道德領導強調「德行之影響力」；其他如轉型領導、靈性領導、加值領導、課程與教學領導、家長式領導等，亦皆強調專家權或參照權之應用。

　　七、對組織狀況之界定由明確到混沌觀點，逐漸重視領導者面對弔詭和不確定狀況的因應能力與影響作爲。重視提升領導者平衡邏輯與藝術之領導能力。例如混沌領導、競値領導、加值領導、火線領導、以及分散式領導都強調此種論述。

　　八、新領導理論重視文化與價值之領導作爲。例如文化領導、道德領導、靈性領導、第五級領導、轉型領導、加值領導、創新領導等，都強調這方面的論述。

　　綜觀當今之新領導理論，實呈現百家爭鳴之發展態勢。本文所歸納之上述八項理論特色，謹提供有興趣從事新領導理論研究者參考。整體而言，新領導理論實證性研究仍嫌不足，其多半仍爲論述性質。其尚待更多實徵性研究與討論，以更加充實其理論內涵與實踐作爲。特別是在領導實務上，領導者如何朝向科際整合，有效兼容善用各種領導理論之精髓，將是領導者未來重要之挑戰課題。

## 伍、結語

　　領導對於組織及個人皆具有重要性。領導理論研究因而甚受重視，也因而累積相當多的研究成果。可以肯定的是如何有效的領導組織及個人，在目前以及未來仍將受到學界與實務界的關注。領導理論亦將在現有的研究成果上，繼續被研思、建構與開創。本文對於領導理論發展及其內容所做的概覽性介紹，希望有助讀者對於領導理論研究的瞭解。此外，本文簡介的十六種現代領導理論：自我領導、文化領導、分散式領導、火線領導、加值型領導、服務領導、家長式領導、混沌領導、第五級領導、創新領導、道德領導、課程／教學領導、賦權領導、轉型領導、競値領導、靈性領導等。雖未能涵蓋所有新的領導理論，但已能提供一份相對較爲完整的瞭解圖像，俟後對於所列各種新領導理論，本書

將分別有較詳細的專章介紹，希望對於領導理論研究及領導實務具有助益。

## 問題與討論

一、本文對於領導理論研究所做的概覽，有何優點和不足之處？請舉例加以說明。

二、您對於傳統實證研究時期的領導理論有何評價？您的立論觀點與依據為何？請說明之。

三、您對於本文所介紹的現代領導理論有何看法？請統合闡述之。

四、您認為有哪些新領導理論宜增列入本文討論？您的理由為何？

五、您認為未來領導理論尚宜針對哪些主題再加研究，其理論內容大要如何？

## 參考文獻

### 中文部分

王麗雲、潘慧玲（2000）。教師彰權益能的概念與實施策略。**教育研究集刊**，*44*，173-199。

丘昌泰（2007）。**非營利部門研究：治理、部門互動與社會創新**。臺北：智勝圖書出版公司。

吳佩君（2006）。活力北縣，創意無限：從學校創新經營談起－專訪臺北縣政府教育局洪啓昌副局長。**教育研究月刊**，*145*，5-13。

張明輝（2000）。中小學學校行政領導的發展趨勢。**師友月刊**，*401*，11-14。

張慶勳（1997）。**學校組織轉化領導研究**。高雄：復文圖書出版社。

黃宗顯（2004）。平衡計分卡的基本觀念在學校創新經營上的應用。**教育研究月刊**，*124*，52-58。

黃昆輝（1988）。**教育行政學**。臺北：東華書局。

蔡培村、武文瑛（2004）。**領導學：理論、實務與研究**。高雄：復文圖
　　書出版社。

鄭伯壎、周麗芳、樊景立（2000）。家長式領導：三元模式的建構與測
　　量。載於楊國樞（主編），**家長式領導行為**（3-64頁）。臺北：桂
　　冠圖書公司。

鄭伯壎、樊景立（2001）。初探華人社會的社會取向：臺灣與大陸之比
　　較研究。中華心理學刊，*43*(2)，207-221。

謝文全（2003）。**教育行政學**。臺北：高等教育出版社

羅虞村（1986）。**領導理論研究**。臺北：文景圖書公司。

## 西文部分

Burns, J. M. (1978). *Leadesrhip*. New York: Harper & Row Inc.

Bass, B. M. (1985). *Leadership and performance beyond expectation*.
New York: The Free Press.

Collins, J.(2001). *Good to great: Why some companies make the leap and
others don't.* New York: Harper Collins.

Fairholm, G. W. (1998). *Perspectives on leadership-From the science of
management to its spiritual heart*. Westport, Connecticut: Quorom
Books.

Fiedler, F. E. (1967). *A theory of leadership effectiveness*. New York:
McGraw-Hill.

Fry, L. W. (2003). *Toward a theory of spiritual leadership*. The Leadership
Quarterly 14, 693-727.

Greenleaf, R. (1977). *Servant leadership: A Journey into the nature of
legitimate power and greatness.* New York: Paulist, Inc.

Halpin, A. W. & Winer, B. J. (1957).A factorial study of the leader
behavior descriptions." In Stogdill R. M. & Coons A. E. (eds.) *Leader
behavior: Its description and measurement*. Columbus, OH: Bureau
of Business Research, Ohio State University.

Heifetz, R. A. & Linsky, M. (2002). *Leadership on the line: Staying alive through the dangers of leading*. Boston, MA: Harvard Business School Press.

Hersey, P. & Blanchard, K.H.(1982). *Management of organizational behavior*(4th ed.).Englewood Cliffs: Prentice-Hall, Inc.

Hoy, W. K. & Miskel, C. G.(1987). *Educational administration: theory, research and practice*(3th ed.). N.Y.: Random House.

Kim S. Cameron,Rpbert , Quinn ,E. , Anjan ,J. D.& , Thakor, V.(2006). *Competing values leadership : Creating value in organizations. Cheltenham*, UK : E. Elgar Publishers.

Laub, J. (1999). Assessing the servant organization: Development of the servant organizational leadership assessment (SOLA) instrument. *Dissertation Abstracts International, 60*(2), 308.

Lewin, K., Lippit, R. & White, R.K. (1943). Patterns of aggressive behavior in experimentally created, social culture. *Journal of Social Psychology, 10*, 402-410.

Manz, Charles, C. (1992). *Mastering self-leadership: Empowering yourself for personal excellence*. New Jersey : Prentice Hall, Inc.

Patterson, K. (2003). Servant leadership: A theoretical model, unpublished doctoral dissertation, Graduate School of Business, Regent University. USA.

Quinn, R. E. (1988). *Beyond rational management*. San Francisco: Jossey-Bass.

Reddin, W. J. (1970). *Management effectiveness*. New York: McGraw-Hill.

Reinke, S. J. (2004). Service before self: Towards a theory of servant-leadership. *Global Virtue Ethics Review, 5*(3), 30-57.

Schein, E. H. (2004). *Organizational culture and leadership* (3rd ed.). San Francisco: Jossey-Bass.

Sergiovanni, T. J. (1984).Leadership and excellence in schooling. *Educational leadership, 41*(5), 4-13.

Sergiovanni, T. J.(1990). *Value-added leadership: How to get extraordinary performance in school*. New York: HBJ. SI059

Sergiovanni, T. J.(1992). *Moral leadership : getting to the heart of school improvement*. San Francisco : Jossey-Bass.

Short, P. M.; Johnson, P. E.(1994). Exploring the links among teacher empowerment, leader power, and conflict. (ED372044)

Spillane, J. P.(2006), *Distributed leadership*, New York: Jossey-Bass.

Stogdill, R. M. (1969). Personal factors associated with leadership. In Gibb, C. A.(Ed). *Leadership*. Baltimore: Pengium Book Inc.

Stogdill, R. M. (1974). *Handbook of leadership: A survey of the literature*, New York: Free Press.

Trice, H. M. & Beyer, J. M. (1993). *The cultures of work organizations*. Upper Saddle River: Prentice-Hall, Inc.

# 第二章

# 自我領導

# 📖 壹、前言

　　領導對於公私立組織皆甚爲重要。不同的領導者及其領導的作爲，對於組織的績效、人員的服務士氣、行政服務品質、組織的資源利用、公共關係的建立、組織的創新能力、以及組織的聲望等皆可能產生影響。因此，領導有關主題的研究，一直受到學術界及實務界的關注。在領導理論的實徵研究方面，歷經特質論、行爲論、權變論、以及新型的以價值、倫理、專業爲導向的理論研究發展，領導的理論已累積相當豐富的研究成果（黃昆輝，1988；謝文全，2003）。就領導與其他變項的關係而言，國內學者對於領導者行爲與成員服務士氣、組織文化、工作滿意、組織變革、組織公民行爲、組織效能等，亦皆有所探討。相關的文獻頗多，研究結果大致也支持領導者行爲與這些變項間具有關聯（林明地，2000；蔡培村、武文瑛，2004），可以供作領導者參考。然而，領導者要領導別人，先要能領導自己。誠如Mans（1992:2）所言：「假如我們希望成爲別人有效的領導者，首先我們需要能夠有效的領導自己」。領導的研究，光是研究如何去影響別人以創造組織的績效，這樣是不夠的。領導者能否扮演好領導的角色，達成組織的目標，領導者尙需要能發揮「自我領導（self-leadership）」的功能。換言之，領導者需要能認識自己，反省與策勵自己的領導作爲，才能提升其領導的品質與成效。自我領導因而相當必要。自我領導宜列爲領導研究的一項重要主題。

　　然而，從國內過去既有的領導文獻加以分析，不難發現多數的文獻皆著重在探討領導者如何去影響他人，以提升組織的績效（林明地，2000；蔡培村、武文瑛，2004），甚少著力於探討領導者如何進行自我領導的問題。相關的研究與理論因而亦較不足。本文因而希望針對此一主題加以探討，以略補國內既有文獻的不足，提供學術界與實務界參考。

# 貳、自我領導的定義、倡導者與基本理論

關於什麼是「自我領導」？Manz（1992:6）曾簡要的指出：「自我領導可以說是自我影響的歷程」。他並指出：當一個人去建立其欲達成的目標，產生一種自我鼓舞和自我贊同去完成目標的感覺，或者是產生一種因爲未能去完成目標的自我批判或愧疚感，其即已涉入自我領導的行動。因此，自我領導可以界定爲：個體運用各種方式，影響自己去達成預立目標的行動歷程。此一定義具有下列四種意涵：

一、自我領導的發動者是「個體」。而個體從組織的不同層次觀察，可以是個人、團體、或整個組織。換言之，個人可以進行自我領導，團體可以實踐自我領導，組織也可以發揮自我領導的功能。

二、自我領導是目標導向的。自我領導者需要事先建立其所欲達成的目標，以作爲自我行動的導引。目標的建立依情境變化與需求而有不同。目標可以是個別的、特殊的，也可以是整體性質的。就時間的考量而言，其可以是近程的、中程的、或長期的目標。自我領導者要有目標意識，其所建立的目標宜儘量明確，才能有助於提供行動上努力的具體方向。

三、自我領導需要有執行力。自我領導是行動實踐取向的，不管是評估情境及個體需求、建立所欲達成的目標、或採取行動去達成目標，其整個過程都具有行動實踐性質。自我領導者要能採取行動，克服可能遭遇的困難，戮力以赴，目標才有可能完成。因此，執行力可視爲自我領導的關鍵成功要素之一。

四、自我領導者可以透過各種不同方式影響自己。爲了達成所欲的目標，自我領導者可以透過內外在的不同方式，來影響和激勵自己，使能持續維持或增強行動的能量和執行力。

以上係就自我領導的定義加以說明。至於自我領導的理論部分，檢視國內外文獻，雖然有少數學者的著作指出自我領導或領導者反思自己領導行爲的必要性（如王亞萍，2005；江志正2003；張慶勳，2006；

Sykes, 2005）；也有些學者選擇以自我領導爲變項，進行其與個人或組織有關變項的關聯性研究（如Dolbier, Soderstrom, & Steinhardt, 2001; Diliello, 2006; Reyes, 2007）。但是針對組織成員的自我領導，提出較完整理論的學者仍然不多。以下謹就Manz（1992）專書上提出的理論架構（如圖2-1所示）做一扼要的介紹。而選擇Manz理論的原因主要是因爲其內容頗爲具體可行。

　　根據Manz（1992）的看法，透過應用有效的自我領導策略，可以產生良好的行爲表現，達成想要的目標，並提高個體的自我效能感（feelings of self-efficacy）。而自我領導的策略可以分成三個層面：「領導自己完成必要的任務策略」、「應用自然激勵策略」、「重新調整自我心理世界策略」。以下分別說明之：

# 一、領導自己完成必要的任務策略

　　自我領導者可以藉由「改變外在世界（world-altering strategies）」和「自己加給自己要求（self-imposed strategies）」兩方面的策略，領導自己完成必須達成的任務。

## （一）在改變外在世界的策略方面

　　Manz提出的做法包括：「焦點提醒」、「移除負向線索」和「增加正面線索」三種做法。「焦點提醒」的做法如列出每天必須完成的工作，將其依優先順序排列，以便於工作掌握和時間管理。又如可以在工作場所的中心位置上或最醒目的地方，擺上最優先需要完成的工作事項。如此，當自我領導者回到自己的工作場所時，將可以獲得有力的工作提醒。

　　在「移除負向線索」方面，自我領導者可以藉著移除或改變生活中某些會影響其「不想要之行爲」發生的刺激物，以減除其不想要行爲發生的機率。例如，如果自己希望少吃甜點，可以把甜點移到不方便取得的地方。如果不想讓看電視占去自己太多的時間，可以把電視機移到其他自己較少使用的房間上。或者，自我領導者可以離開某些對其不想要

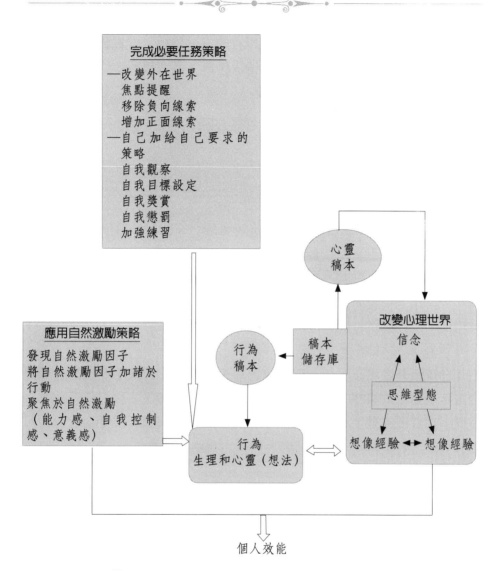

**圖2-1** Manz 的自我領導架構（Manz,1992:114）

行為發生會具有促進作用的場所，如此可以降低其不想要行為發生的機會。

　　在「增加正面線索」方面，其做法剛好與移去負向線索的做法相反。即在自己最容易接觸或看得到的地方，添置對自己正向行為有刺激

或引導作用的線索。例如，將自己想看的書，置於自己喜愛的座椅旁。或想辦法讓自己與想要學習的角色楷模爲伍，或增加與他們接觸互動的機會，藉以刺激自己產生想要的行爲。

## （二）在自己加給自己要求的策略方面

自我領導者可以採取的做法有：「自我觀察」、「自我目標設定」、「自我獎賞」、「自我懲罰」和「加強練習」。

### 1.自我觀察

觀察自己的行爲，可以提供有效管理自己的訊息。此方面的做法如確認自己想要增加或減少的行爲、記錄這些行爲發生的頻率和時間、寫下這些行爲出現的狀況、確認這些行爲發生的重要特徵因素，如行爲出現在一天中的何種時段，或行爲出現時在場的人員等，如此將有助於瞭解和檢討自己慣常發生的行爲。

### 2.自我目標設定

自我領導者可以分析什麼是自己所最重視的、或最想完成的，藉以設定自己努力的目標。目標設定可以分爲短程目標、中程目標、和長程目標。目標要具體明確，對於自己要具有挑戰性，而且要是自己能力可以完成的。有了目標，行動才有方向，力量也才能集中。

### 3.自我獎賞

當自己完成某種任務，或完成某種自己想要完成的目標時，自我領導者可以提供給自己某種獎賞。例如，安排自己去吃一餐具有風味的晚餐、給自己放個輕鬆的假，或邀友人一起歡慶一下等。自我領導者也可以自我稱讚自己。例如，告訴自己：「我是有能力的！我好棒！我是有才華的！」藉著此種自我獎賞的方式，有助於增強自己行動的能量與持續力。

### 4.自我懲罰

當自己未能如期完成某項任務，或未能達成事先訂立的目標時，自我領導者可以透過適度自我懲罰的方式來惕勵自己。例如，可以藉由取消週末的假期，或不准自己在某段時間觀看自己喜愛的電視節目等方

式，以警惕自己。自我領導者也可以採用在心理上自己責難自己的方式，如「××！竟然不能把任務完成，好遜！」。或者想像「上級、同仁失望的眼神」、「工作沒做好，可能因而失去工作的苦果」等方式，惕勵自己需努力完成任務。

### 5.加強練習

熟能成巧！爲了完成既定的目標，做事的方法及技能有時需要透過不斷的練習和實踐才能收效。因此，藉用心理的反覆誦唸，或藉由「實際行動——反省改善——再實踐」的反覆練習，將有助於提升自我領導者工作上的經驗與技巧，裨益其任務的達成。

## 二、應用自然激勵策略

除了前述改變外在環境的策略外，自我領導者可以使用自然激勵的方式進行自我領導。不同於外在激勵法，它主要係從工作本身或行動本身尋求激勵因素。例如，從看書中獲得樂趣，從助人中獲得自喜悅，即屬於自然激勵性質。Manz認爲個人可以透過「發現自己的自然激勵因子」、「將自然激勵因子加諸於行動」、和「聚焦於自然激勵因子」的方式進行自我領導。個人的自然激勵因子，可以從「自我能力感」、「自我控制感」、和「自我意義感」產生。當一個人經常去做某件其喜愛的工作，結果該項工作可能會愈做愈好，個人因而有可能會從中獲得「自己是有能力」的感覺。也因爲熟練和富有經驗的關係，個人在做該項工作的過程，有可能會從中獲得「自己可以掌控」和駕馭的滿足感。個人除了可以透過前述這兩種自然激勵因子進行自我領導外，另一種可以應用的自然激勵做法，即是從肯定工作的「意義感」或價值感著手。當個人可以找到某項工作具有的意義感或價值感時，其便有助於自我領導者產生內在的激勵力量與行動力。Manz這些從工作中或行動中尋找自然激勵力量的觀點，與組織管理學者提出的增加成員的「工作自主性」和「工作重要感」，藉以提升其工作投入度與工作成果表現，具有相似的看法（Daft, 2004）。

### 三、改變自我心理世界策略

　　每一個人在日常生活中所逐漸累積形成的心理世界，其內涵是不同的，亦具有個人獨特性。個人累積的心理世界內容形成一種「稿本儲存庫（script library）」。其中「心靈稿本（mental scripts）」影響個人對外在事物的看法。「行爲稿本（behavioral scripts）」影響其行動的方式。Manz認爲自我領導的另一項重要策略即是重新調整或改變個人的內在世界。其具體的做法乃是透過改變「自我信念」、正面「想像經驗（imaged experiences）」以及進行積極性的「自我說話（self-talk）」或自我教育（self-instruction）的方式，改變個人的思維模式。當個人的思維模式改變，其對外在事物的看法亦會隨著改變（心靈稿本改變），其行動的方式亦會有所不同（行爲稿本改變）。這種自我領導的做法，有助於提升個人的工作表現及自我效能感。Manz這種觀點與Morgan（2006）主張的突破「個人心理牢籠」，以及游伯龍（1998）提出的改變「個人習慣領域」的立論相似。

## 參、學校人員進行自我領導可行的實踐作爲

　　學校組織中的每一個個體皆可以進行自我領導。校長、主任、組長、教師、學生、以及學校中的各種團體，皆可透過自我領導，達成其預定的目標，提升其個體的自我效能感。前述Manz的自我領導架構可以供作個體建構和實踐自我領導策略的參考。Manz架構的優點在於其從三個層面指出許多自我領導的實踐策略，其有關突破內在思維型態、改變外在環境刺激、自己加給自己要求、從工作或行動中找尋自然激勵因子等做法，頗爲具體可行，可提供學校人員進行自我領導行動上的參考。然而Manz提出的自我領導架構係屬於一般性的行動架構，對於不同個體自我領導的目標內涵，並未能提出較具體的內容供參。個體在進行自我領導時仍需要依個別的需要，建構合適的自領導目標。Manz提出的改

變外在環境策略的三項做法與自己加給自己要求的五項做法，尚可以更進一步再依其邏輯性加以統合和補充。又其立論較限於「個體自我省察式」的實踐。有時個體「當局則迷」，若未能借助來自他人（如服務對象、同儕或專業人員）的協助和回饋，個體很難跳脫自我心理牢籠或惰性的拘限。因此，個體自我領導的策略至少尚宜加入「借助他者的協助和回饋」的面向。根據以上析述，筆者重新建構一個適用於學校人員自我領導的行動架構提供參考。如圖2-2所示，此一架構主要包含「自我目標行動策略」、「調整自我心智模式策略」、和「借助他者協助和回饋策略」三個彼此具有動態交互關係的層面。藉著這三個層面的自我領導作為，將有利於個體工作上的表現、達成預定的目標、獲得組織聲望與酬賞、和提升個體的自我效能感。而為了彌補Manz自我領導架構在自我目標建立方面的不足之處，以下在進行本架構的各項說明時，此一部分將做些更具體的補充：

## 一、實踐自我目標行動策略

　　學校組織人員可以透過實踐其目標行動策略，進行自我領導。此一向度的作為可以包含：審度情勢和需求、建立明確目標、執行有效行動、善用情境刺激、應用自我獎賞與懲罰、尋求自然激勵、進行反省與改善行動、和維護持續力與精神力等項目。以下分別說明之：

### （一）審度情勢和需求

　　學校人員可以蒐集資訊，藉以瞭解與評估學校內外在的情勢變遷以及個體的需求，做為建立自我領導目標的依據。審度內外在情勢和個體需求，乃是學校人員進行自我領導需要先執行的項目。

### （二）建立明確的目標

　　經過審慎評估內外在情勢狀況及個人的需求後，個體接著需要建立自我領導的目標。訂立的目標可以是個別性的或較全面性的。自我領導者並可以依照自己的需要決定是否搭配時間的進程訂定其目

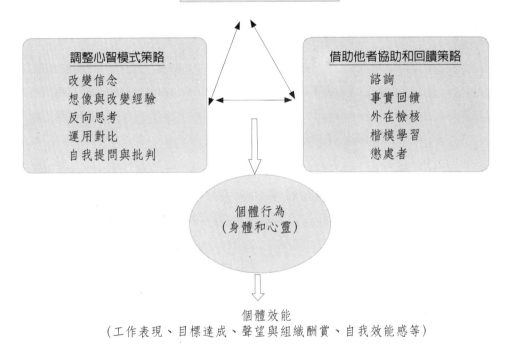

**自我目標行動策略**

審度情勢和需求
建立明確目標
執行有效的策略行動
善用情境刺激
應用自我獎賞與懲罰
尋求自然激勵
進行反省與改善行動
維護持續力與精神力

**調整心智模式策略**

改變信念
想像與改變經驗
反向思考
運用對比
自我提問與批判

**借助他者協助和回饋策略**

諮詢
事實回饋
外在檢核
楷模學習
懲處者

個體行為
（身體和心靈）

個體效能
（工作表現、目標達成、聲望與組織酬賞、自我效能感等）

**圖2-2** 學校人員自我領導參考架構（本圖部分內容參考自Manz在1992年的著作）

標，例如配合短程、中程與長程的方式訂定其所欲達成的目標。個體所訂的目標宜儘量明確與可行。例如，就學校校長而言，其可以訂立個別性的自我專業成長目標，如「具備資訊融入教學領導知能」。而為了達

成此一自我領導的目標，其短程上可以規劃自己在四個月內修習資訊融入教學相關課程至少七十六小時以上，中程上可以規劃自己在八個月內具備兩科以上的資訊融入教學教案設計能力與經驗。而其訂下的一年後的長程目標可以為：「能為同仁講解資訊融入教學的相關理論與技巧，並引導同仁進行資訊融入教學教案設計與教學」。除了這種個別性的目標外，校長也可以為自己訂定較全面性的自我領導目標。例如訂定「在自我處事與學養方面」、「學校領導作為方面」及「學校領導績效方面」其欲達成的目標，以做為自我領導努力的方向。

### （三）執行有效的策略行動

學校人員設定自我領導的目標後，宜構思有效達成目標的行動策略，並加以實行。策略性思考與行動，為達成目標所必需。例如，校長為了達成其具備資訊融入教學領導知能的目標，其需思索如何有效達成此一目標的具體做法。其可能的做法可以有很多，例如到大學修讀相關課程、參加公私立機關辦理的研習、請具備此項專長知能的人員為其補習、自己研讀專書論著、上網蒐集有用資訊、自我實作練習等。校長可以配合自己的情況，從各種可能的策略中選擇適合自己的有效做法加以實踐。

### （四）善用情境刺激

學校人員進行自我領導過程中，可以善用情境性提醒和刺激，來幫助自己落實達成目標的作為。例如，在自己桌上放置達成目標需完成的工作項目、列出優先順序和行事曆，藉以提醒自己執行焦點性工作。學校組織的自我領導者也可以在自己最常使用的場所，放置便利於自己實踐目標工作的正向刺激（如置放欲閱讀的書籍），和移走會使自己分心的負向情境刺激（如拿走會吸引自己去玩的電腦遊戲軟體），以利自己執行達成目標所需的工作。學校組織的自我領導者也可以思索創造其他正向情境，如安排自己與心目中的標竿人物或經典作品接觸的機會，藉以激發自己學習的動力。

## （五）應用自我獎賞與懲罰

當某種行動達到一定的成效，或完成某種預定的目標，自我領導者可以給予自己獎賞，如犒賞自己一餐想要的美食，或放自己一次輕鬆的假。相反的，當自己怠惰，未能有效達成某一期限內需完成的工作目標或任務時，自我領導者也可以適度加給自己懲罰，如自我禁足、閉門反省，或取消自己某項喜愛的娛樂活動，藉以鞭策自己。

## （六）尋求自然激勵

另一項學校人員可以用來進行自我領導的良好作為，即是尋求工作或某種教育行動中的自然激勵因素。例如發現工作中蘊含的樂趣、自我能力感、挑戰感、成就感、掌控感、意義感、或價值感等，藉以激勵自己努力以赴。舉例而言，校長可以藉著肯定自己推動「適性教育」的意義感，引導自己去規劃各項落實措施；在規劃方案過程中，可以從中獲取探究和學習的樂趣；方案規劃完成後，可以從中肯定自己的能耐和自我掌控力；在推動方案過程中克服各種困難問題，可以看成是自我能力和工作上的挑戰；而當其規劃的適性教育方案在學校中加以落實，各種不同身心特質的學生在學校中獲得比原來更佳、更適得其所的教育關照時，校長可以從中獲得成就感和生命的價值感。若能如此，校長即是能善用自然激勵於自我領導。

## （七）進行反省與改善行動

學校人員在進行目標取向的自我領導過程中，可以隨時進行自我行為檢查，藉以因應情境變化，適時調整自己的作為，以利其目標之達成。此種作為最簡便的方式即應用「行動前思索」、「行動中省思」、「行動後改善」的循環歷程，以克服平常個體較容易出現的「慣性」作為或缺乏「行動反思（action reflection）」的問題。這種作為乃是「行動中反省求知」自我領導策略的實踐（黃宗顯，2002）。學校的自我領導者也可以根據達成目標所需執行的任務，擬訂在某一時程內需加執行

的事項，將其製成檢核表，適時逐項檢查其依時完成的狀況，並從中思考其需加以改善之處，以確保自我行動的成效。

### （八）維護持續力與精神力

一般人做事常容易半途而廢，尤其遇到困難時常容易改弦易張，導致無法達成其預定的目標，殊爲可惜。因此，學校人員在進行目標導向的自我領導時，宜正視其行動的持續力與精神力問題。個體是否具有堅毅的意志力和精神力去完成可欲的目標，宜列爲自我領導的重要事項。透過肯定完成目標具有的意義感、價值感，以及行動中發現的樂趣、能力感和其他外在的促進力（如他人的支持、鼓勵），將有助於個體維護其目標行動的持續力和精神力。

## 二、調整心智模式策略

除了進行目標行動的各種作爲外，學校人員進行自我領導的另一個重要面向即調整自己的心智模式。改變只重視領導他人，而不重視領導自己的想法，即屬一種領導者心智模式的調整。而自我領導者要進行前面所述的各項目標行動，亦需要適時調整其慣常的心智模式，才能有效因應環境變化所需，發揮智慧性策略思考與行動的效果。由於個體慣常的思維模式，常會受到個體既有經驗和視野的拘限，造成個體對問題看法和採取行動的限制。因此，調整或改變個體的心智模式，對於自我領導頗爲重要。改變個人心智模式的做法很多，以下提供五種做法供學校人員進行自我領導時參考：

### （一）改變自我信念

個體所持的信念系統，會影響其對自己或外在世界的看法。自我領導者若持對自己自我否定的想法，或對外世界持較悲觀性的看法，將不利於其目標行動。因此，改變自我信念系統，使朝向自我肯定，和相信事物具有改變可能性和改善機會的方向設想，將有助於學校人員自我領導的實踐。

### （二）想像與改變經驗

另一項改善心智模式的做法，即對事物進行未來發展狀況的想像。此種做法有助於個體超越其過去經驗內容的限制，增強個體對於未來發展狀況的思考。此外，個體也可以藉由閱讀或改變空間經驗的方式（如到異地旅行或參訪），突破自己既有認知和行爲模式的限制。

### （三）反向思考

進行反向思考是改變個體既有認知拘迷的有力方式。在日常生活中，有時個體對於事物的看法會傾向於過度樂觀或悲觀。運用反向思考，有助於突破既有認知和行動上的不足，擴展個體對於事物狀況不同面向的認知和作爲。

### （四）運用對比

學校人員也可以運用對比或比較的方式來調整自己的心智模式。例如，對於某一件自己認爲不可能執行的事項，若發現別人在類似的情況下卻可以加以執行，甚至創造出良好的成效，則個人便有可能因而改變自己既有的想法，或從中學得某些有效做事的方法。

### （五）自我提問與批判

學校組織中的自我領導者，如能善用自我提問和自我批判的方式，亦會有助於其突破自我認知和行動上的制限。例如，對於自己對某事的看法或行動方式，可以進行「爲什麼？爲什麼？爲什麼？爲什麼？」等幾次連續性的提問，或自我批判，當發現自己無法有效回答問題時，或發現自己在論證上有所不足時，個體便有可能會改變或調整其既有的想法和做法。

## 三、借助他者協助和回饋策略

如同前面所述，個體對於問題的思維方式和行動取向，有時會受限

於其經驗和慣有的習性。儘管個體嘗試運用各種自我突破的策略，有可能將其加以改善。但有時個體難免會有自我拘迷或無法跳脫自我窠臼的時候。當此種狀況發生，借助來自他者的協助和回饋，便非常有必要，且為自我領導所不可或缺。何況學校人員自我領導的目標，不宜僅僅限於自我成長與利益的範圍，其有部分需要與學生的學習和學校組織的發展相關聯。就校長、主任、組長和教師的自我領導目標而言，其情況尤然。因此，在目標行動策略和成效上，借助他人（如服務對象、同仁、專業人士）的協助和意見回饋，實為學校人員進行自我領導所必需。學校人員進行自我領導時，不管是在目標行動上或改變心智模式上，皆可以透過(一)「諮詢」他人意見、(二)敦請他人提供「事實回饋」、(三)委由他人進行「執行事項檢核」、(四)進行對他者的「楷模學習」、或(五)設計由他人擔任自己執行不力或執行成效不佳的「懲處者」等方式，來促進自我領導的實踐和成效。

## 肆、結語

　　領導對於組織和個人皆頗為重要。領導理論的研究因而甚受學者和實務人員所關注，領導理論的研究也因而已累積相當多的成果。較可惜是國內教育行政學者以往對於領導理論的研究，主要都是著重在如何影響學校組織成員，藉以創造學校良好的績效上。較少重視學校人員的自我領導議題。事實上，領導者要能領導別人，也要能領導自己。學校中的每一個體，在不同的情境和條件下，都可以扮演領導者的角色。個體若能進行有效的自我領導，不僅有助於提升其工作績效，亦將有助於提升其領導他人的作為。本文介紹的Manz的自我領導架構可以提供學校人員進行自我領導的參考。而作者重新建構提出的學校人員自我領導架構，其中「自我目標行動策略」、「調整自我心智模式策略」、和「借助他者協助和回饋策略」，三個層面具有動態的相互關係，各層面中所列述的各種行動策略，可以供作學校人員進行自我領導的另一種參考選擇和「觸媒劑」。學校人員若能參考這些自我領導的作為，進行自我

領導；或者參考這些作為，自己重新依照自己所處的情境狀況和需求，另外建構出適合自己的自我領導架構和作為，並加以有恆和具毅力的實踐，則將有利於其創造良好的自我領導成效，亦將有助於提升個體的自我效能感。

## 問題與討論

一、學校中的各類人員進行自我領導的必要性和可以產生的效用如何？請分別依校長、主任、組長、教師和學生等不同身分者，舉出實例說明。

二、請針對本文中Manz的自我領導架構，和作者提出的學校人員自我領導架構，評析其優點和不足之處，並提出您自己補充的行動策略。

三、請依自己的實際狀況，提出自我領導的目標，並建構出達成所訂目標的系列性行動策略。

## 參考文獻

### 中文部分

王亞萍（2005）。學校組織變革在校長領導上的省思。**師說**，*188*，27-30。

江志正（2003）。變革時代中國民教育階段校長領導的取向。**教育研究**，*111*，84-99。

林明地（2000）。校長領導的影響：近三十年來研究結果分析。**國科會研究彙刊人文及社會科學**，*10 (2)*，232-252。

黃昆輝（1998）。**教育行政學**。臺北：東華書局。

黃宗顯（2002）。**學校行政對話研究**。臺北：五南圖書出版公司。

張慶勳（2006）。**校本文化領導的理念與實踐**。高雄：復文圖書出版公

司。

游伯龍（1998）。**習慣領域：**_IQ_和_EQ_**沒談的人性軟體**。臺北：時報文化。

蔡培村、武文瑛（2004）。**領導學：理論、實務與研究**。高雄：麗文文化出版社。

謝文全（2003）。**教育行政學**。臺北：高等教育出版公司。

西文部分

Daft, Richard, L. (2004). _Organization theory and design_. Mason: South-Western.

Dolbier, C. L., Soderstrom, M., & Steinhardt, M. A. (2001). The relationships between self-leadership and enhanced psychological health, and work outcomes. _Journal of psychology_, 135 (5),469-486.

Diliello, T. C. (2006). Maximizing organizational leadership capacity for the future: The impact of self-leadership on innovation and creativity. Unpublished dissertation of University of La Verne. AAT 3234466.

Reyes, E. V. (2007). An inquiry into the applicability of self-leadership to missionary leadership. Unpublished dissertation of Regent University. AAT 3292259.

Manz, Charles, C. (1992). _Mastering self-leadership: Empowering yourself for personal excellence_. New Jersey : Prentice Hall, Inc.

Morgan, G. (2006). _Images of organization_. Thousand Oaks: Sage Pubicaitons.

Sykes, T. A. (2005). Leading the way. _Black Enterprise,32_(2),158-161.

第三章

# 文化領導

# 📖 壹、前言

　　領導是組織運作的核心，而組織文化（organization culture，簡稱 OC）則是領導歷程的重要基石（蔡培村、武文瑛，2004）。1980年代 之後，領導研究之典範，從特質論、行為論、情境論，轉移到「價值導 向式領導理論」（Value-Based Leadership, VBL）（陳儀蓉，2006）， 文化領導即為新興的領導理論之一。

　　文化領導最重要的特徵，是一個新概念的建立，注重願景的激勵與 鞏固，領導者融合輔導與溝通的能力，使用非集權高壓，而是真誠關懷 的方法，協助成員成長（鄘執中，1998）。有別於情境、權變等領導方 式，文化領導強調領導者個人特質或領導風格的分析；不是成員需求的 分析或情境的歸類，而是從被動滿足成員需求，進而主動引發成員尋求 自我突破與成長。領導者透過符號、儀式等文化象徵，革新或維持組織 文化（潘玳玉，2001），藉由成員凝聚向心力，與組織形成命運共同 體，讓成員願意化被動為主動，為組織共有的目標、願景與使命而努力 奮鬥。

　　文化領導者的角色是多元的，既擔任「首長」（chief）的角色， 強調某些事物，並向他人發出什麼是重要及有價值的信號；也擔當「高 僧」（high priest）的角色，試圖定義、加強及表達那些賦予組織獨特且 歷久不衰的價值、信念及文化絲縷（鄭燕祥，2001；王淑娟，2005）。 因此，文化領導者必須善於溝通與激勵士氣，明確的告訴成員，組織目 前的處境與遭遇的困難，為組織的未來規劃藍圖，強化組織文化特有的 價值與信念，營造生命共同體的氛圍，進而影響並引導組織成員，戮力 同心，共臻組織願景。

　　文化領導在學校的應用方面，Sergiovanni（1984）指出，領導者的 文化角色及象徵角色，對學校的卓越表現而言，相當重要。學校文化包 括了價值、象徵符號、信仰，以及家長與師生對學校生活所具有的共識 與意義；文化主導了團體的價值與思想、感覺、與行為。學校文化生活

建構了學校的眞實面，而領導者則扮演了建立這眞實面的關鍵角色。張慶勳（2006）認爲，校長領導應強調文化領導的策略與學校組織文化的改變。所謂文化領導的策略，植基於學校組織文化的特性，具有教育的意義，兼容行政與教學、校內外環境的特性，運用各種動態與靜態圖騰，在不同的階段，靈活運用領導方式。因此，校長文化領導策略的特性，應具有教育性、多元性、統整性、象徵性與階段性。

　　文化領導因少見於文獻，故不被普遍認知，但實質上係以多種形式存在於組織之不同層級中，無時無刻地影響每一組織成員，除了最高領導者外，其他層級的領導者，甚至組織成員，都可能實際運用而不自知（王淑娟，2005）。縱然，組織文化之型塑非一朝一夕，文化之影響也不易觀察與量化，但不論從制度面或實務面，均有賴領導者平日用心觀察，仔細領會各層面文化所呈現的訊息。展現領導魅力，視組織、結構、成員、脈絡與情境，通權達變，因勢利導，致力凝聚成員的向心力，營造休戚與共的生命共同體，緩和內外在次級文化的衝擊，才能維護或創造優質組織文化，促進組織文化層次之正向提升與持久轉型。

## 📖 貳、文化領導之定義與倡導者

　　潘玟玉（2001）之研究認爲，文化領導產生於1980 年代末期與1990年代初期，主張領導者可以依據組織文化的特性來轉化運用領導方式。許多行政、組織和教育學的研究，將文化的概念加入理論架構中，行之有年，但眞正將文化因素當作領導行爲或策略發展基礎的研究，則有Bass（1985）、Sergiovanni（1984）、Bryman（1992）等學者（引自鄺執中，1998）。近年來，國內劉慶中和沈慶陽（1991）、潘玟玉（2001）、王淑娟（2005）、張慶勳（2006）等多位學者，亦著手文化領導之研究。Sergiovanni（1987）認爲，領導最終的意義，是文化的表現，而領導者主要的工作目標，則是組織文化的導引——劉慶中、沈慶楊（1991）因而認爲Sergiovanni 爲文化領導理念最初的提倡者。

　　文化領導係以一個以高層次概念，取代技術爲主的領導行爲，歷年

來，中外學者對於「文化領導」之定義，各有著不同的詮釋，詳如表3-1
所示：

### 表3-1　學者對文化領導定義之詮釋一覽表

| 學　者 | 文化領導的定義 |
|---|---|
| Sergiovanni（1987） | 文化領導就是強調自由、平等、互相依賴、張揚個人權力、認同專業自主權，並視學校成員為學校的主體、公民對學校具有權利與義務，共同發揚學校的精神與價值的一種領導方式。 |
| Trice & Beyer（1991） | 文化領導即是如何影響組織成員彼此分享的信念、價值觀、規範等意識型態，與如何透過表達的文化形式來呈現的一種領導方式。 |
| 廖裕月（1998） | 文化領導，是指領導者能夠去創造及維持組織文化中的價值體系。 |
| 潘玟玉（2001） | 文化領導，是指領導者將自己的想法透過行動與文化形式（儀式、符號等）轉化為一組新的意義網絡，並尊重追隨者以互為主體性的態度，視情境的不同，運用革新或維護的方式來改變組織文化的價值觀、信念、規範等意識型態的領導方式。 |
| 王淑娟（2005） | 文化領導，係透過領導者傳達新觀念而直接影響組織成員；或間接使用文化模式，傳達給群體中成員新的文化訊息，影響組織成員形成共同的思考與行動，促使組織信念、規範、價值觀等意識型態的創立、維持、或改變，以完成組織願景之領導方式。 |

　　綜合學者看法，可知文化領導之定義，是指領導者透過儀式、符號
等行動與文化形式，運用革新或維護的方式來改變或提升組織文化層
次，促成組織信念、規範、價值觀等意識型態之創立、維持、或變革之
領導方式。

　　至於「校本文化領導」，則指以學校組織文化為本的領導方式。國
內學者張慶勳（2006）將「校本文化領導」界定為：校長以型塑學校組
織文化而實踐其辦學理念，並以象徵性意義的圖騰（如制服、校徽、帽

徽、校旗、校歌、典禮儀式、學校活動、建築、制度等）彰顯學校組織文化的特色與意義，是融合轉化領導、魅力領導、願景領導及符號領導與學校組織文化變革發展的領導方式。陳怡君（2005）指出，學校組織文化涉及學校成員的價值觀、社會理想、信仰、教師的授權、工作和生活品質的改善、學校和社會緊密結合的加強、學校建築和庭園的潛移默化，學校領導者若能塑造優質的學校文化，則教師教學、學校行政與學生學業成就都能有高品質的表現。

## 參、文化領導之內涵

文化領導是領導研究典範的轉移，更是一個新概念的建立（鄺執中，1998），領導研究的重心，從領導行為本身，轉至該行為所代表的象徵性意義，茲將文化領導之層次與種類，分述如下：

### 一、文化領導的層次

組織文化是影響組織效能的重要變項，與領導有著密不可分的關係。依Schein（1985）之觀點，組織文化之內涵，由具體而抽象，可分為人造器物（artifacts）、信奉之信念與價值（espoused beliefs and values）及深層的基本假定（underlying assumptions）等三個文化層次（如圖3-1所示）（引自Schein, 2004）。

依據Schein文化層次的觀點，領導者欲型塑組織文化，可在具體的人造器物、半具體的信念價值、抽象的基本假定等不同的文化層次上，發揮影響力，展現領導作為：

1.人造器物：領導者可透過具體可觀察的科技、藝術、及可見到與聽到的成員行為，例如校徽、語言文字、成員的表現的行為等，型塑校園文化。

2.信念價值：領導者可經由在物質環境中驗證者，或只能在社會共識中驗證者，影響人們對某事實、情境、內容所持的主觀看法與判斷。

3.基本假定：領導者可藉由本體、時間、空間，以及人性、人類活

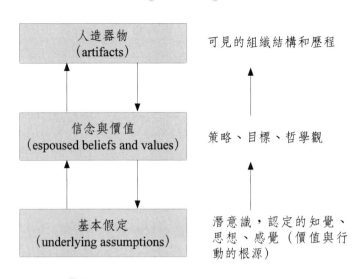

人造器物
（artifacts）　　　　可見的組織結構和歷程

信念與價值
（espoused beliefs and values）　　策略、目標、哲學觀

基本假定
（underlying assumptions）　　潛意識，認定的知覺、思想、感覺（價值與行動的根源）

**圖3-1　文化層次圖（Schein, 2004：26）**

動與人際關係的本質，讓成員耳濡目染，在潛意識中視某基本假定為理所當然，成為價值與行動的來源。

　　領導者型塑組織文化是為一動態的歷程，從具體之人造器物與創造物的呈現與營造，引發成員的共鳴，從而改變成員的價值觀，進而影響成員內心隱晦且抽象的基本假定。兼容實質表象、價值觀與基本假定等文化層次，強調組織之內部統整與外部適應，營造禍福與共的氛圍，提升學校組織文化層次，是為文化領導之終極目標。

## 二、文化領導的類型

　　Trice與Beyer（1993）認為文化領導的內涵，分為「文化革新（cultural innovation）」與「文化維護（cultural maintenance）」二種基本型式（引自王淑娟，2005）：

### （一）文化革新（cultural innovation）

　　文化革新發生在社會團體出現一套新的共識時，領導者透過溝通新的想法與運用行為或文化形式，帶給組織成員新的文化訊息，進而影響

成員的行為，塑造成員新的理解與想法。

## （二）文化維護（cultural maintenance）

透過文化的方式，如傳說、符號或象徵、儀式或典禮、酬賞的方式，使文化記憶重複傳遞，繼續與加強原有的共識。

潘玳玉（2001）認為文化革新與文化維護，均發生於組織出現新共識時，不同之處在於：文化革新領導，領導者會透過溝通新想法與運用行為或文化形式，帶給組織成員新的文化訊息；而文化維護領導，主要的目的，則是沿續與加強組織既有的共識。因此，文化革新領導者有較多的支配力與引人注意的特質；而文化維護的領導者則有較強的說服力與促進力。

絕大多數組織領導理論的應用，均趨向於強調領導作為之工具性──即領導者如何影響組織運作的行為與技術。而文化領導，無論是文化革新或文化維護，都強調領導者如何透過行動，影響成員支持、確定理解與意義網絡（Trice & Beyer, 1991）的層面。

綜觀文化領導的內涵，並非領導技術的推陳出新，而應是領導意涵之再概念化（re-conceptualize）。文化領導所強調的重心，融合了領導者的領導風格與成員的需求；文化領導的目的，從被動滿足成員的需求，進而主動引發成員之自我突破與成長。領導者在組織既有的文化基礎下，透過具體、半具體、抽象文化層次的領導，清楚而明確的表達理念，定義組織使命之重要性，真誠傾聽成員的心聲，藉由互為主體性的溝通與對話，和成員們一起討論，構築願景，才有可能塑造、維持、改變組織既有的文化，促使組織文化層次正向的提升與持久的轉型，營造一個休戚與共、願意不斷學習與成長的組織。

# 📖 肆、文化領導在學校行政之實踐

學校是一個正式的組織，有既定的教育目標、權威體系、階級層次和結構功能；學校也是一個非正式的社會體系，有獨特的文化、傳統、

價值與規範。張慶勳（2006）指出，近年來，校長領導研究的取向，已從領導行為模式與領導技術發展，轉而強調具有象徵性符號意義的領導策略運用。重視校內組織文化改變策略的校本文化領導，一時蔚為校長領導之主流。張慶勳亦認為，校本文化領導之內涵，係融合轉化領導、魅力領導、願景領導及符號領導，並以學校組織文化為根基，發展學校文化特色，促進學校組織變革發展的領導。

# 一、文化領導在學校行政實踐之必要性

## （一）校長個人的魅力特質，是文化領導首要條件

校長運用文化領導時，能否成功帶領學校團隊邁向願景的首要條件，在於是否具有「魅力」。「魅力」源於領導者本身？來自情境的條件？還是取決於領導者與部屬彼此間互動的結果？是主要的爭論所在。但最近幾年來已有相當多的共識，認為魅力應是一種互動性的概念（Yukl, 2002；張慶勳，2006）。

無論校長的「魅力」是源於領導者本身，所謂「英雄造時勢」；或來自情境的條件，所謂「時勢造英雄」；還是取決於領導者與部屬彼此間互動的結果，所謂「識時務者為俊傑」——重要的是，校長必須樹立文化領導的個人風範，英明果斷，展現高度的自信；高瞻遠矚，有獨到的眼光；堅持理想，積極任事，勇於承擔；更能敏察校園文化的優勢與利基，和成員共塑願景，迎向挑戰。校長是型塑學校組織文化的導引者（張慶勳，2006），展現個人的魅力，發揮獨特的影響力，才能使學校成員由衷愛戴，進而發自內心，願意貢獻一己的力量，形成發展性的組織文化，效忠組織的目標。

## （二）系統思考的領導策略，係文化領導不可或缺

校長的領導策略需具有多元性、統整性、階段性、教育性、象徵性的特性（張慶勳，2006）。因此，校長的領導策略需具備系統思考的觀點，植基於學校組織文化之特性，兼容行政與教學雙元系統，權衡校內

與校外環境，運用動態與靜態的符碼，在不同的階段運用不同的領導策略，才能在教育意義的前提下，通權達變，因時、因地、因人、因事而制宜。

### （三）學校組織文化的內涵，層次多元且關係密切

學校文化的形成，受到校園內、外環境因素的影響，複雜而多元。就文化層次分，Schein（1985）將文化區分爲人造器物（artifacts）、信念價值（beliefs and values）及基本假定（underlying assumptions）三個層次；就文化要素分，學校文化的內涵包括精神與物質層面，經由社會習得，代代相傳，用以適應或解決生活上面臨的問題；就次級團體分，學校組織包含教師、學生、行政人員、家長等各種次級團體，故也分別有著教師文化、學生文化、行政文化、社區文化等（陳怡君，2005）。這些次級團體的文化，亦爲學校整體文化內涵的一環。

每一所學校的地區、環境與條件不同，受到各次級文化的影響程度不一，因而呈現不同風格與特色的學校文化。校長領導，必須綜觀學校組織文化的層次與內涵，在既有的文化基礎上，求新求變，方可有效提升學校效能。

### （四）結合學校核心願景，方可型塑發展性組織文化

「願景」（vision）一詞，對領導者與被領導者而言，往往帶有理想性的夢想或希望的意涵。臺積電董事長張忠謀認爲，沒有願景就等於沒有目標。因此，願景應是可以具體實現，而不該只是掛在網頁、寫在牆上僅供「膜拜」之用的Logo而已。

陳世聰（2001）的研究指出，學校願景的建立，往往缺乏「由下而上」的決策過程。願景的建立，必須和組織的核心價值相結合，和組織成員相互討論，取得共識，不會太急迫而產生壓力，也不會過度寬鬆而使組織運作遲滯（蔡培村、武文瑛，2004）。

學校願景是學校組織成員價值觀與信念的融合，攸關組織整體的未來，與每一個成員息息相關。校長的價值觀、教育理念與堅持，是建構

學校願景的主要因素（張慶勳，2006），實具有舉足輕重的地位。而願景溝通與討論的過程，更有助於學校發展性文化的型塑。

Sergivanni（1984）倡行文化領導之基本假定是：文化與目標是達成卓越的基本要素；學校文化包括了價值、象徵符號、信仰，以及家長、師生對學校生活所具有的共識與意義；文化主導了組織成員的價值與思想、感覺、與行為。學校文化生活建構了學校的真實面，而領導者則扮演著建立此真實面的關鍵性角色。更重要的是，文化領導之目的，可透過組織成員來改變學校，使學校成為一個道德的社會。Sergiovanni（2007）指出，教育領導者所面臨的挑戰，是必須能協助組織成員認清過去重視控制與權威的傳統管理策略，已不再適用於教育機構。換言之，身為校長，必須能因應時代潮流，力行文化領導，引導成員迎向變革，促進組織發展，才能賦予原本封閉保守的學校組織新活力與新生命。

## 二、文化領導在學校行政實踐之具體策略

以學校組織文化為本的文化領導，其內涵融合魅力領導、願景領導、符號領導與學校組織文化之發展，其具體策略如下：

### （一）涵養校長魅力特質，樹立文化領導風範

校長是學校組織中最有影響力的人物，也是締造學校組織文化的關鍵人物，如何塑造學校組織文化，校長是責無旁貸的（蔡進雄，2001）。然而，校長與同仁之間，因文化背景、扮演之角色、選擇性知覺、認知之一致性……等都不盡相同，因而在價值觀與認知上，有所差距（張慶勳，2006）。

校本文化領導，強調校長個人的領導魅力特質。關於魅力型領導的特質，House（1977）的研究指出，領導者需有極度的自信、具支配性、及對自己的信念堅信不移。Bennis（1986）分析美國90位成功的領導者，主張魅力型領導者對目標有強烈的願景和理想；能清楚地與追隨者溝通這項理想，並使其很快地認同；且能展現出對其理想一致且專

注的追求；他們知道自己的力量，並能妥善利用之。Conger與Kanungo
（1988）的研究則認爲，所謂魅力型的領導者應具有的特徵，包括：
有理想的目標、對目標具有強烈的承諾、非傳統的、果斷而有自信的、
甚至是激進改革的經理人，而非保守的現狀維持者（引自張慶勳，
2006）。

陳儀蓉（2006）綜合學者的研究，歸納魅力領導者所需具備的特
質，包括：對自我的判斷與能力完全的自信；能夠提出理想化目標與願
景；爲完成理想，願意承擔風險並堅定不移；能敏銳地察覺環境的限制
及跟隨者的需求；能表現出反傳統、創新、超乎尋常的行爲。

校長在領導上需能時時虛心請益，見賢思齊，涵蘊魅力領導之人格
特質，注重形象管理，樹立領導風範，並能與組織成員眞誠溝通，發展
學校願景，才能成功發揮文化領導的魅力，在組織成員凝聚共識的過
程，型塑組織文化共同的價值、信念及規範。

## （二）綜觀校園文化面向，兼容並蓄系統發展

學校組織中，包含了教師、學生、行政人員、家長等各種次級團
體，這些次級團體的文化，都是構成整體學校文化的一部分。藉由對組
織文化之深入瞭解，領導者將可影響組織變革，進而達到卓越（Sproat,
2001）。在文化領導之過程，校長維護或型塑學校組織文化的策略與方
法如下（Boeckmann & Dickinson, 2001）：

1.透過所言所行，傳達中心價值。

2.表揚爲學校目標努力工作的人。

3.奉行、尊重象徵學校精神與靈魂的儀式與傳統。

4.讚賞在學校有傑出表現的英雄。

5.慶賀教職員、學生與社區的成就。

6.陳述成功的故事與功績。

7.勇敢面對困難，善用困難的情勢來解釋與突顯學校使命和價值。

8.聘用及招募和學校理念相同、與學校未來發展一致的教師與職
員。

9.不論大小的成功表現，盡可能地表揚和鼓勵成員，並儘量將學校所有成員的貢獻納入其中。

10.規律地評估教師、學生、家長與社區對學校使命的看法，藉由文化互動的模式，加強對學校使命的支持。

學校文化的形成是多元的，受到校園內、外各種環境因素的影響。然而，校長的領導，是建立優質學校文化的關鍵。校長必須綜觀校園文化面向，通權達變，兼容並蓄，才能獲得教師、學生、行政及社區等成員的支持，奠定學校文化的根基，成功維護或型塑學校組織文化。

### （三）分析學校文化內涵，逐步提升文化層次

依據Schein（1985）之組織文化層次論，組織創立者本身原有的假設及價值，將可經由不同的方法傳達或嵌入組織文化中，這些技巧及方式包括（引自劉志成，2000）：

1.組織哲學的正式陳述、章程等。

2.實體世界、外表、建築等之設計。

3.建立角色模式、領導者教導及訓練。

4.獎酬及地位系統，晉升的標準。

5.有關重要人物及事件之故事、傳統、神話及寓言。

6.領導者注意的、衡量的、及控制的是什麼；領導者對重要事件及組織危機的反應。

7.組織的結構是如何設計的。

8.組織的系統及程序。

9.增員、選任、晉升、退休等之標準。

校長經由閱讀與分析學校組織文化後，可以透過例行公事、儀式、慶典、故事和男女英雄等方式，塑造一個學校的文化（Deal & Peterson, 1991；引自潘玟玉，2001）。蔡進雄（2001）認為，校長欲創造優質的學校文化，可從價值規範期望、儀式典禮、人造器物等三方面著手：

1.建立學校組織的價值、規範與期望。校長透過不斷溝通強調、以身作則、善用獎懲、晉升人員時考慮是否具有組織所珍視的價值信仰等

作法強化其所想達到的文化價值。

2.用心規劃各種儀式和典禮。

3.充分利用人造器物彰顯學校文化。

從以上學者看法可知，校長實踐與力行文化領導時，可充分利用人造器物來彰顯學校文化；透過學校組織規範的建立，型塑成員之信念與價值；在潛移默化中，藉由深化組織成員的基本假定，以創造優質的學校文化。茲進一步闡述具體作為如下：

### 1.人造器物層面

(1)用心規劃各種在地思考，具學校特色的儀式和慶典，提升組織向心力。

(2)學校建築與雕塑，結合組織願景。

(3)編寫共享之軼事與故事，彰顯學校之傳統與精神。

(4)溫馨、友善之人文環境，陶冶師生之性情，增進對學校之認同。

(5)創造象徵物、標語、設計校服、校徽、校歌等，引起全校成員之共鳴。

### 2.信念價值層面

(1)依組織成員之專長調整組織結構與工作分配。

(2)各項福利措施、獎懲制度之設計，本於成員之共識。

(3)資訊管理與傳承，由資深教師帶領新進教師，融入校園文化。

(4)促進民主參與和討論，落實學校本位管理。

(5)行政、教學之角色與互動，建立團隊合作生命共同體，創造綜效。

(6)建立風險管理、危機處理機制，培養成員默契。

(7)選擇並支持具有新價值之教師與學生。

### 3.基本假定層面

(1)宣揚「以學生為主體」之教育理念與大愛，獲取教師認同與追隨。

(2)以身作則之終身學習，為成員之楷模，型塑學習型組織。

(3)鼓舞教師專業發展評鑑，為教育專業形象正名，為教育品質提升

而努力。

(4)支持師生創新，營造勇於嘗試之心理環境，讓創新成為教育核心。

(5)省思與檢視學校、班級法令規章，以為回饋與修正依據。

(6)發揮校長文化領導魅力，影響師生由下而上開發願景、瞄準願景、達成願景。

透過人造器物、信念價值、基本假定各層面的文化表徵，從具體、半具體至抽象，讓學校的親、師、生等所有成員，在文化的薰陶下，凝聚向心力，有共同的故事，一致的信念，共享的基本假定，才能朝共同的願景邁進。

## （四）促動學校文化發展，校長責無旁貸

張慶勳（2003）研究指出，學校願景的建立，在學校組織文化發展之過程，扮演著極重要的角色。吳璧如（2002）認為，組織文化之塑造，需從瞭解組織文化的概念開始；接著，從學校的歷史及現況解讀本校的文化，接著清楚揭示願景及其意含，並從學校運作的各方面，強化願景實現的結構及機會，修正不利的因子。葉連祺（2002）歸納學者之看法，認為影響學校願景的因素如下：

1.學校外在因素：政治、社會和文化的脈絡、上級主管機關的政策、家長和社區人士的期望等。

2.學校本身因素：學校組織文化和傳統、結構與特性、設立宗旨與任務等。

3.學校內部因素：主管及師生的需求、經驗、知能等。

影響學校願景複雜而多元的因素，牽動著學校組織文化之發展。然而，張慶勳（2006）指出，學校願景是學校組織成員價值觀與信念的融合，也代表著學校組織的未來。校長的價值觀、教育理念與堅持，在型塑學校願景、促動學校文化發展上，仍具有舉足輕重的地位。一個領導者，必須能創造並履行組織願景，隨時掌握契機，與組織內外人員互動，賦權增能，協助成員達成願景。Deal與Peterson（林明地譯，

1998）認為，校長可以透視學校社區的深層假定，將學校教職員對學校發展的信念緊緊結合在一起，透過確認與溝通學校未來的夢想，使「個人願景」轉化為「集體願景」。進言之，校長可藉由引領學校成員型塑願景之過程，促動學校組織文化的正向發展或轉型。

## （五）引領學校文化變革，賦予組織活力生命

Sergiovanni（2006）認為領導，是人的事（a personal thing），包括「心（heart）」、「頭（head）」、「手（hand）」等三個面向。其中的心，指的是領導者的信念、價值與承諾；而頭，指的是領導理論與實踐的省思；至於手，則為領導的決策與行動。張慶勳（2006）指出，校本文化領導，是「校長領導」發展的方向。校長致力於校本文化領導，引領學校文化變革，賦予組織活力生命上，實扮演著重要的角色。可採行之策略為：

1.人（person）：透過SWOTS進行學校本位的人力資源分析與管理，深入瞭解學校文化的優勢、劣勢、危機與轉機，與行政人員及教師，共同做好策略規劃。

2.心（heart）：營造同舟共濟、生命共同體的信念、價值與承諾，喚起危機意識，讓學校組織成員總動員，始能賦予組織活力生命。

3.頭（head）：經由理論與實踐不斷之省思，凝聚行政人員、教師、學生及所有利害關係人之共識，共同發展學校組織文化特色。

4.手（hand）：擬定學校組織文化變革策略，有效引領學校文化變革行動，提升學校競爭力，帶動學校組織正向轉型，實踐文化領導目標。

身為校長，實須具備前瞻的信念、價值與承諾，同時，對新興的領導理論與實務，更要不斷的提升與自省，透過文化領導的決策與行動，帶領學校成員朝向願景，型塑發展性組織文化。

# 伍、結語

　　傳統組織領導理論的應用，多傾向於強調領導之工具性作為，亦即重視領導者如何透過領導技術與方法，來提升組織成員工作的成效。Trice & Beyer（1993）之主張，文化是被「建立」與「維持」的，二者皆需文化領導者的努力。學校文化的塑造與改革，須從校長經營理念的確定及培養自我學習的成員做起，進而給予成員發揮空間及參與決策的機會，並依據地區特性創造學校特色，使學校成員對學校產生認同感（莊慧貞，2002）。學校文化無時無刻影響著每一位師生，在文化領導的過程中，校長是型塑學校組織文化的導引者（張慶勳，2006）。優質校園文化之變革與維護，在制度面或實務面，均有賴校長展現魅力領導的風範，兼容校園文化面向，用心領會學校組織文化的內涵，逐步提升文化層次，藉由型塑學校願景的過程，促動學校組織文化正向的發展，此方能真正落實引領學校文化變革，賦予組織活力生命的目標。

## 問題與討論

一、校長如何型塑一所新設學校之組織文化，帶動文化之創新？

二、面對百年老校，校長如何透過文化領導，引領既有校園文化之維護與變革？

三、試評析校長如何促進學校發展性的組織文化？

## 參考文獻

中文部分

王淑娟（2005）。高雄市國民小學校長文化領導之調查研究。國立屏東師範學院教育行政研究所碩士論文，未出版。

林明地譯（1998）。**學校領導：平衡邏輯與藝術**。臺北市：五南。（Deal & Peterson，原著出版年：1994年）。

廖裕月（1998）。**國小校長轉化領導型式與領導效能之研究：以北部四縣市爲例**。國立臺北師範學院國民教育研究所碩士論文，未出版。

蔡進雄（2001）。**學校教育與行政**。臺北：商鼎文化。

吳璧如（2002）。組織文化與組織氣候理論。載於張銀富主編（2002），**學校行政—理論與應用**，117-163。臺北：五南。

劉慶中、沈慶楊（1991）。卓越學校行政領導理念研究—文化領導內涵初探。**載於臺灣省第二屆教育學術論文發表會論文集**，709-756。

張慶勳（2003）。校本文化領導的理念與實踐。**教育研究月刊**，*111*，36-48。

張慶勳（2006）。**學校組織文化與領導**。臺北市：五南。

莊慧貞（2002）。從團體動力談學校組織文化的革新。**北縣教育**，*43*，34-40。

陳世聰（2001）。**屏東縣國小校長轉化、互易領導與學校效能關係之研究—以發展「小班教學精神」效能爲指標**。國立屏東師範學院國民教育與研究所碩士論文，未出版。

陳怡君（2005）。學校文化與領導。**學校行政雙月刊**，*40*，63-74。

陳儀蓉（2006）。**新領導典範——價值導向式領導理論之概述**。96.8.20取自：http://www.ncsi.gov.tw/NcsiWebFileDocuments/a643d384ca72cb181ea3a35496d3ca39.pdf

劉志成（2000）。**組織基因工程與組織（文化）變遷之研究—以陳水扁之臺北市政爲例**。元智大學資訊管理研究所碩士論文，未出版。

葉連祺（2002）。建構國民中小學學校願景之探析。**教育政策論壇**，*5*(2)，103-121。

潘玳玉（2001）。**學校文化領導之研究—以一所教會學校爲例**。國立東華大學教育研究所碩士論文，未出版。

蔡培村、武文瑛（2004）。**領導學：理論、實務與研究**。高雄市：麗文文化。

鄭燕祥（2001）。**學校效能及校本管理：發展的機制**。臺北：心理。

鄺執中（1998）。文化領導─塑造組織生命力的新型領導法。**教育資料文摘**，*41*(6)，170-182。

## 西文部分

Boeckmann, M. E. & Dickinson, G. B. (2001). Leadership: values and performance. *Education, 121*(3), 494 -497.

Robbins, B. & Davidhizar, R. (2007). Transformational leadership in health care today. *The health care manager, 26*, 234-239.

Schein, E. H. (2004). *Organizational culture and leadership* (3rd ed.). San Francisco: Jossey-Bass.

Sergiovanni, T. J. (1984).Leadership and excellence in schooling. *Educational leadership, 41*(5), 4-13.

Sergiovanni, T. J. (1987). The theoretical basis for cultural leadership. *Association for supervision and curriculum development, 1987*, 116-129.

Sergiovanni, T. J. (2006). The principalship: *A reflective practice perspective* (5th ed.). Boston: Pearson/Allyn and Bacon.

Sergiovanni, T. J. (2007). *Rethinking Leadership: A Collection of Articles.* (2nd ed.). Thousand Oaks, CA: Corwin Press.

Sproat, S. B. (2001), Using organizational artifacts to influence change. *Journal of nursing administration, 31*, 524-526.

Trice, H. M. & Beyer, J. M. (1991). Cultural leadership in organization. *Organization science, 2*(2), 149-169.

Trice, H. M. & Beyer, J. M. (1993). *The cultures of work organizations.* Upper Saddle River, N. J.: Prentice Hall.

Yukl, G. A. (2002). *Leadership in organizations* (5th ed.). Upper Saddle River, N. J.: Prentice Hall.

# 第四章

## 分散式領導

# 🕮 壹、前言

　　稻盛和夫在《阿米巴經營》中提到，企業應該實現「全員參與經營」的境界，就如同阿米巴原蟲一樣，讓公司每個部門與單位都被視為獨立的小企業，讓成員們獨自負責經營、決策與會計盈虧。如此，每個員工都能抱持著「我也是經營組織的一份子」，所以不只要服膺與執行組織的指令，更會積極主動地投入，貢獻自己的想法與創意（張漢宜，2007）。

　　《海星與蜘蛛》（Brafman, & Beckstorm, 2006）一書談的是全球化時代裡新的組織管理模式，書中認為：藉由網路平臺所形成新的社群組織，正以一種有如海星一般，全新的「分散式」型態，顛覆了人為規範的秩序，改變了遊戲規則；此種狀態恰如沒有大腦，只有簡單神經網路的海星一般，身上任何的一小段都能獨立、自主地自行繁殖（李偉文，2007）。以Skype和Wikipedia為例，他們是網路平臺所形成的組織，是由一群使用者在網路自動形成的一個社群，他們是一個分散、沒有領導者，沒有上下階層的組織。而且其社群愈大，力量就愈大（辜樹仁，2007）。

　　再者，根據領導文獻分析：領導理論的發展從特質論、行為論、情境論、到新型領導理論（蔡培村，2004：87-149；謝文全，2004：246-248），從強調領導者個人人格特質、到領導者領導行為、到情境權變因素的引入、到配合願景、多元、非線性與全員參與等，組織成員的賦權增能、尊重專業日趨受到重視；而學校的領導模式亦出現從校長暨行政人員被視為學校中唯一領導者轉移到學校其他成員被授權領導的分散式觀點（Fullan, 2001；Harrison, 2006；Lambert, 2003；Spillane, et al., 2004；Spillane & Scherer, 2004）。

　　另外再從學校領導實務觀察，分散式領導官方網站表示：1.領導會製作差異，所以，學校各級領導者要多；2.領導團隊的信念在權力的信仰，也就是說要讓每一個人都有權力；3.由於學校變得更加複

雜，所以我們比以往需要更多的領袖來管理和領導；4.學校領導應聚焦在學習與教學，所以當我們談論領導時就應該平均去分擔這個以學習爲中心的組織，要創造和發展出具有影響力和改進教學品質的分散式領導（Distributed Leadership Web A, 2007）。畢竟時下學校中單一領導者的想法有些學者認爲不切實際（unrealistic）與非必然如此（undesirable）；學校中我們需要很多領導者，以便在教師、學習助手和相互支援的同事間發揮同儕領導的效用；所以在領導者方面是多多益善，以求可以在以教室本位學習的基礎下發揮正面的差異效果（positive difference）（Distributed Leadership Web B, 2007）。

　　而國內近年來，因教師法通過以後，教師組織興起，教師專業自主意識抬頭，教師參與學校事務日漸普遍，如教師評審委員會、教師考績委員會，甚至校務會議等，教師幾乎可完全左右會議的結果；再者，校長遴選制度確立後，遴選委員都包括教師會或教師代表，所以校長平日的領導風格倍受檢驗；另外，教育基本法和家長參與學校事務辦法實施後，家長依法可以爲其子女選擇教育方式、內容及參與學校事務。顯然，學校的領導環境已有重大改變！部分領導權則已明顯分散在組織的各種成員中，所以分散式領導對國內目前中小學的領導型態似有不少的適切性和應用的可能。

　　基於上述理由，分散式領導是值得深入探討的議題，以下先從其意義、特性和功能入手，再分析其理論內涵，最後提出其在學校的實踐策略。

## ▓ 貳、分散式領導的意義、特性與功能

### 一、分散式領導的意義

　　Kayworth和Leidner（2000）認爲分散式領導是一種以電子郵件和網路爲本的長距離控制的領導方式（Bennett, Wise, & Woods, 2003），但分散式領導是一個整體的概念，不僅是單一個體行爲的累

加（Koojob, 2007）。分散式領導通常強調的是付出（given）而不是爭取（taken）；它是一種分享影響，允許隨時隨地做決定的一種機制（Distributed Leadership Web D, 2007）。

　　另外Peter Senge在MIT史隆管理學院所領導的分散式領導模式研究中表示：分散式領導是一種以「培養與協調」取代「命令與控制」的領導模式（MIT Leadership Center Web, 2007）。分散式領導泛指所有能夠協助其他教師改進教學的活動，因爲其領導責任由多位領導者所共同承擔，所以領導者之間必須互相依賴、協同合作（Harris, 2005；Spillane, et al., 2004）。如此要想更理解分散式領導的涵義，就必須理解「聯合作用」這個概念。聯合作用意味著組織成員本著與同事有同屬一個組織的信念，又能根據自己的計畫和同事的計畫，調整彼此的行動以達到同步。這包括協同作用和互惠影響。協同作用意味著組織成員向其他成員做出了貢獻，也從其他成員身上獲得幫助，彼此之間通過互動開發出潛在的能力，發現更多的解決問題的方式。而互惠影響是指雙方或多方之間的相互影響，形式類似於良性回饋。在互惠影響發生後，每個人都會獲得這個影響的各個連續階段的累積效應，並重新開始新一輪的相互影響（Koojob, 2007）。

　　由此可知，分散式領導涵蓋了一些不同的結構、不同的工作方法、目標、價值、道德和參與的權力（rights to participation），在這些特殊的事實中，仍存有一些與其他領導理念類似領導想法，如聯合領導和民主等等（Bennett, Wise, & Woods, 2003）。

　　總之，分散式領導並不是限制的廢除（abolition of constraints）（Distributed Leadership Web D, 2007），它是一種以「培養與協調」取代「命令與控制」的領導模式，它涵蓋了一些不同的結構、不同的工作方法、目標、價值、道德和參與的權力，它是強調組織中協同作用與互惠影響的聯合作用，以求能夠改進教學、促進學校進步的領導活動。因此筆者將分散式領導定義如下：

　　分散式領導是一種透過共同參與，肯定個人專業知識，不斷賦權增能；強調信任、合作；允許有多位領導者和在主要領導者授權下領導者

與追隨者隨情境不同轉換領導角色的一種領導實踐。

## 二、分散式領導的特性

美國副總統辦公室（Vice President's Open Office）基金會贊助之行政與財務部門的研究表示：分散式領導的特性包括（VPAdminFiscal, 2007）：

1.分散式領導是一種態度，而非一種管理技術；

2.分散式領導下，人人都有責任領導其負責的部分；

3.分散式領導是一種在自由的環境中，大家都能發展和分享新的想法；

4.分散式領導支持且強化優秀個人；

5.分散式領導並不意味著權力下放；相反的，是每個人要尋找最好的方法來探尋知識和想法；

6.分散式領導能為手頭上棘手的問題、威脅和變遷帶來圓滿解決的希望。因為他不只鼓勵理念共享、要求好構想、更強調從概念到現實的連結；

7.分散式領導下，並非每個人都是決策者，但決策的過程中每一個人的專業知識都可以幫上忙；

8.分散式領導就是合作和信任，不強調同單位內的競爭；同事間要求一起分擔任務，並朝著共同的目標邁進。

另外，電子學習女王Susan Smith Nash在其E化學習組織中提到分散式領導的組織中，個人的特質也有其特殊性，這其中包括：1.個人認為自己是組織的關係利益人（stakeholders）：因為這個觀念，團隊中的每一個人有必要時都願意並且能夠擔負起領導職務；2.每一階段組織任務都能完成：配合任務需要，任務可以分成細項並分配最佳團隊去完成；3.分散式角色與工作：她們會在不同的時間、地方和變異性大的情境下（under widely divergent conditions）發生；4.領導者強調的是專家（expert）權而非法職（title）權：而且領導權是依需求而轉移，領導者的角色賦予是依完成任務所需的專業能力而定；5.願景是一種凝聚力：

一個所有成員認同（equally shared）的願景，即使執行過程中意見分歧仍可執行（going off course）；6.協同運作的團隊（collaborative teams）會因特定目的而成立：組織成員是任務型的組合（fluid membership），其改變是根據工作、角色、和所需的能力（requisite talent）而定；7.實務社群湧現：即使任務完成後小團體會解散，仍會以實務社群的模式保持聯繫，並透過時常的接觸以集思廣益，以因應未來的不時之需與再度合作（potential collaborative configurations）（E-Learning Queen, 2007）。

從以上的分析可以瞭解分散式領導的特性分析可以從組織方面切入，也可以從個人特殊性著手；而其強調的重點包括的不只是領導者的觀念要調整，跟隨者的想法也須跟進，因為組織中的任何成員皆可因其專業知能的需要而成其領導的角色。

## 三、分散式領導的功能

由上述分散式領導意義與特性的分析，我們可以預知，若在校園中實施分散式領導，勢必給行政、老師和學生帶來震撼，但是因為其功能夠吸引人，所以還是有人願意投入研究，這在分散式領導的官方網站（Distributed Leadership Web）就有提到，其重點有七個（Distributed Leadership Web D, 2007）：

1.能支持學校建立或提升學習的能力；

2.能為個人提供擔負變遷的責任與協助創造變遷的機制（change agents）；

3.能發展並提升集體的責任（collective responsibility）；

4.能凝聚大家對組織的隸屬感（ownership）與承諾（commitment）；

5.能提升學生的教育經驗；

6.能發展同事情誼並提升其辦事技能；

7.組織中的成員能分享權力，因為他能讓成員提高創造能力、士氣與承諾，且在事務上也能產生立即性的效果。

　　而根據Harrison的研究，分散式領導的學校，對老師來說：1.老師們的協調合作改進了；2.老師們感覺彼此受到支持；3.與校長的關係變正向了。而對學校來說，校園中充滿積極的學習氣氛、學生和老師們對學校的感覺也是正面的（Harrison, 2006）。

　　另外，執行分散式領導後，產生的效應還包括：1.呼應校長責任急速加劇（principals' rapidly escalating responsibilities）的需要；2.啓動（generating）學校改革及教學改善；3.讓校長的決策停在緩衝來自外界的干擾而非直接控制教室內的教學；4.挑戰行政人員常自認「追蹤最好的教學方法是在保護教師的自主權」在學校本位改革上的議論；5.落實不管校長對教學的瞭解有多深，只有教室裡的老師對於教室裡的學生最瞭解的觀念；6.體認學生間基本知識（essential knowledge）是各有差異的（distributed），由上述的效應更證明領導是需要多元的（distributed）（Elmore, 2000）。

　　總之，分散式領導能改善學校整體環境、增進教師權能、提升學生的學習成果（Glickman, et al., 2001；Spillane, et al., 2004），而教師們一起學習與分享，可以獲致更好的教學品質，並能提升教師的效能感與士氣（Harris, 2005）。更重要的是透過分散式領導還能培養出未來的領導者（Distributed Leadership Web C, 2007）。

# 📖 參、分散式領導的發展與理論內涵

## 一、分散式領導理論的起源與發展

　　Smylie, et al.（2002）曾分析分散式領導的三個理念來源：第一個源自Firestone的研究，認爲分散式領導是要能提升願景、掌握紛擾、分配資源和融合不同角色的成員共同完成任務；第二個源自Ogawa和Bossert的觀點，他們認爲領導不會個別發生而是透過個人間互動產生的，它是透過組織中角色網絡多元管道交互影響產生的；第三個源自Pounder等的研究，他們發現成員中角色多元的引導會對學校的表現產生影響。

　　而筆者將分散式領導理論的起源與發展分為四個時期：

## （一）概念誕生期

　　分散式領導一詞首度被提到可追溯到1951年Gibb撰寫《參與式團體的動態》（*Dynamics of Participative Groups*）一書（賴志峰，2008），在其第四章「分享與領導」中第一次提出分散式領導一詞，並界定四種領導環境：獨裁式、家長式、個人式與參與式，前三者是由領導者決定，參與式則由群體所決定，其優點包括動機領導、透過責任促進個人發展與有效的決定、改進人際關係、增加參與及減少領導的必需性等（引自賴志峰，2008）。

## （二）啟蒙期

　　1960年代以來，分散式領導的概念以各種形式存在於組織理論與教育行政理論中，如：Thompson（1967）主張領導不只是由上而下的運用影響力，而是組織、水平科層體制的上下循環；Barnard（1968）指出領導不限於管理的職位，也可以由組織成員所執行（引自賴志峰，2008）。

## （三）醞釀發展期

　　至於第一篇以分散式領導為主題之論文是Barry（1911）的「管理沒有首長的團隊：分散式領導的課題」（Managing the Bossless Team: Lessons in Distributed Leadership），主要在探討自我管理團隊的領導；而Clift和Thurston（1995）所編著的《分散式領導：透過合作改善學校》（*Distributed Leadership: School Improvement through Collaboration*），是最早以分散式領導為題之專書，只是內容偏向傳統的論述，有關分散式領導理論內涵並未有完整的體系，惟其特色在將領導觀點從科層體制轉移至分散的組織中。其後相關類似的概念相繼冒出，如：分享式領導（Sergiovanni, 1995）、學校本位管理（Beck & Murphy, 1995）、教師領導（Barth, 2001）等，只是其領導模式與分散

式領導仍是有所差異的（引自賴志峰，2008）。

### （四）蓬勃發展期

　　分散式領導的蓬勃發展可說是最近幾年的事，因為有伊利諾大學教育學院、國立學校領導學院（National College for School Leadership）、Peter Senge領導的MIT領導中心、美國副總統辦公室的基金會和Harris、Lashway和Spillane等教授的大力推行等，特別是透過官方網站的推展，學術效應擴展迅速，只是在國內目前研究者尚屬闕如。

## 二、分散式領導的理論

　　Spillane（2006）認為分散式領導理論來自於早期類似「決策共享」（shared decision-making）的觀念；他不單是個人的一種個別性活動，更是一種社會性的活動（Spillane, et al., 2001）；所以Spillane, et al.（2004: 5）提出分散式領導的四個架構要素：1.領導工作與功能；2.工作法制化（task-enactment）；3.工作法制化的社會性分配；4.工作法制化的情境式分配。

　　另外，Spillane（2006: 2）也表示：分散式的觀點首重在領導的實務，它是由領導者、追隨者與諸如工具及例行公事等的情境交互作用的結果所組合而成；這個理念強調領導應該是從以校長為主之正式與非正式方式轉型到由領導者、追隨者與情境之關係網交互作用的領導實務。

　　依Spillane（2006）的說法：分散式領導不只是協同的領導（shared leadership）；更是多位領導者的觀念（leader-plus aspect）也無法完全表達出其實務上的複雜度！因為從分散式的觀點來看，他是領導者、追隨者、再加上情境交互作用下總合的意思。因此他不只是領導工作，也強調人和的運作（mortals as well as heroes）及兼顧工具及例行公事等情境交互作用的結果，所以Spillane（2006: 4）認為分散式領導應該包括三個重點：1.領導實務；2.領導實務是領導者、追隨者與情境交互作用的總和，而且缺一不可；3.情境不只定義出領導實務，領導實務也定位出情境。如圖4-1：

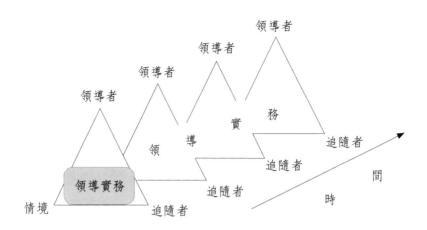

**圖4-1　分散式觀點的領導實務**（Spillane, 2006: 2）

　　而分散式領導常被當作完全解決（cure-all）學校問題的焦點
（Spillane, 2006: 9），因為這種領導是思考和分析領導架構的最好的
概念（best thought），它在我們接觸新的或不熟的領導情境時可以幫
助我們思考、可以幫助研究者在探究領導議題時展現清晰的研究框架、
可以為實習和外來人員（interventionist）在診斷學校領導工作時有參酌
的方向，甚至它也能為不具魅力和非英雄式（unglamorous and unheroic
leadership）的領導者提供一個可以讓人欣賞的機會（Spillane, 2006:
10）。

　　依Spillane（2006:12）的看法，分散式觀點的領導還包括多位領導
者（the leaders-plus）與領導實務（the leader practice）兩方面。

### （一）多位領導方面

　　在分散式觀點的領導下，學校強調多元領導者（multiple leaders）
的引導，這包括學校經營過程中分享及分擔責任的共同領導（co-
principals）（Gronn, 2003；Grubb, et al., 2003）；另外多位領導者不只
是多個正式職位領導者的表現，更是所有有正式角色和非正式角色在領
導活動中皆能負起責任的表現。

　　再者，分散式領導不只是授權式領導（Spillane, 2006: 13），其

他包括老師與家長等，也可依其在學校應有的職權行使其領導責任（Heller & firestone, 1995）。亦即組織中各種成員皆可符應組織情境的需求，成立領導團隊，擔任領導角色。

## （二）領導實務方面

多位領導者觀點在分散式理念中是重要的，但若從分散式觀點的領導功能與活動來看，仍嫌不足（Spillane, 2006: 13），必須再加上包括領導者們、追隨者們與情境間交互作用的結果才算總其成。而這三者可以用三角形的三個角分別來說明（如圖4-1），他們分別代表領導者、追隨者和不同時間點的情境，而每一個構成情境的例行公事與工具也是多個交互作用的結果，所有不同的情境自然就可以有不同的領導者與追隨者，而箭頭的意思是指多個不同的領導實務在不同時間的組合，強調的不只是不同領導實務的事實、時間的重要，更說明連結多個不同時間點的三角形的意思，而這些不同時間點交互作用下的領導都有連結的效應。

至於分散式領導中的追隨者問題，不管是教室裡的老師、行政人員、專家學者、和其他任何人，都應該可以在任一領導活動中擔任追隨者的角色，而之所以用追隨者一詞，只要是與領導活動中的領導者角色作區別；領導者不只影響追隨者，同時也受追隨者的影響，所以在分散式領導中，領導不僅僅是規劃好交給追隨者，追隨者也可以配合情境而與領導者產生實質的互動（Spillane, 2006: 17）。

而分散式領導的所謂情境，雖然一般談到情境包括工具、例行公事、委員會結構與組織文化等，但Spillane在討論上只推工具和例行公事兩個。而其中的例行公事指的是日常生活的事務，如學生的評量工具（assessment instrument）、評量和分析學生的反應以及因應學生評量結果而決定的教學策略（instructional strategies）等（Spillane, 2006: 18）。而工具是指實務中被拿來表示想法的資料，如學生評量資料、評鑑老師的觀察規定、教學計畫和學生的學業成績等，其主要在人們實際執行中作為調節之用（Spillane, 2006: 18）。

## 三、分散式領導的實現形式

分散式領導可以在不同個體或群體的正式或非正式的關係中實現。正式的分散式領導是基於角色職責，而非正式的分散式領導則是基於個人關係。正式的分散式領導可以在以下幾種關係中實現：跨層級關係、託管關係、對等關係、權力分離關係，而非正式的分散式領導主要是指在友誼關係中的情形（Koojob, 2007），用表4-1表示如下：

**表4-1　分散式領導實現形式的比對表（研究者自行整理）**

| 分　類 | | 實現形式 | 實現形式的意義 |
|---|---|---|---|
| 分散式領導 | 正式分散式領導 | 跨層級關係 | 上下級之間通過調整和確定彼此的角色界限，分擔不同的領導角色職責 |
| | | 託管關係 | 透過授權或委請相關特定人員，委託其全權代為執行組織職權，促進組織發展 |
| | | 對等關係 | 拋棄群體及個人固定的角色，即儘量少依制度，並鼓勵所有成員參與，讓各個成員輪流擔任主席，通過建立人際關係網路來達到成員之間的團結一致 |
| | | 權力分離關係 | 同一層級，各有專業的或專屬的工作需要推動，彼此間的權力是分離的，但在領導者授權後，不同單位間彼此的角色權力就需重新分配與定位 |
| | 非正式分散式領導 | 友誼關係 | 基於友誼的協同合作是非契約性的，並受益於相互的吸引力和協調一致的個人特質 |

茲將此分散式領導的實現形式說明如下：

### （一）正式的分散式領導

#### 1.跨層級關係中的分散式領導

跨層級關係中的分散式領導主要是透過上下層級之間角色界限的模糊或擴展來實現，也就是說，上下層級之間通過調整和確定彼此的角色

界限，分擔不同的領導角色職責，來實現分散式領導。在角色配對中，有四個因素可以說明信任的程度：共同的價值觀、互補的個性、心理距離、以前的合作經驗等。類似這樣的領導配對情形在國內十分常見，無論是企業或政府機關，組織中設置的正副主管都就可以看作是跨層級關係中的分散式領導。

而需要注意的是，這種上下層級之間角色的界限，焦點在組織中的上級要樂於授予下屬一定的權力。而這種跨層級關係的分散式領導是有風險的，如果成功了，能夠增加上級的威信；如果失敗了，會導致組織的權力關係緊張。

### 2.託管關係中的分散式領導

託管關係的分散式領導是透過授權或委請相關特定人員，委託其全權代為執行組織職權，促進組織發展；對上一層的領導者而言，託管含有對受託人員行政權力監督的意涵，目的在防止執行者濫權，但另外一方面又希望他能盡情發揮。例如：在法律上董事會是股東的代理人，但實際上股東才是公司的高層。而公司的股東透過董事會和CEO之間的關係就是一種託管關係。在公共部門中，這樣的託管關係的例子，如英國公共衛生部門中，董事會主席和地區總經理（DGMs）之間是一種相互依賴的託管關係，因為他們一方面必須共同對相應的地區公共衛生事務進行領導，另一方面礙於地域性因素，得授權地區總經理綜理地區的公共衛生事務。

### 3.對等關係中的分散式領導

在組織中為了實現對等關係的分散式領導，組織會拋棄群體及個人固定的角色，並鼓勵所有成員參與組織事務，讓各個成員輪流擔任主席，並通過建立人際關係網路來達到成員之間的團結一致。但這樣的做法要成功的話，需具備的條件就是要求群體的成員能不斷地專業成長，能夠適應這樣的理念與模式，並能夠把每一次擔任的角色演好。

### 4.權力分離關係中的分散式領導

組織中權力的分離會產生不同的個體與群體，他們在靈活可變的關係中各自追求不同的目標。例如，中小學的各處室與大專院校的各院系

所和委員會，以同一層級而言，各有專業的或專屬的工作需要推動，彼此間的權力是分離的，但在領導者（校長）授權後，不同處室（不同院系所和委員會）間彼此的角色權力會因授權任務而重新分配與定位。不過，在管轄許可權模糊的情況下，這樣的權力分離關係會引發權力界線的爭議。

### （二）非正式的分散式領導

#### 1.友誼關係中的分散式領導

是一種基於友誼的協同合作，是非契約性的，並受益於相互的吸引力和協調一致的個人特質。例如，曾在1912年和1916年兩次當選美國總統的Woodrow Wilson就與Colonel House之間建立著深厚的友誼。House故意回避Wilson向他提供的正式的職位。他在日記中透露，他寧願保持自由的身分，就各種事務向總統提出自己的建議（Koojob, 2007），此即是友誼關係形式的分散式領導。

# 肆、分散式領導在學校中的實踐

由於學校的存在是因為有學生，而學生到學校主要目的是學習，因此學校中任何的活動與措施都應該以學生的學習為大前提；所以Elmore（2000: 20-21）強調，採分散式領導來改善學校，領導者必須聚焦在學生學習，因此他提出五個原則：1.領導是為了改進教學與表現；2.為了改進教學持續不斷的學習是必要的；3.學習需要模式化（modeling）；4.學習造成領導方式的轉移；5.權威的執行需要績效責任與能力的互惠原則（reciprocity of accountability and capacity）。只不過實際學校的運作是多個部門與多人的結合，要想在學校中執行分散式領導，大前提是：1.高階領導者需把領導工作委派授權出來；2.為了執行分散式領導，協調合作的文化必須適度建立；3.所有的領導者與跟隨者都應朝向相同的願景與目標努力；4.分散式領導必須與學生成就緊密結合（Elmore, 2000；Harrison, 2006）；5.實務工作必須深耕於學校文化

中，以允許分散式領導的持續運作。此外仍得要：1.培養老師們的領導能力；2.有關決策歷程、委員會議、教師會議、團隊會議等溝通機制（communication structures）實務都要能深耕於學校例行性（ school routines ）工作中；3.授權老師成為領導者並允許就其專業發言；4.校長不必管控每一個決定；5.必須有高階領導者的支持，所以高階領導者必須建立支持提升領導能力和支持教師領導的文化（Harrison, 2006）。

至於如何建構分散式領導的學校？可以從建立專業的學習社群文化、配合分散式領導而改變結構的問題、建立領導能力、校長領導、教師領導及學生領導與成就等方面來努力，以下分別敘述之：

# 一、建立專業的學習社群（learning community ）文化方面

成就分散式領導學校，首先要建立專業的學習社群，引導組織成員一起學習（learning for all）；其次，培養領導能力、發展關係（Crowther et al., 2002; Fullan, 2001; Harris, 2002; Harrison, 2006; Lambert, 2003; Sergiovanni, 2005）和建立彼此信任（Blase & Blase, 2001; Fullan, 2001; Harrison, 2006; Sergiovanni, 2005）。具體作法：首先，透過私人性的對談（personal conversation）、意見交流和分享工作與責任來建立關係，因為建立專業性的學習組織要將他人當作同事、朋友、親人般來互動，而且透過這些關係我們能夠彼此尊重對方的經驗、價值和抱負（Lambert, 1998: 79）。再者，藉著要求前後一致建立彼此信任、建立輕重緩急的優先制度、用行動表達專業技能與承諾及有錯會認錯入手（DuFour & Eaker, 1998）等機制和信任建立後，執行的活動就容易水到渠成。

總之，要建立分散式領導學校，則高階領導者必須努力從事以創造支持性、協同合作和共同專業成長的文化，如此學校中的其他領導者也才能相繼出現，進而帶動學校朝改善的方向發展（Harrison, 2006），因此 Burke（2003）和Harrison（2006）的研究表示：分散式領導和專業學習組織是有關係的。

## 二、結構調整方面

　　分散式領導學校的結構，應該是有彈性的，能隨時因應不同的領導實務而適當的調整組織結構，但Harrison（2006: 44）分析相關文獻表示，組織結構的障礙有：時間有限、高階層級科層心態、同事情誼、衝突環境的容忍度、資源、技術和價值的缺乏及高階領導者的支持；此外，溝通機制、環境空間（physical proximity）、教師角色的安排及績效責任等，這些都可能影響組織結構的調整。

　　為解決這些障礙，教師和行政人員可以：(一)共同合作、腦力激盪出不同的執行方案，再從中選擇最好、執行最好的策略，並隨時檢視效益；(二)針對相關學校類似問題進行比較研究（Harrison, 2006: 44），以求掌握機先。其具體的措施是：(一)為老師們規劃可以協調合作的時間，如在特定日子安排時間讓老師們可以自由討論、允許老師們以「家族」的方式及學生們採混齡分組（multi-age grouping）的方式學習（Kratzenmeyer & Moller, 2001）；(二)拿教師會議時間來讓老師們作專業發展與協同合作的研討（Lambert, 2003）等，都可突破組織結構中制式又僵硬的運作機制，讓老師們、讓行政和老師之間及讓各級領導者與老師們之間都能突破科層的框架而有效率地溝通、執行和展現成果。

## 三、建立領導能力方面

　　建立領導能力首在老師和校長的技術與知識的增加，特別是教師的專業領導（Elmore, 2000），這包括三部分：(一)連結成員自己領域（workplace）以外的知識與技術資源；(二)連結成員領域上的專長來發展技術與知識；(三)增加教學本位上的專業發展以設計並提升學習能力（Farrace, 2002: 41）。

　　統合文獻，建構領導能力的具體步驟：第一、讓每一個人都能瞭解自身的能力（Crowther et al., 2002; Elmore, 2000; Frost & Durrant, 2002; Harris, 2002; Harrison, 2006; King, 2002; Lambert, 2003），在此階段老師們要透過與別人的互動與反應來瞭解自己的專長，高階領導者需針

對這些專長規劃組織中的成員並分派領導工作，而且校長要鼓勵老師們在專長上發揮，藉著專業發展及和別人協同合作以發展自己所缺的部分（Harris, 2002）；第二、領導者需要創造普遍式的共識（common view）（Crowther et al., 2002; Lambert, 2003; Schlechty, 1997）或道德目的（moral purpose）（Fullan, 2001）以引導學校實務與決策，領導者與追隨者必須合作發展分享的價值觀（Harrison, 2006）。有了此一致的目標，依此再設定規範、價值和教學焦點；而領導者則激勵大家一起循此規範來從事日常的實務工作，並且要能堅持到底，而一旦推動校園精進上有所絲毫成就即可慶祝一番以保持旺盛的動機；第三、領導者必須發展主動求知（inquiry）的文化，其方法可藉由執行讀書會、行動研究團體、學習社群和領導團隊讓大家不斷前進，也可透過深耕於學校文化的教學實務之反應與討論來不斷磨練領導能力；最後，領導者仍得建立協同合作（collaboration）的文化，以發展同事情誼與信任，唯有領導與友誼連結，領導者與跟隨者間的想法、價值與目的也才能緊密結合在一起（Sergiovanni, 2005: 51），彼此間也才能相互增益領導能力。

## 四、校長領導方面

以往校長是學校的首席教學領導者，是教師和教學同僚的監督者（Kratzenmeyer & Moller, 2001: 82-83）；近年來，學校的領導因為學校改善、民主社群和社會正義的影響而產生質變（Murphy, 2002），如：發展分享願景、改進學校文化、增益教師領導、轉型學校（transforming schools）和創造專業學習社群等（Kratzenmeyer & Moller, 2001）。因此一個分散式學校的校長有必要從首席領導者及唯一的決策者轉型為團隊的建構者、與教師共同協同合作和共同決策的人（Harrison, 2006:46）。他應該是組織領導的設計師而非主要的「執行者」（Lashway, 2003），亦即領導模式需作調整。

而其具體做法：首先，校長應深化能跟其他同事分享的價值觀，檢驗當下學校的實務工作；再者，校長必須能與老師、家長和學生協同合作發展一系列的規範、相互瞭解、共享的願景、彼此的領導能力、清楚

的溝通過程、主動求知的文化、爲學生學習考量的目標與行動及彼此的
信任（Lambert, 2003）。此外，爲了授權老師，校長必須以身作則、建
立相互信任的環境、調整學校結構以允許協同合作、使用專業發展和資
源來支持決策共構、聚焦於教與學、提供專業行爲模式、讚美老師與建
立有效的溝通方法等（Blase & Blase, 2001）。

## 五、教師領導方面

　　過去傳統上階層化的系統中教師們都是各自奮鬥、很少相互合作
且不會被任命爲領導者（Spillane & Louis, 2002）。但在分散式領導的
學校中，老師必須打開心胸走出教室，不管是當領導者或追隨者都得
去跟別人協同合作，這就是教師領導的開始；依Kratzenmeyer 和Moller
（2001）的定義，教師領導就是有擔任領導者的教師不管在教室內外，
角色有受到認同且能影響別人並進而帶動教育實務進步的意思；至於教
師領導的領導工作包括：(一)在教室中執行學校改善工作；(二)教學與學
校改善上擁有主動權；(三)尋找資源以濟助學校改善行動；(四)彼此會相
互合作與學習（Harris, 2003）。由此可知，教師領導指的是老師能主動
地介入學校改善行動以協助校內的老師和學生們的教與學。

　　那分散式領導學校中教師領導要做的是什麼呢？首先，教師領導者
與其他同儕一起協同合作、討論問題、分享教學經驗（happening in their
classroom）和克服諸如時間、空間與資源等結構性的限制（Silva, et al.,
2000）；其次，教師領導者需參加像教科書、學校預算、選擇新同事、
計畫同事職能發展（development）和在職進修（in-service programs）
及學生的訓育政策（discipline policy）等決策會議（Barth, 2001）；此
外，Lambert（2003）還表示：老師即使沒有正式的領導角色也可扮演
諸如提出困難問題、分享看法、和執行學校的改善行動等。

　　因爲採分散式領導對老師們產生的好處有：(一)在學校改善行動上
允許老師發言，他們在學校的運作過程中不必再沉默；(二)老師們感覺
更有動機、有隸屬感（a sense of ownership）、有專業性、有團隊感與
工作承諾（work commitment）（Blase & Blase, 2001）；(三)沒有孤

立感、會分享學生的成就、士氣高和比較不會缺曠職（Crowther et al., 2002）；(四)老師間及老師與校長間的關係都比較能獲得改善（Blase & Blase, 2001）。

## 六、學生領導與成就方面

分散式領導在學生學習的實踐上，雖然尚未凝聚出具體的執行策略，但其對學生領導無形的影響和學習成就的潛移默化仍然值得一提，茲說明如下：首先，在學生領導方面受到的影響包括：(一)由於學校在展示的、執行的和讓人的感覺方面都呈現尊重與民主，所以學生無形中更能相信、支持與執行民主的管理模式（Barth, 2001）；(二)由於學生和老師們一樣受到授權與尊重，所以在教室裡和學校內接受領導者的影響，他們的學科表現也較有進步（Lambert, 2003）及在班級互動中也較能相互尊重；(三)由於學校氣氛由壓迫與競爭轉向開放與協同合作，老師們產生了把事做好的動機、隸屬感提升、工作承諾與專業性提高和士氣大增（Blase & Blase, 2001），學生無形中也受到老師們授權的正面效應，產生明理、互助、合作的校園氣氛；至於對學生學習成就的影響：由於分散式領導是一個新的概念，目前尚缺少足夠的實證研究證據，只是其與學生成就的關聯的證據應該是可以期待的（Lambert, 2003），而Copland（2003）表示現階段雖然沒有足夠的資料顯示分散式領導與學生學習成就的強烈連結，但他仍能預測（characterizes early）分散式領導是大有可為的（promising）。因為建構出學習型社群的學校能對來自不同背景學生的學科學習產生正面的效果（Crowther, et al., 2002），而Lambert（2003）也表示：協同合作領導（collaborative leadership）的學校比較能創造出學習型的環境，而分散式領導的學校不只強調學習社群，更強調協同合作，而這兩項對學生學習成就都有助益，因此分散式領導對學生的學習成就之影響應該是可以期待的。

# 伍、分散式領導的限制

　　從以上的分析我們可以瞭解分散式領導在學校中執行的效益是可以期待的，但正當分散式領導理念被提出的同時，學校的領導者卻因為分散式領導本身實證性證據的短缺而卻步（Lashway, 2003），因為，(一)這個概念是新的且又缺乏能廣為接受的定義；(二)分散式領導的研究基礎剛建立不久（still embryonic）；(三)爭議性很大（considerable theory），但有關如何開發和開發什麼的實證性知識卻很少；(四)有關學生因分散式領導而產生的成就仍然未明（still far in the future）（Lashway, 2003）。而且刻板觀念（entrenched notion）中認為組織就必須有一個領導者，另外在多元領導情況下（multiple leader），遇到意見無法協調時如何解決？誰說了算（Lashway, 2003）等？諸如此類，他們質疑如果每一個人都是領導者，對於一個充滿意見（fragmenting）、衝突、難以控制的學校誰來駕馭呢（Lashway, 2003）？這些都是分散式領導在實施時必須審慎因應的問題！

# 陸、結語

　　理念的產生是趨勢與潮流的推演，而理念的落實則有賴有權者的理解、有識之士的推動、追隨者無私的配合、執行上切中目標和能獲得實質改進的效益，如此理念終將藉由產生（引進）與闡述、評估與論辯、進而達到強化與接納（鄭伯壎等，2003）。而分散式領導這幾年在國外的發展嚴格來說應該還是停留在評估與論述階段，因為它還是一個新的概念（Copland, 2003; Lambert, 2003; Lashway, 2003）。

　　只不過在美國，因為有伊利諾大學教育學院、國立學校領導學院（National College for School Leadership）、Peter Senge領導的MIT領導中心、美國副總統辦公室的基金會和Harris、Lashway和Spillane等教授

的大力推行，所以分散式領導的理念漸漸在學術圈被接受。這我們從他特有的「培養與協調」見解、強調互相依賴與協同合作和不同結構、不同工作方法、目標、價值及參與權力保障的意義可知，同時它是一種強調以學生學習、學校改進為方向，並結合領導者、追隨者和依情境交互作用而調整的理念，所以分散式領導的研究價值大有可期。

　　只是在學校落實前必須先：一、高階領導者要把領導工作委派出去；二、適度建立協調合作的文化；三、朝向相同的願景與目標努力；四、與學生成就緊密結合；五、深耕允許分散式領導的學校文化等前提；且執行時要：建立專業學習社群文化、領導結構要適當變化、領導能力要建立、校長的領導需調整、鼓勵教師領導和允許學生領導與成就精進，乃至家長等都是可以是需要跟著配合的重點。然而，因分散式領導理念新、爭議性大、實證性論證不足，再加上傳統上必須有一個領導者的觀念與有衝突誰來駕馭的擔憂，對分散式領導推展造成不小限制；但，分散式領導能改善學校整體環境、增進教師權能、提升學生的學習成就，而教師們一起學習與分享，可以獲致更好的教學品質，並能提升教師的效能感與士氣；更重要的是透過分散式領導還能培養出未來的領導者等，這都是推展分散式領導可以預期的榮景！

## 問題與討論

一、如何讓校長接受分散式領導的理念？

二、如何強調與培養專業、尊重專家權威感？

三、如何預防因分散式領導而產生的意見紛雜與衝突？甚至建立預防和解決此可能有的負面衝擊機制？

四、如何將分散式領導導入實際學校經營實務中？

五、現行學校領導實務中，有哪些不利於分散式領導的推行？

六、分散式領導的成效如何評估？

# 參考文獻

## 中文部分

李偉文（2007）。海星、蜘蛛與平行序列方程式。20070131 From: http://blog.chinatimes.com/sow/archive/2007/01/12/142789.html

張漢宜（2007）。日本「手機2.0」大戰。天下雜誌，vol.200701，頁 138-140。

陳世佳（2007）。學校領導與教學改善。教育研究月刊，153，頁8。

蔡培村和武文瑛（2004）。領導學：理論、實務與研究。高雄：麗文文化。

鄭伯壎、姜定宇和鄭弘岳主編（2003）。組織行為研究在臺灣：三十年回顧與展望。臺北：桂冠。

謝文全（2004）。教育行政學。臺北：高等教育。

## 西文部分

Barry, D.(1991). Managing the bossless team: Lessons in distributed leadership. Organizational Dynamics, 20(1), 31-47.

Barth, R.(2001). *Teacher leader.* Phi Delta Kappan, pp443-449.

Beck, L. G., & Murphy, J. (1995). School-based management as school reforms. Thousand Oaks, CA: SAGE.

Bennett, N.; Wise, C. & Woods, P.(2003). *Distributed leadership.* 20070228. From: http://www.ncsl.org.uk/media/3C4/A2/distributed-leadership-literature-review.pdf.

Blase, J. & Blase, J. (2001). *Empowering teachers: What successful principals do* (2ed.). Thousand Oaks, CA: Corwin Press.

Brafman, O. & Beckstorm, R. A. (2006). *The starfish and the spider: The unstoppable power of leaderless organizations.* Penguin Group.

Burke, P. H. (2003). *Organizational learning a necessity for sharing and distributing leadership to bring about real change for teachers anf students: One principal's story.* Paper presented at Annual Meeting of the American Educational Research Association, Chicago, IL.

Chirichello, M. (2003). Co-Principals:A double dose of leadership. *Principal* 82:4 , pp40-43.

Clift, R. T. & Thurston, T. W. (1995). Distributed leadership: School improvement through collaboration. Greenwich, CT: JAI Press.

Copland, M. A. (2003). The bay area school reform collaborative: Building the capacity to lead. *In leadership lessons from comprehensive school reforms*, edited by Joseph Murphy and Amanda Datnow. 159-183. Thousand Oaks, California: Corwin Press, 2003. 304 pages.

Crowther, F., Kaagan, S. S., Ferguson, M., & Hann, L.(2002). *Developing teacher leaders: How teacher leadership enhances school success.* Thousand Oaks, CA: Corwin press.

Distributed Leadership Web A(2007). *Introduction.* 20070301 From: http://www.ncsl.org.uk/mediastore/image2/distributedleadership_web /textonly/intro.htm

Distributed Leadership Web B(2007). *Research in Schools.* 20070301 From:http://www.ncsl.org.uk/mediastore/image2/distributedleadershi p_web/textonly/order_detail.htm

Distributed Leadership Web C (2007). *Future planning.* 20070301 From: http://www.ncsl.org.uk/mediastore/image2/distributedleadership_web /textonly/middleleaders.htm

Distributed Leadership Web D (2007). *The Five pillars of distributed leadership* 20070301 From:http://www.ncsl.org.uk/mediastore/ image2/distributedleadership_web/textonly/hay.htm

DuFour, R. & Eaker, R. (1998). *Professional learning communities at work: Best practices for enhancing student achievement.* Bloomington, IN: National Education Service.

E-Learning Queen (2007). *Distributed leadership in the E-learning organization*. 20070324From: http://elearnqueen.blogspot.com/2005/09/distributed-leadership-in-e-learning.html

Elmore, R. F.(2000). *Building a new structure for school leader*. The Albert Shanker Institute.

Farrace, B. (2002). Builing capacity to enhance learning: A conversation with Richard Elmore. *Principal leadership*, 5(2), pp39-43.

Frost, D. & Durrant, J.(2002). Teacher as leader: Exploring the impact of teacher-led development work. *School Leadership & Management*, 22(2), pp143-161

Fullan, M. (2001). *Leading in a culture of change*. San Francisco, CA: Jassey-Bass.

Glickman, C. D., Gordon, S. P., & Ross-Gordon, J. M.(2001). *Supervision and instructional leadership: A development approach*. Boston: Allyn and Bacon.

Gronn, P. (2003). *The new work of educational leader: Changing leadership practice in an era of school reform*. London: Paul Chapman.

Grubb, W. N., Flessa, J., Yredway, L., & Stern, J.(2003)). "*A job too big for one*": *Multiple principals and other approaches to school leadership*. Paper preaented at the annual meeting of the American Educational Research Association, Chicago.

Harris, A.(2002). *Distributed in schools: Leading or misleading?* 20040602 Form: Http://www.icpolnline.org/feature_articals/f14_02.htm

Harris, A.(2005). Leading or misleading? Distributed leadership and school improvement. *Journal of Curriculum Studies*, 37(3), pp255-265.

Harrison, N. L. T.(2005), *The impact of distributed leadership on teachers*. ProQuest Information and Learning Company.

Harrison, N. L. T.(2006). *The impact of distributed leadership on teachers*. ProQuest.

Heenan, D. A. & Bennis, W. (1999). *Co-leader: The power of great partnership*. New York: Wiley.

Heller, M. F., & Firestone, W. A. (1995). Who's in charge here? Sources of leadership for change in eight schools. *Elementary School Journal, 96*(1), pp65-86. http://www.ncsl.org.uk/mediastore/image2/distribute dleadership_web/textonly/research.htm

King, D.(2002).The changing shape of leadership. *Educational leadership, 59*(8), pp61-63.

Koojob (2007)。何為分散式領導。20070325 From: http://www.koojob. com/article/7311-1.htm

Kratzenmeyer, M. & Moller, G. (2001). *Awakening the sleeping giant: Helping teachers develop as leader*. Thousand Oaks, CA: Corwin Press.

Lambert, L. (1998). *Building leadership capacity in schools*. Alexandria, VA: Association for Supervision and Curriculum Development, p79.

Lambert, L. (2003). *Leadership capacity for lasting school improvement*. Alexandria, VA: Association for Supervision and Curriculum Develop.

Lashway, L.(2003). Distributed leadership. 20070301 From: http://eric. uoregon.edu/publications/roundup/Summer_2003

MIT Leadership Center Web(2007). *Distributed leadership model*. 20070324 From: http://sloanleadership.mit.edu/r-dlm.php

Murphy, J. (2002). *Reculturing the profession of educational leadership: Newblueprints*. In J. Murpgy（ed）. The educational leadership challenge: Redefining leadership for the 21th century（pp65-82）. Chicago: National Society for the Study of Education.

Schlechty, P. C. (1997). *Inventing better schools: An action plan for educational reform*. San Francisco, CA:Jossey-Bass Publishers.

Sergiovanni, T. J. (1995). The principalship: A reflective practice perspective(5th ed.). Boston: Allyn & Bacon.

Sergiovanni, T. J. (2005). *Strengthening the hearbeat: Leading and learning together in schools.* San Francisco, CA: Jossey-Bass Publishers.

Silva, D. Y., Gimbert, B. & Nolan, J. (2000). *Sliding the door: Locking and unlocking possibilities for teacher leadership.* Teacher College Record 102(4), 779-805.

Smylie, M. A., Conley, S. & Marks, H. M.(2002). Exploring new approaches to teacher leadership for school improvement. In J. Murphy(Ed). *The educational leadership challenge: Redefining leadership for the 21st century, pp 162-188.* Chicago: National Society for the Study of Education.

Spillane, J. P. & Scherer, J. P.(2004). *A distributed perspective on school leadership: Leadership practice as stretched over people and place.* Draft prepared for presentation at the annual meeting of the American Education Association, San Diego.

Spillane, J. P.(2006). *Distributed leadership.* Jossey-Bass, A Wiley Imprint.

Spillane, J. P., Halverson, R. & Diamond, J.B. (2004). Towards a theory of leadership practice: A distributed perspective. *Journal of Curriculum Studies*, 36(1), pp3-34.

Spillane, J. P.; Halcerson, R.; & Diamond, J. B.(2001). Investigating school leadership practice: A distributed perspective. *Educational Researcher* 30:3, 23-28.

VPAdminFiscal(2007). *Distributed leadership.* 20070324From: http://www.wcupa.edu/_information/afa/VPAdminFiscal/DistLead.htm

# 第五章

# 火線領導

# [圖] 壹、前言

　　世人常是趨吉避兇、好逸惡勞。往安全的地方走，挑輕鬆的工作做，避免惹上麻煩，都是人之常情。更何況自古我國警語「各人自掃門前雪，莫管他家瓦上霜」（馮夢龍，1984：342），提醒世人不要多管閒事。「天塌下來有高的人頂著」、「不在其位，不謀其政」（謝冰瑩等人，1990：153）和「多一事不如少一事」，都是臨事時的口頭禪。無論如何，只要不是自己去擔那個責任、冒那個風險，一切都好說好商量。

　　然而時至今日，資訊科技與交通的便利，讓人們從「鄰國相望，雞犬之聲相聞，民至老死不相往來」（傅佩榮，2006：509）、「離群而索居」（孫希旦，1990：192）的社會，演變至今日人際互動頻繁、牽一髮而動全身的地球村。世上的每一件事，都與每個人息息相關。「蝴蝶效應」指出，遠方蝴蝶本能地拍動翅膀，不再只是可以視而不見的小事，它可能演變成身邊的風風雨雨。你及周遭任何人也都可以像是那隻蝴蝶，一舉一動都會讓世界變得不一樣。絲絲相連，環環相扣，你不再能夠置身事外。

　　古訓《增廣賢文》有「世事如棋局局新」之嘆（管梅芬，1993：144），人世如同棋局變化無窮，讓人捉摸不定；下棋可以復盤、重新開局，但是每個人的生命卻僅此一遭。幸而，人有選擇權，可以選擇當個旁觀者，也可以選擇做個棋士。不同的棋局，不同的對手，不同的遭遇。棋局上有規則辦法，按部就班依序而行；棋局中有機巧，變化萬千，棋士綜觀全局、百般思量，手起棋落，步步為營。攻守之間，老謀深算者誘敵入彀，實乃意料之中；然而，即便機關算盡，亦常有出奇不意走勢出現，此又意料之外。如何才能獲致最後勝利？拿捏與取捨之際，無非是隨時要掌握意料之中並化解意料之外。

　　本篇文章主要整理Ronald A. Heifetz和Marty Linsky二人合著的 *Leadership on the line: Staying alive through the dangers of leading*《火

線領導》一書中有關領導的理念與做法，期盼提供讀者「知危」、「思危」且能「解危」的能力，讓讀者能夠「入虎穴得虎子」（陳勇、莊和，1998：151），更重要的是能夠「全身而退」。

## 貳、火線領導的倡導者與定義

火線領導一詞，係由江美滿和黃維（2003）翻譯Ronald A. Heifetz和Marty Linsky（2002）合著之*Leadership on the line: Staying alive through the dangers of leading*一書而得。

Heifetz和Linsky二位作者，累積長期以來與各行各業的人士接觸，其中有國家元首、企業總裁、組織經理人、社運人士、政治人物以及市井小民，繼而將這些人的人生智慧彙整成本書的領導智慧。

火線領導，顧名思義，指出挺身領導就如同是將自己置身在火線上，是一件極其危險的事。其不同於一般人的看法，在於個人不必躋身高層或身居要職才能擔綱領導。任何人在日常生活中都有機會領導，只要願意挺身而出，甘冒風險，無畏於可能的麻煩危險，願意處理眼前挑戰，便是領導者。而領導者在解決問題的過程中，可能會身陷下列四種危險情境：一、被邊緣化；二、聲東擊西；三、攻擊；四、誘惑。另外，領導人會面臨二種類型的問題：技術性問題和適應性問題。幸而，領導人可以透過「到陽臺上」、「從政治面思考」、「調和衝突」、「將工作回歸給該承擔的人」以及「從容不迫」等方法，讓自己在過程中遠災避禍，全身而退。

《火線領導》全書內容包括前言及三部，分別是：前言─領導機會處處可見；第一部─挑戰，探討領導為何如此危險，領導人又如何被判出局；第二部─回應，提供避免衝突的實際方法；第三部─肉與靈，提出一些領導人常常忽略的重要想法，例如：如何管理個人弱點、保護自己以及養精蓄銳。

# 參、火線領導的理論內涵

綜觀全書，火線領導從實務經驗中界定了何謂領導？擔綱領導需要具備哪些條件？挺身領導帶來哪些危險？如何避開這些危險且成功地領導？又如何才算是成功的領導？火線領導也從身心靈層面指出，在面對變革時，讓人願意挺身而出的動機與目的爲何？周遭人士對於自己挺身而出會有怎樣的回應？做爲成功的領導人，自我要注意哪些事情，才能讓組織獲益且自己功成身退？以下分別從界定領導與成功的領導談起，繼而談領導的動機與目的、領導者的條件、領導的危險、回應危險的方法，接著談周遭人士的回應與領導人本身應注意的事項。

## 一、領導—成功的領導

思索何謂成功的領導，可以從下列幾個層面來論述。就字義層面，「領導」在印歐語系裡，代表著「向前，然後死去。」或是「死亡之神最後還是會逮到你。」換言之，就是明知人難免一死，但仍思索著如何讓自己有限的生命歷程充滿意義時，期盼透過成功的領導，拋開利害關係，關心照顧他人的利益。此種說法有著文天祥《過零丁洋》（戴月芳，1992：139）一詩中「人生自古誰無死，留取丹心照汗青」所展現的無畏氣概與崇高氣節。而此種情操，只有在你自己非常確認自己做了正確的事，一切的付出與犧牲才會有代價。

就心理層面，當人們依循過往的習慣度日，「蕭規曹隨」之際，領導變革就如同要求眾人放棄固有的習性與價值觀，重新再適應新局，這勢必引起他們的不安。人們希望看到的是領導人帶來解決辦法，而不是拋出問題讓他們煩憂思慮。況且，眾人所能忍受的改變有限。所以，領導便涉及處理眾人的情緒，必須在大家能接受的範圍之內，以大家能夠接受的方式，傳遞惱人的消息，或是提出難題，刺激他們接受這個訊息，而不是故意視而不見。改變的太多、太快，只會危及領導，引起反彈。聰明的領導人知道，如果太混亂、緊張和焦慮，就無法鼓動眾人處

理難題。所以，領導人要將焦慮減到最適切的程度，以刺激大家投入改變。

就人際互動層面，領導必須跨越支持者的疆界、派系、部門利害關係，才能創造個人和組織雙贏局面。畢竟，變革不會只落在某個派系的肩膀上，每個派系都必須同時因應變局。所以，領導人的任務應該是在瞭解自己和他人的需求後，讓員工動起來，適應有著不同限制和機會的未知世界。絕不是試圖滿足別人的需求，或只是滿足自己對權力、成就感和親密關係的需求。

就結局層面，在領導變革時，只要許眾人一個可見的未來，就能讓自己避免陷入衝突情境。然而，領導者不一定能讓其他人看到未來。未來可能不存在，或者領導者自己也無法確定。但如果可能，揭露未來是一個非常有用的方法，可以讓變革動起來，並避免自己成為反抗力量的箭靶。

## 二、領導的動機與目的

火線領導尊重領導這份工作的艱難。這不同於大部分領導書籍，寫的全是激勵人心的論調，對於領導的辛酸與艱苦則輕描淡寫。話雖如此，眾人對領導仍不免有「明知山有虎，偏向虎山行」的懷疑。如果領導這麼的艱辛困苦，為什麼要自討苦吃讓自己置身火線上？

Heifetz和Linsky（2002）告訴我們，領導是由個人慾望所驅動，力量來自於找出賦予生命意義的東西，來自於希望貢獻給共同生活和工作的群眾。對人類來說最重要的意義，是你和別人產生關係的渴望。領導能讓你在利害關係之外，獲得朋友認可，並且透過成功的領導，賦予生命意義。因為領導讓我們和他人建立關係，而這種關係就是所謂的愛。愛正是讓生命有意義的核心價值。所有文明得以長久的基礎都繫於人際關係的連結，而這些關係又立基於愛，也就是關心或照顧他人利益的能力。在貢獻的過程中，藉由成就他人，讓周遭的人過得更好，我們能夠發現人生意義。成功的定義在於，重溫與所愛之人聯繫的感覺。又人生的目的就是發揮天分，幫助自己周遭的人、組織、家庭或國家邁向更好

的未來。

## 三、領導者的條件

領導是艱辛的，領導是危險的。領導者必須具備相當的條件，才能在艱困處境中堅忍不拔，堅持到多數人能夠適應改變。以下整理臚列Heifetz和Linsky（2002）在書中提及的幾項條件：

### （一）要能夠觀察自己和改革遭遇的問題

領導的首要能力，就是在事情發生時，洞悉自己的所作所為和改革遭遇的問題，讓自己對現狀更瞭解，對大局更有觀點。如此才能精準解讀觀察到的事情，並能對眼前的事情做出回應。

### （二）要有異於尋常的自省力與堅忍的毅力

當領導者試圖要去影響周遭的人，期望他們做出改變時，但卻無法提出任何「明天會更好」的具體保證時，通常會受到反擊攻訐，這時便要有異於尋常的自省力與堅忍的毅力對於對的事情繼續堅持進行。

### （三）要和部屬保持友好關係

領導人肚裡要能撐船，才能和部屬保持友好關係，一旦疏遠部屬，就會讓危險加劇。當變革帶來部屬的犧牲時，要能夠管理部屬的失望，讓其繼續支持變革。領導人應時刻提醒自己，良好人際關係是成功領導的關鍵。

### （四）要能包容對自己的醜化與人身攻擊

對醜化或人身攻擊不予回應，相當困難。有人說你壞話，要保持平靜很難，也不可小覷。那很痛苦，也極具殺傷力，受過傷的人都知道那有多痛。然而，領導人必須清楚這些只是批評者轉移問題焦點的做法，分散你對議題的注意力。所以，領導人通常得忍受這種創傷，繼續帶領大家朝正確方向前進。

### （五）要讓反對人士有表達的空間

要領導變革，必須先建立關係架構，處理棘手議題，並且建立規範，讓激進的反對人士，有發表看法的出口。

### （六）要有更大的視野和過人的耐性、成熟度、勇氣和從容

領導人通常必須面對來自盟友與支持者的壓力。要抵擋這種壓力，需要有更大的視野和過人的耐性、成熟度、勇氣和從容。

### （七）要能接受群眾的憤怒

接受群眾的憤怒，不是為了防衛，而是讓反對者信任你。如果你能長期從容不迫，尊重別人的痛苦，防衛自己的觀點，而非防衛自己，你會發現在平靜之後，與他人的關係更堅固。接受憤怒可說是極為神聖的任務，因為他在我們最敏感的地方，試煉我們。從容接受憤怒，也正是表現尊重因為改變而承受痛苦的人。

### （八）要能按兵不動靜候時機成熟

領導者必須做好心理準備，權衡優先順序，耐心等候直到時機成熟，再動員群眾之力。

## 四、領導的危險

如果問題早已有解決方案，那麼，領導是一件安穩的工作；如果領導只是報喜不報憂，那就容易多了。領導是危險的，它的危險來自於問題本質，正因為問題具有危險性，才需要領導。另外，在帶領任何重大變革時，都不容易逃離群眾的憤怒。改變勢必引起阻力，因為它挑戰大眾的習性和價值觀。它讓大眾蒙受損失，歷經不確定，甚至必須背叛親人。當愈需要求新求變時，抗拒力就會愈大，領導人就愈危險；當大眾蒙受損失時，領導就成為危險任務。

分析領導的危險，首先，Heifetz和Linsky（2002）提出二種危機類

型，分別是「技術性問題」和「適應性問題」。面對技術性問題，掌權者可以用標準操作程序來解決問題；面對適應性問題，則需要遭遇問題者，透過學習新方法來因應變化的問題。在社會、企業或非營利部門中，導致領導失敗的最大因素在於，掌權者往往以解決技術性問題的方式處理適應性問題。著重技術性問題的解決僅能獲得暫時性的解決，是「頭痛醫頭，腳痛醫腳」，無法對根本問題做徹底解決。

再者，領導者通常必須冒著「被邊緣化」、「聲東擊西」、「攻擊」或「誘惑」等四種風險。但是，唯有當反對出現時，我們才能管理它。領導人必須尊重變革帶來的痛苦，小心應對不同形式的反抗，認出危險的形式，接著便是以相當的技巧加以回應。

## 五、回應領導的危險

領導是危險的！領導人很少因為個人因素被忽略。領導人所扮演的角色，或帶來的議題，都會引起反應。在求生存的最高指導原則下，Heifetz和Linsky（2002）從下述七個面向提供策略與做法，分別是：(一)到陽臺上；(二)從政治面思考；(三)調和衝突；(四)將工作回歸給該承擔的人；(五)從容不迫；(六)管理你的慾望；(七)穩住自己。

### （一）到陽臺上

到陽臺上指的是離開事件核心，反問自身處境的心理活動。這就像是運動員不僅能夠同時參與比賽，也能綜觀整體賽事。當事情越演越烈，或針對個人而來時，要能夠瞭解事件全貌，便須先退一步，讓自己遠離緊張的情況，冷靜觀察自己的位置，以洞悉自己目前的所做所為。

在陽臺上，除了提問：「這裡發生了什麼事？」更要進行四項診斷工作：1.區別技術性問題和適應性問題，分辨兩者的差異，決定該用什麼策略；2.找出民之所欲，真正瞭解各個陣營的想法，以及他們的恐懼；3.傾聽弦外之音，解讀其中的深層涵義，才能切中問題；4.解讀掌權者的言行，找出自己領導成功與否的訊號，調整自己行動的步調和態度。

## （二）從政治面思考

政治是管理眾人之事。既然與眾人有關，就免不了人際互動。人際關係的好壞，自然左右領導的成功與否。觀察任何領域的成功者，其共有的特質則是非常重視個人關係。簡單的說，人際關係，是成功領導的關鍵。因此，領導人要能做到以下幾件事：

### 1.尋找得力的伙伴

領導人需要伙伴。在組織面對適應性壓力時，沒有人能獨自處理盤根錯節的改變。如果你不具外交手腕，那麼你要找到一位得力伙伴。即使擁有很大的權限和有力的願景，當你試著要在組織帶來深刻改變時，還是需要伙伴。伙伴能提供保護，讓你在派系外建立盟友，並且強化你的動機與力量。

### 2.接近反對者

會反對你的人，通常是損失最慘重的人。從生存策略來看，你更該注意，甚至同情反對者。接近反對者，也能讓判斷更準確。在肩負領導的重責大任時，你必須與反對者密切共事，就像與支持者共識一樣，這樣才能功成身退。檢視現況，大家太常選擇簡單的路，只注意到建立正面的合作關係，卻忽略了反對者這一區塊。事實上，如果你無法和敵方坐下來談，情況就會更糟。

### 3.對混亂負起責任

做為組織或團體的領導人，自己本身就是問題的一部分。為了對現狀做出貢獻，你必須認同並接受責任，必須和眾人一起面對問題，扛起責任。

### 4.承認他人的損失

領導者的工作之一在於幫助組織瞭解該在何時放棄什麼，以及組織重視的價值裡，有哪些是可以為進步而放棄。領導者不能只是描繪美好願景，必須讓下屬瞭解承受損失或重組價值，是為了創造更美好的未來。要求別人改變，即是要求別人犧牲。領導人必須掌握改變導致的可能損失，並且重視這些損失。

### 5.身先士卒

改變帶來損失，讓部屬失去安全感。任何邏輯解說或證據支持都無法抹去員工的恐懼。如果部屬恐懼過深，言語保證又無濟於事時，領導者必須反求諸己，身先士卒，以重新建立部屬信心。

### 6.接受必要的犧牲

對組織全體有益的改變，極有可能傷及既得利益者。當組織進行重大變革時，通常無法避免有人犧牲。接受必要的犧牲，標示了領導者的決心。如果接受有人得犧牲的殘酷現實，就等於宣示領導者的勇氣和決心。

## （三）調和衝突

在任何團體中，衝突無所不在。深度的衝突源自價值觀的差異，而價值觀的差異正是人類進步的動力。人們往往出於防衛心理而堅持自己的價值觀。因此，領導變革便須技巧地處理這些差異與衝突。

### 1.營造有利環境

領導團隊，需要有利環境，調節難題或價值差異產生的「高溫」。有利的環境就好比是個耐高溫的容器，確保每個人都可以在正確的溫度下工作。它可能是一個安全空間，一個工作小組，或是規則或程序，可以讓少數聲音在不破壞程序的情況下被聽到。它能抵銷眾人在適應期產生的離心力。設計有利環境，是領導中極為重要的策略，這個設計必須很成熟，否則將影響變革的成敗，以及你的權威。

### 2.控制溫度

尋求秩序和平靜是人類的天性，但是改變讓潛在衝突浮出檯面，讓組織關係緊張。所以要在組織裡變革，便需控制好緊張的溫度。一方面要提高溫度，讓人注意應付真正的威脅與挑戰，畢竟沒有痛苦就沒有改變的誘因；另一方面，要降低溫度到可忍受的範圍內，避免過度緊張帶來的反效果。畢竟，太過混亂、緊張和焦慮，無法鼓動眾人處理難題。

### 3.調整步伐

領導變革時常會要求部屬放棄固有的價值觀，領導者必須知道每個

人每次能忍受的改變是有限的，改的太多、太快，便會引起反彈，危及領導。所以，分散改變，延長改變的時間，讓大家透過每項結果，評估改變方向，增加可行性，避免讓人們覺得一夕之間失去所有熟悉的事物。

### 4.許他們一個未來

領導是爲了實現希望，而非帶來恐懼。如果能讓眾人窺見未來，眾人就比較不會痛其所失，也避免領導者成爲反抗力量的箭靶。

## （四）將工作回歸給該承擔的人

提供眾人解決方案，卸下他們肩上的問題，可以讓領導者贏得信任和權威；反之，當面對改變的壓力卻無法提出解決辦法時，價值觀、自尊心以及成就感便會出現問題。然不論結果如何，領導者都必須在過程中負責，承擔大家的損失以及犧牲者的反抗。這種情形下，要能成功領導變革，需要思考如何將問題回歸給利害關係人，將問題擺在面對挑戰的派系、團體中，修改介入的方式，讓訊息更加清楚、有內容。

### 1.卸下責任

當領導人出面解決問題時，下屬就成了旁觀者。部屬會期待領導者切中要害，修補歧異，採取立場，解決問題。當領導者滿足大家的期待，會受到眾人的敬佩，認爲你有擔當。但這只是恭維罷了，況且，這也只能解決當下的危機，並沒有解決組織深層的問題，因爲部屬並沒有學到解決問題的能力，相同問題會再度出現，甚至會更難處理。

### 2.讓利害關係人共同解決問題

「解鈴還需繫鈴人」，當「提出或製造問題的人員」成爲「問題解決的人員」時，議題經過內化、理解，並且是由相關當事人一同解決，問題才得以確實根治，組織也才能長治久安。

### 3.讓你的介入簡單明瞭

要領導就必須介入。透過「觀察」、「提問」、「詮釋」和「行動」四種簡單而直接的介入方式，察言觀色，步步爲營，並從容不迫的應變，減少危險的抗拒。

### （五）從容不迫

帶領任何重大變革時，都難以避免群眾的憤怒。領導者必須在這樣的高度壓力下表現出從容不迫，引導眾人專注在議題之上，不因外力而岔開話題，方能成功地領導變革。

#### 1.承受高溫

領導可被理解為，在可接受的範圍內讓人們失望。沒有那群受挫而失望的人，領導人就無法完成目標。領導人必須學習忍受眾人因為失望而產生的憤怒情緒。從容地承受，就是尊重因為改變而承受痛苦的人，也能讓反對者信任你，讓彼此間的關係更堅固。

#### 2.讓議題成熟

組織在不同時候會遭遇不同的挑戰，而眾多問題難以一次同時解決。領導者必須權衡優先順序，並視部屬是否準備妥當足以跟隨領導者的腳步前進。必要時得按兵不動以待時機成熟。而決定議題成熟度則有以下四項要素，分別是「必須投入的人有哪些牽絆？」「問題對大家的影響有多深？」「大家必須學習多少新東西？」「掌權者對這議題有什麼看法？」

#### 3.集中於議題上

一般人通常會迴避令人感到痛苦的議題。想要成功的領導變革，正需要反制這些迴避方式，讓眾人集中注意力在這些棘手的議題上。

### （六）管理你的慾望

人都有慾望，這是人性。每個人都需要某種程度的權力、成就感以及親密關係。但是，如果缺少自知和自律，沒有足夠的智慧和自制力，管理和滿足自己的慾望，那麼任何的慾望，都會讓人惹上麻煩。做為領導人，更需要瞭解自己和他人的慾望，並提醒自己不能受制於這些慾望。

#### 1.權力與控制

渴望權力是人性，但是權力慾望會讓人錯過到達終點的方法，忽視

推動議題的必要程序，誤將維持秩序當作目標。事實上，領導人的權力，來自於眾人期待領導者為他們帶來福祉。一旦領導人沉迷於權力的追求而失去為眾人創造利益的努力，定會遭到眾人的唾棄。因此，領導人必須自知且自律。

### 2.肯定和重要性

領導組織變革時，有些人會反對，有些人會支持。而希望被肯定的慾望會矇蔽自己，踐踏理想與堅持；渴望認同會讓人忽視危險的警告。因此，領導人必須要與亦師亦友的人合作，讓這些人隨時提醒你注意立場，要你戒慎恐懼。領導人也要自覺到自己並非是組織中不可或缺的角色，不是每件事都應該負責解決，而是要培養下屬負起責任，培養部屬解決問題的能力。

### 3.親密關係和愉悅

每個人都需要親密關係，但這不等同於不倫的情色關係。別人對你獻殷勤並不是因為被你吸引，而是被你的角色和權力所吸引。領導者必須瞭解這些人性的飢渴和弱點並且善加管理，不讓這些誘惑戰勝自己內在的紀律。

## （七）穩住自己

每個人同一時間常需要扮演多重的角色，因此，區別固定的自我以及不固定的自我，對個人來說至關重要。自我的完整也取決於是否能夠反思自我，終身學習，並掌握主導我們決策的核心價值，不論是否符合他人的期望。

### 1.區別角色和自我

人很容易混淆自我和社會角色，常將社會角色誤以為就是真正的自我。事實上，周遭人們對你的回應，是來自於你在他們生命中所扮演的角色，而任何的角色都有停止的一天。領導者能有這樣的認知，才能破解他人的批評與攻擊，知道這一切都是源自於爭論的議題、扮演的角色，而非你個人。如此，也才能讓你忠於自己，扮演自己堅信的角色，勇敢無懼，投入工作，不會身陷於自我防衛中。瞭解自己，區別自己扮

演的角色，就能在所擔任的角色上承擔風險，不會在解決問題時受傷。

### 2.擁有盟友與密友

盟友能分享你的價值和願景，幫助你跨越組織或派系運作；密友可以幫助你在混亂的情緒中，找出頭緒，分辨是非。盟友必須跨越疆界，尊重其他派系，所以不能一直忠於你；密友關心你甚過你的工作，告訴你不想聽的話，但這些話不會影響你的工作。沒有這樣的盟友、密友，沒有人可以長期穩住自己。但是隨意將盟友變成密友，是一件危險的事情，因為無法知道，在情勢危急時，盟友會選擇你，還是他們的派系。因此，領導者除了需要盟友與密友，也別忘了不要將兩者搞混了！

### 3.尋找庇護所

庇護所不是讓你躲藏的地方，而是可以讓你平靜下來，反省和修養的地方，它可能是一條慢跑小徑、平日宗教團體聚會所或健身房之類的地方。在這裡，遠離塵囂，讓自己可以充電、療傷。在這裡，可以傾聽自己內在的聲音，再次確定自己內心的感覺和目標。在這裡，讓自己不隨波逐流，不被洪水般的資訊、緊張和誘惑擺布自己，找到穩住自己的錨。休息過後，捲土重來再出發。

## 六、周遭人士的反應

《孫子兵法》〈謀攻篇〉（孫道夫，2007：45）中有「知己知彼，百戰不殆；不知彼而知己，一勝一負；不知彼不知己，每戰必敗。」及〈地形篇〉（ibid，163）中有「知彼知己，勝乃不殆；知天知地，勝乃可全」的訓示。領導人要能夠瞭解所有利害關係人的可能反應，如此才能掌控全局，獲致最後勝利。

一般人不會選出或是聘用阻礙他們工作或生活的人。在面對變革時，沒有人能保證在歷經改變的痛苦後，結果會更好。縱然眾人並不抗拒改變，但他們卻拒絕損失。所以，人們通常會在別人還沒迫使他們改變之前，展開反擊。雖然領導人可能滿懷熱情，清楚看到一個更美好的未來，只是，在改變之初，大家通常無法預見新方法會使現狀更好，他們看到的往往是可能的損失。

　　多數人通常不想授權別人，讓自己面臨棘手難題。在面對苦難時，每個人都期待領導者提供方向和保護。在面對改變的壓力時，大家不要問題，只要答案。他們不想被告知必須蒙受的損失，他們只想知道，你會如何保護他們，免除改變的痛苦。

　　眾人通常不能正確面對衝突，多是抗拒壓力，希望維持現狀，避免棘手議題。畢竟，改變挑戰了個人的適應能力。即使是不好的習性或價值觀，都是個人自我認同的一部分。改變既有的想法或做法，都是在挑戰自我。當人在角色中成長，忍受生命的變幻無常時，往往會披上保護的外衣。因而，人們往往會以自我保護為藉口，逃避承擔挑戰的風險。為了保護自己，純真會變成懦弱，好奇會變成傲慢，同情會變成麻木不仁。領導人必須認清這些事實。

## 七、領導人本身應注意的事項

　　做為一位領導者，是眾人目光聚集的焦點。從外顯的一言一行，甚至到內隱的信念、價值觀等等，都是眾人檢視批判的內容。眾人正以放大鏡來觀察領導者所思、所言、所行。因而，領導者必須以戒慎恐懼的心情來面對所有的遭遇。

　　面對變革，領導者應當時時念茲在茲，將下列事項放在心上，提醒自己：

### （一）維持中立

　　領導人必須代表各種不同的支持者，禁不起獨自肩負議題。維持中立，才能調和衝突，而非成為衝突的目標。身為領導人，如果肩負議題，就會將你的成功，甚至你的存在，和那議題畫上等號。那是一個危險的平臺，千萬別站上去。拒絕將議題個人化，或是不急於申辯，就能增加勝利的機會。這樣不僅能阻止敵人將你放到爭議中，也能讓問題回歸根本。

## （二）保持冷靜

領導是一種即興的表演藝術。領導人或許有全方位的願景，清楚、耀眼的策略，但無法清楚描繪自己每一刻所做的事。因而，對變遷中的現況，無論如何都要冷靜觀察、解讀。

## （三）觀照自己的情緒

不管擔任什麼角色，都必須小心情緒對組織造成的影響，也要注意別人對你的影響。屈服於情緒，會毀掉你的領導能力。

## （四）謙虛自處

當領導者受到群眾的肯定，常會浮誇自大。然而，驕者必敗，傲慢會讓你遠離現實，矇蔽自己而無法發現沒有注意到的事實。所以，領導者必須隨時自我反省，提醒自己什麼該做，什麼不該做。

## （五）時時自我肯定

希望被肯定的慾望，會矇蔽自己，踐踏理想和堅持。永不停止的認同慾望可能會讓你贏得全世界，卻也可能因它而輸掉自己。自我的完整必須取決於我們是否能夠反思自我，終身學習，並且掌握主導我們決策的核心價值，不管這價值是否符合他人的期待。

## （六）堅信自己扮演的角色

如果你想忠於自己，發揮影響力，就必須扮演自己堅信的角色，這樣才能將熱情傾注在工作上。但當你期待別人認真考慮自己的想法時，也必須準備接受各種挑戰。如果你瞭解領導是一連串的艱苦奮鬥，就能讓你勇敢無懼，投入工作，不會退卻，或是深陷自我防衛中。

## （七）管理自己的慾望

我們都有慾望，那是人性。如果我們沒有足夠的智慧和自制力，管

理和滿足我們的慾望，那麼每種慾望都會讓我們深陷麻煩之中。切記，自知和自律是成功領導的基礎。

### （八）展現自信

有時，領導人必須維持安定的假象。在危難時，群眾需要希望來對抗混亂。這時，領導人必須展現更多自信。

### （九）只擔負有限責任

不要認為每件事你都該負責解決。如果要承擔，就必須確定你只負責一段時間，並且培養下屬負起責任，解決問題的能力。過度的使命感會帶來危險。

### （十）勇於挑戰未知

任何人都很難事先有充分的知識和技巧，處理組織遭遇的無數調適性問題。因此，領導人必須要能勇敢地挑戰未知領域。

### （十一）區辨自我與角色的差異

人很容易混淆自我和社會角色。角色是一種陷阱。即使你完全投入角色裡，周遭人對你的回應，是你在他們生命中扮演的角色。別人對你獻殷勤並不是因為他們被你吸引，而是被你的角色和權力所吸引，那些情感都是虛假的。無法區別角色和自我，也會讓你忽略角色防衛和角色保護的重要性。任何角色都有停止的一天。在領導時，群眾既不喜歡你，也不討厭你。他們多數不瞭解你。他們只在乎你代表的地位。瞭解自己，區別自己扮演的角色，就能在這些角色裡承擔風險，遊刃有餘。

### （十二）穩住自己

穩住自己，能讓你忍受強烈的反對，因為你的朋友或伙伴，可能在一夕之間背棄你。但如果你能穩住自己，就能找到溫和、專注和堅持的方法來面對處境。只是這功夫也許需要幾十年的時間，才能學會。

### （十三）覺知自己的限制

我們有無限的選擇，我們什麼都能做。但同樣的，人非萬能，人生也有許多無法抉擇的時候。基於自己扮演的角色，審視需要達成的目標，評估可用的人力、物力等各項資源，你必須有所取捨。

### （十四）良好的人際關係

任何領域的成功者都具有重視個人關係的特質。許多優秀的政治家從其經驗中得知，人際關係的好壞對於結果的影響勝過其他任何因素。領導者即使擁有極大的權限和美好的願景，當試圖要為組織帶來深度改變時，還是需要伙伴。然而，良好的人際關係並不限於和意見相同的人，更包含了和你意見相左的人及不願承諾的謹慎人士。

### （十五）有自己的充電站

領導人肩負重責大任，身心要隨時保持最佳狀態，這便需要一個具有安全感的地方，讓你可以隨時前往休養生息或者療傷止痛。在這個充電站中，你可以遠離周遭的一切，平靜下來，穩住自己，把自己照顧好，重新再出發。

### （十六）瞭解自己

我們的人生意義本來就不是處理這些永不停止的時代問題，所以我們必須補償自己，找到錨穩住自己。我們得照顧自己，才能判斷自己的價值和渴望。因為身處當今世界，如果沒有修正的方法，就會失去觀點，置議題於險境，危及我們的未來，讓我們忘記，火線上有什麼。

### （十七）瞭解競爭者

如果你對自己誠實，就會知道，願景通常只是當時最美好的預測，計畫只是今天最好的預測。如果你不瞭解競爭者的優勢，你的組織如何進行變革，在激烈競爭的環境中脫穎而出？

## （十八）要有同情心

不管你是領導組織變革，或是實現自我理想，都必須保有同情心。同情心能讓你注意別人的痛苦和損失，即使在你沒有任何資源的時候。

# 肆、火線領導在學校的實踐

火線領導適用在每一個角色身上，任何人只要願意挺身而出，承擔責任，就可以是領導人。在國民中學、國民小學校園中，校長則是公認的學校領導人，背負學校成敗的責任。在遴選制度下的中、小學校長，常是單槍匹馬上任。對於學校環境、組織成員的背景及其人際網絡、成員與社區間的關係以及學校內的意見領袖等等都不是很清楚。很容易落入「被邊緣化」、「聲東擊西」、「攻擊」及「誘惑」這四種危險情境之中。必須能善用「到陽臺上」、「從政治面思考」、「調和衝突」、「將工作回歸給該承擔的人」以及「從容不迫」等方法，以求順暢推動校務，也才能在領導的火線上全身而退。

以下將以臺南縣95學年度教師成績考核一案為例，來說明火線領導在學校領導應用的實踐：

## 一、緣起

一直以來，教師年度成績考核除了老師因請假超過規定日數，導致無法列為四條一款者，幾乎是人人有獎，全部考列為四條一款。然而，臺南縣縣長要求各校應落實教師成績考核，且考列四條一款人數以不超過受考人數的90%為參考指標，亦即每十位老師最多只能有九位考列四條一款。此舉引起各校教師及臺南縣之縣教師會的強烈抗拒，並衍生出校園內外的一些抵制、抗議活動。此舉亦將校長推上領導的火線之上，讓校長坐立難安。

## 二、教師的反應

臺南縣教師對於臺南縣縣政府此一政策持以下的主張：

(一)贊成縣政府要求落實考核之主張，但反對考核四條一款設上限為90%。

(二)堅持教師成績考核係校內教師成績考核委員會權責，縣政府應予以尊重。

(三)宣稱臺南縣的老師不是二等教師，反對只有臺南縣單獨實施設限。

## 三、校長的困境

當各校校長接到縣長落實教師成績考核的政策指示，便可預測此一政策帶來的實質危機，校內教師的抗拒將難以避免。如何在落實主管機關的要求與維護校內的和諧之間取得平衡，成為校長最大的困境。選擇遵從縣政府要求，校內教師認為校長未能情義相挺，是縣政府的打手，對校長多所責難與不諒解，日後校務的推動恐遭抵制；選擇違背縣政府要求，係明顯抗命行為，恐遭行政處分，但可獲得教師的支持與肯定。

## 四、校長領導的危險

在此次的教師成績考核事件中，明顯出現技術性危機與適應性危機。技術性危機指的是教師成績考核流程，在經由校內成績考核委員會開會審核後，呈送校長覆核，覆核後再送縣政府核定，縣政府若有不同意見得依事實逕行改核。然而，縣政府卻一退再退，要讓學校自行重新審核，以符合90%上限的要求。適應性危機指的是中小學教師每人自覺自己都是兢兢業業於教學工作，表現優秀，無法接受必須有10%的教師考列四條二款這個事實，並且擔心一旦被考列四條二款（乙等），還有哪些家長願意把自己的小孩託付給乙等老師教導。

在領導可能發生的四種危險情境中，校長分別遭遇的困難有：

## （一）被邊緣化

在教師方面認爲，當校內考核完成並經校長覆核後送到縣政府，縣政府若有任何意見得逕行改核。校長不應受到主管機關的壓力便重新改核。而在縣政府方面則認爲，未能依要求提出10%四條二款教師名單，係學校未落實考核，校長應重新審核教師表現。

## （二）聲東擊西

在教師方面，當有同仁支持校長改核做法時，便群起而攻之，讓支持校長者不敢再表態支持。在縣政府方面，督學常放出某幾校已依據縣政府指示改核的消息，增加校長心理壓力。

## （三）攻擊

在教師方面，當校長配合縣政府政策改核時，在教師會網站上便會出現醜化和人身攻擊該校長的言論，甚至其在教育界服務的另一半亦受池魚之殃。在縣政府方面，若校長遲遲未能依規定辦理，則質疑校長的領導能力及政策執行力。

## （四）誘惑

在教師方面，教師常會以支持校長或支持校務推動的意願請求校長堅持，不要因縣政府之要求而重新改核。在縣政府方面，則以校長考核及校長遴選做爲籌碼，要求校長落實政策執行。

# 五、火線上校長的回應

挑戰別人對我們的期待需要相當的勇氣。校長在此次的教師成績考核事件中，必須同時挑戰上級縣政府長官及校內教師同仁們的期待。如何才能做出正確的抉擇？以下就火線領導的內涵提出下列看法：

### （一）區別角色和自我

在私領域，不論個人是否認同縣政府的做法，但在公領域，既身為校長，肩負一校的成敗之責，對上要執行縣政府的政策命令，對下要維護師生權益。審慎衡酌傷害程度，校長帶領全校進行對抗縣政府政策之作為甚於教師考核設限10%。兩害相權取其輕，縱然校內會有校長是縣政府「打手」、甚至「為虎作倀」之說出現，校長從公領域角色作為應配合執行縣政府之政策。

### （二）從容不迫

校長在考績事件中，必須同時面對縣政府長官及校內教師，不論其理性平和或憤怒激動，校長都必須以過人的耐性、成熟度、勇氣和從容來面對這些巨大壓力。從容的承受這些壓力，是對縣政府長官或教師同仁的尊重。

### （三）慾望管理

做為校長，常是希望得到各界的認同與接納。這些認同慾望可能讓校長全面贏得聲望，但也可能讓校長輸掉自己，輸掉自己的理想與堅持。在教師考績事件中，校長應清楚無法兩面討好，魚與熊掌無法兼得，如此才不會顧此失彼，弄到最後兩面不是人。

### （四）調和衝突

領導最大的挑戰，就是化壓力為助力。當95年度的考績事件逐漸告一段落之際，96年度的考績亦即將來臨。當大家仍持續注意考績的議題，仍然感受到議題的重要性與迫切性之際，提醒同仁記取現階段的教訓，妥善評估規劃考績相關措施及因應之道。

## 📖 伍、結語

在家庭、在工作與在社會中，甚至是在我們自己內心，領導的機會每天都在向我們招手。領導讓人惹上許多麻煩，讓人身處危險之境。有太多的陷阱等著挺身領導的人。領導是如此的危險，但它又是如此值得冒險。原因無它，只因為我們希望讓周遭的人活的更好。

當我們心中懷著為眾人謀福利的願景，透過對於成功領導的瞭解，準備好擔綱領導需要的條件，熟悉領導可能帶來的危險，並學會如何避開這些危險的原則與技巧，瞭解周遭人士對於自己挺身而出會有怎樣的回應，並且時刻自知與自律地管理自己的慾望，相信我們可無懼地踏上領導的火線，帶領組織與眾人邁向成功。

### 問題與討論

一、請寫下您目前職務上所面臨的挑戰有哪些。

二、請以您目前所面臨的挑戰，哪些是屬於技術性問題？哪些是適應性問題？並說明如何區別技術性與適應性問題。

三、請寫出自己平日可能的領導機會有哪些。

四、如果您是中小學校長，在新的年度，如何落實考核，並讓被考列四條一款以下老師欣然接受考核結果？

### 參考文獻

中文部分

江美滿、黃維合譯（2003）。**火線領導**。臺北：天下雜誌。

孫希旦（1990）。**禮記集解**（上）。臺北市：文史哲。

孫道夫（2007）。**活學活用孫子兵法**。臺北縣：波西米亞文化。

陳勇、莊和（1998）。**後漢書**。香港：中華書局。

傅佩榮（2006）。**究竟眞實**。臺北市：天下遠見。

馮夢龍（1984）。**警世通言**（二版）。臺北市：桂冠。

管梅芬主編（1993）。**國學精華**。臺南市：文國書局。

戴月芳主編（1992）。文天祥詩文。臺北市：錦繡。

謝冰瑩、李鍌、劉正浩、邱燮友、賴炎元、陳滿銘編譯（1990）。**新譯四書讀本**（修訂三版）。臺北市：三民書局。

西文部分

Heifetz, R. A. & Linsky, M. (2002). *Leadership on the line: Staying alive through the dangers of leading.* Boston, MA: Harvard Business School Press.

第六章

# 加值型領導

# 壹、前言

　　有感於教育體系受到官僚體制嚴密監控，導致學校辦學趨於平庸化的情況，Sergiovanni（1990）參酌相關領導研究之創見，以及融合其個人研究之發現，提出「加值型領導」（value-added leadership）的概念。「加值型領導」理論內涵之建構，源自於Sergiovanni所進行「領導關鍵事件」（leadership-critical incidents）之研究。該研究發現，影響學校品質的關鍵事件包括：正確的領導、好的教學、健全的課程、靈敏的評鑑實務、家長的參與、公平正義等議題、以及財務及政治的支援等事件。其中，「正確的領導」居於關鍵地位（Sergiovanni, 1990）。「加值型領導」便是希望為教育專業人員及關心教育的人士，提供清晰、明確及實務性的觀點，以落實「正確的領導」，同時透過精神與心靈的重建，期待協助學校組織擺脫平庸，邁向卓越。

　　在《加值型領導：如何在學校中得到更多額外的表現》（*Value-added leadership: How to get extraordinary performance in school*）一書中，Sergiovanni深刻描述學校組織在現實經營層面所遭遇到的科層體制之箝制，為協助學校擺脫困境與平庸，Sergiovanni建構了學校組織邁向卓越的完整策略圖像。2005年Sergiovanni更進一步在《強化脈動：在學校中共同領導與學習》（*Strengthening the heartbeat: Leading and learning together in schools*）針對1990年所提出之「加值型領導」，補充許多論述，並強調應建立涵蓋校長、老師、學生乃至家長及社區之學習社群，當然其領導核心仍為校長。如何強化這領導核心之「脈動」，促進學校之發展，在進入21世紀後，Sergiovanni彙整其對校長領導多年的研究心得，提出許多具體建議，將在本文中呈現。

　　綜合上述兩本著作及參考Sergiovanni有關文獻，本文將介紹Sergiovanni「加值型領導」之理論內涵及策略，以供領導理論研究者參考之用；並歸納整理提出學校實踐之建議，希望協助學校實務工作者能善用「加值型領導」的理念及研究成果，以提升其領導成效，促進學校

邁向卓越。

# 貳、加值型領導的定義與倡導者

　　「加值型領導」為Sergiovanni（1990）所著《加值型領導：如何在學校中得到更多額外的表現》一書中所提出。本文所呈現「加值型領導」，便是參考該書以及Sergiovanni後續著作（Sergiovanni, 1992; Sergiovanni, 2001; Sergiovanni, 2005）所提出之概念彙集而成。「加值型領導」強調領導者提升其道德層面的影響力，以激發成員之使命感，其內涵包含九面向策略、四階段理論，重要概念將在後續理論內涵中進一步說明。「加值型領導」的實踐能夠在強調命令與控制的官僚及政治環境下，提供學校取得向上發展的平衡策略；此外，加值型領導協助學校與現實環境能緊密連結，因此具有實務性；特別是，加值型領導植基於理性主義理論，有助於提升個人層次及組織層次的智識及表現；最重要的是，加值型領導能回應高層次心理及靈性上的需求，引發出高度的組織承諾、更積極的表現及高層次心理需求的滿足，因此能夠促進學校成員全力以赴，達成使命，展現超越預期的績效表現，協助學校擺脫平庸、邁向卓越，創發更高的組織價值。

　　整體而言，Sergiovanni並未對「加值型領導」下一個嚴密的定義，本文彙整Sergiovanni書中所提出概念，嘗試為「加值型領導」意涵界定如下：

> 　　「加值型領導」以道德與使命為基礎，依據組織不同發展階段，實施對應之策略及具體措施。「加值型領導」可提升成員之高層次價值與需求，並激勵成員全力以赴，達成使命，展現超越預期的績效表現，增加組織績效價值，協助學校擺脫平庸、邁向卓越。

# 參、理論內涵

「加值型領導」之理論內涵中，其核心策略包含：重視領導、額外表現的投入、重視象徵與意義、方向感的建立、教師及學校增能、建立責任系統、刺激內在驅力、提倡聯合領導、高度熱忱的領導等九個面向。四種領導階段包含：創始階段、不確定階段、轉型階段、以及慣例化階段，每一階段有其特徵及發展重心。「加值型領導」透過上述九個面向的策略，使領導者成為道德促進者，藉以提升成員之自尊、責任、義務、自我實現等高層次價值與需求，同時激勵成員接受、追求與完成目標。因此領導者與成員是受到彼此認同的理念、價值與承諾所吸引與驅動。這種領導型態在於改變傳統階層體系之命令系統，轉為理念、價值、承諾之道德影響力；此外，也改變領導者與被領導者的從屬關係，成為領導者與追隨者的夥伴關係。

Sergiovanni特別提出學校改革之四階段領導理論，認為不同的學校發展階段，皆存在與之最適配之領導型式。此外，Sergiovanni特別比較「加值型領導」、「價值領導」二種領導方式的差異。在目標、計畫、任務、契約以及願景上，兩種領導會有不同偏重程度的現象。「加值型領導」重視願景、契約以及任務等層面的領導，強調激勵、道德及犧牲的價值；「價值領導」則重視目標、計畫、任務等層面的領導，強調技術、理性及工具的價值，兩者關係圖如圖6-1。

綜合而言，價值領導強調學校日常事務處理之技術活動，重視工作計畫與既定目標達成，此為學校正常運作之基本要素。加值型領導則著重對與善的理念及價值，強調願景、契約，因而能引導成員理解教育願景，進而能認同、承諾與實踐。因此價值領導只能讓學校組織維持平庸，而加值型領導則能激發組織成員全力以赴，達成使命，展現超越預期的績效表現，協助組織邁向卓越。

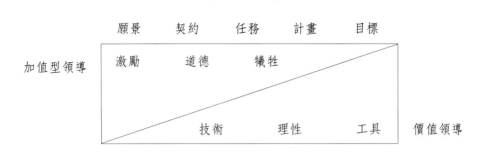

願景　　契約　　任務　　計畫　　目標

加值型領導　　激勵　　道德　　犧牲

技術　　　　理性　　　工具　　價值領導

**圖6-1** 加值型、價值領導關係圖（Sergiovanni, 1990:58）

　　檢視教育現況，當E世代的年輕教師，帶著不同價值觀念進入學校組織中，校長應揚棄過去威權領導的心態，要思考如何轉化為專業領導及提升其道德影響力，亦即從過去部屬對領導者職位順服，進化為對專業及領導者德行之信服（Sergiovanni, 1992）。要達到這樣的境地，「加值型領導」是值得參考的模式。以下針對「加值型領導」之理論內涵進一步說明：

## 一、四階段理論

　　加值型領導係以J. M. Burns的互易領導和轉型領導理念為基礎，提出學校發展的四個領導階段理論，亦即：創始階段（initiation stage）、不確定階段（uncertainty stage）、轉型階段（transformative stage）、以及慣例化階段（routinization stage）（Sergiovanni, 1990: 15）。每一不同的學校發展階段，皆有一與之最適配之領導型式。如創始階段為互易式領導（bartering），不確定階段為創建式領導（building），轉型階段為聯合式領導（bonding），慣例化階段為儲存式領導（banking），說明如下：

### （一）創始階段

　　由於百廢待舉，學校發展之重心在於著手草創，以確立未來發展之方向與規範。領導方式著眼於互易式領導，強調領導者與成員彼此磋商，領導策略則強調督促（push）。

### （二）不確定階段

由於情勢混亂，學校發展之重心在於平穩度過，以解除不穩定所造成的危機。領導方式著眼於創建式領導，強調領導者提供人際的支持，協助成員滿足其需求，領導策略則強調支持（support）。

### （三）轉型階段

主要在尋求組織順利轉型，學校發展的重心在於對現況之突破，藉以發展一組爲大家所共享的價值和承諾，以形成組織之共識。領導方式著眼於聯合式領導，而領導策略則強調激勵（inspire）。

### （四）常規化階段

主要的制度規章和做事方式，皆已趨向定型，領導者與成員緊密連結成專業社群，組織能共享其理想及願景，使組織能在穩定中求進步。此時領導方式著眼於儲存式領導，而領導策略則強調監控（monitor）。

學校領導者推動加值型領導時，其策略具有階段性，特別是必須植基於前一階段的基礎。在四個發展階段中，創始階段的交易式領導屬於價值（value）領導；其他階段則皆屬於加值型（value-added）領導。校長若希望組織能有超乎預期的卓越表現，至少需帶領組織提升到第三或第四階段。以下進一步根據各階段之領導類型、領導風格、領導概念、追隨者涉入、需求滿足以及效應等面向的內涵整理如表6-1：

## 二、九個面向的策略

Sergiovanni依循組織的連續性和階段性之觀點，提出四個組織發展階段和四種領導型式之主張，雖然此四種領導型式所屬的領導層面，僅有「價值領導」和「加值型領導」兩類，但其領導策略卻並不相同。

「價值領導」強調策略面向包含：管理、參與的投入、操控的情境、計畫的執行、給予指導、監控系統、外在驅力、同質友善、計量的領導等九項；價值領導面向的落實，確保了學校運作能夠稱職並發揮其

表6-1 學校組織發展各階段領導類型表
（修改自：Sergiovanni, 1990: 39-40）

| 領導類型 | 領導風格 | 學校促進階段 | 領導概念 | 追隨者涉入 | 需求滿足 | 效應 |
|---|---|---|---|---|---|---|
| 價值領導（互易領導） | 互易式領導 | 創始（督促）：交換個人（領導者及追隨者）需求及利益，必須與組織目標有關者，方准許滿足 | 管理技術、領導風格、權變理論、交換理論、路徑目標理論 | 算計 | 生理、安全感、社會自我 | 團體協議的規範下重複的表現：當一天和尚敲一天鐘 |
| 加值型領導（轉型領導） | 創建式領導 | 不確定（支持）：發揮潛能、滿足更高層次需求、期待激發領導者及追隨者更高的組織承諾及表現的動機 | 賦權、象徵領導、魅力領導 | 內在 | 尊重、勝任、自主、自我實現 | 表現及組織承諾不受外在影響，並超越期待 |
| | 聯合式領導 | 轉變（激勵）：喚醒提升組織的目標及意識，以達到領導者及追隨者共享的制度與道德的承諾 | 文化領導、道德領導、合宜的制度 | 道德 | 目標、意義、重要 | |
| | 儲存式領導 | 慣例（監控）：改進成為慣例，並將全部注意放在新的挑戰及新的改進 | 程序化、監控、制度化領導 | 自發 | 需求皆被支持 | 持續的表現 |

功能；當價值領導面向無法落實時，將導致學校無法發揮其正常功能。但僅是強調價值領導面向的落實，並不能讓學校達到卓越的境地，畢竟能力（competence）及卓越（excellence）是不相同的。要追求卓越，則必須強調價值領導及加值型領導兩個層面各面向策略的實踐（Sergiovanni, 1990:15；Sergiovanni, 2005:3）。

　　「加值型領導」強調策略面向包含：重視領導、表現的投入、重視

象徵與意義、方向感的建立、教師及學校增能、建立責任系統、刺激內在驅力、提倡聯合領導、以及高度熱忱的領導等九項策略。價值領導及加值型領導對學校領導而言，並非選項問題，而是兩者都是必實踐與落實，除了價值領導協助學校正常運作外，更期待運用加值型領導來激勵組織成員全力以赴，發揮潛能，展現超越預期的績效表現，創發更高的組織價值。

茲將價值領導及加值型領導所強調策略面向比較如表6-2：

**表6-2** 加值型領導與價值領導之策略面向比較（Sergiovanni, 1990:15）

| 價值領導面向（value leadership） | 加值型領導面向（value-added leadership） |
| --- | --- |
| 管理 | 領導 |
| 參與式投入 | 表現式投入 |
| 操控的情境 | 象徵與意義 |
| 計畫的執行 | 方向的建立 |
| 給予指導 | 教師及學校增能 |
| 監控系統 | 責任系統 |
| 外在驅力 | 內在驅力 |
| 同質友善 | 聯合領導 |
| 計量的領導 | 高度熱忱的領導 |

為進一步釐清加值型領導各面向策略的概念，茲分項說明如下：

## （一）重視領導（leadership）

地方或是中央的教育系統，對於學校的介入，往往管理過頭、領導過少。如此結果造成過度強調「把事情做對」，而非「做對的事」；只重視學校是否聽命行事，而非真正解決問題。要改善這樣的現況，Sergiovanni列舉了多位企業名人（H. Ross Perot, Bob Ansett, Thomas J.

Peters, Robert H. Waterman, David T. Keans）對於教育界所存在過度管理卻缺乏領導的評論作爲佐證，最後Sergiovanni歸納強調：不論管理再怎麼全面，頂多是讓學校導入正軌，但眞正能夠讓學校邁向卓越的，還是領導（Sergiovanni, 1990:17-18）。

## （二）表現式投入（performance investment）

在工作動機的理論及實務上談到，人們投入工作以獲得所欲求的回饋及回報。在追求學校組織效能提升時，有兩種不同類型的投入方式。即所謂「參與式投入」（participation investment），及「表現式投入」（performance investment）。當教師及校長們採取「參與式投入」時，他們只要做到「當一天和尙敲一天鐘」即可，而這也是雇主及受僱者傳統的工作關係。但僅僅這種「參與式投入」，並無法成就偉大的成果及造就偉大的組織。要讓組織有更高層次的表現，必須超越這種「參與式投入」的工作關係，此時便需要組織成員展現「表現式投入」。所謂「表現式投入」是指組織成員能爲追求更佳的績效表現而奉獻，其投入超越傳統工作關係所規範的界限。在「表現式投入」驅策下，教師及校長們會採取更積極的作爲來追求更好的表現，因而提升辦學績效；而良好的績效表現同時也提供教師及校長們更深的內在工作滿足，促使其願意追求更佳的績效（Sergiovanni, 1990:18-19）。

## （三）象徵與意義（symbols and meaning）

傳統的管理方式，學校經營者強調情境的領導，同時必須很仔細去評估其領導行爲及策略，以符應所面對組織情境的特質及人員的心理需求。然而，僅僅這樣是不夠的。只有當領導強調象徵時，才有助於意義的追尋。爲強調象徵與意義在領導上的重要性，Sergiovanni引述幾位大師級人物的話來強化其論述：如哲學家Susanne K. Langer談到：「象徵及意義構築了人類世界，而不僅僅是情感。」教育行政理論家Thomas B. Greenfield所論述：「領導的任務在營造緊密聯繫追隨者及領導者的道德秩序。」當領導者尋求在管理實務情境中增加價值時，便需要強調組織

的象徵及意義（Sergiovanni, 1990:19）。

## （四）方向感（purposing）

「願景」（vision）在晚近的領導文獻中扮演很重要的角色，在許多研究中也指出願景對於成功的領導，扮演了關鍵的地位。領導者必須有能力去創造及溝通令人信服的遠景，而這樣的遠景能夠釐清目前的處境及激發成員未來的承諾。願景是重要且具價值的，學校的願景不僅僅是校長個人期待，而是必須能反映教師、家長、學生的希望、夢想、需求、利益、以及價值及信仰。成功的學校需要成員能夠建立能讓彼此緊密連結的目標及信仰，而這樣的目標及信仰對所有成員而言，都是重要且具有價值的。加值型領導的領導者必須要有方向感（Purposing），揭櫫強調某些價值、願景、目標及信仰，一方面指引學校發展方向，一方面也提供追尋意義的機會（Sergiovanni, 1990:20）。

## （五）教師及學校增能（enabling of teachers and school）

對於未來學校發展，什麼是最重要的？在1986年全美各州教育會議（the Education Commission of the States）所提出的一項報告「What Next? More Leverage for Teachers」中，報告人加州州立柏克萊大學教育學院院長Bernard Gifford談到：「教育所面臨問題的核心在於如何讓優秀教師的教師扮演更重要的角色」，學校管理模式已由過去強調「上對下」三角形指揮模式，轉變為行政團隊、教師團隊、學生、家長分享目標及信念的倫理社群。其關係的改變如圖6-2（Sergiovanni, 1990:105）。

因應管理模式的演變，如何促進教師賦權增能對於「加值型領導」而言是一項重要的議題。但對教師賦權增能的同時，加值型領導者更應思考如何提升整個學校的能力，而不是僅僅著眼於提升某一群體如教師、校長或其他特定團體的能力。教師賦權增能及整體學校提升的策略要能落實的關鍵，在於讓全校能夠分享願景及有共同的使命感，而這樣的願景必須向上連結地方教育當局的期待及更高層的願景及使命。學校

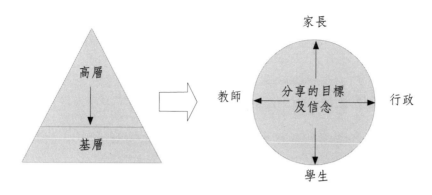

**圖6-2　管理模式改變**（Sergiovanni, 1990:105）

在推動增能及賦權時，所思考的重點不僅僅在給予權力，更重要的是賦予使命。只有當給予權力、賦予使命緊密連結時，才能讓學校所有成員凝聚共識、展現力量，建立高品質的學校（Sergiovanni, 1990:20-21）。

## （六）責任（accountability）

Sergiovanni認為政治人物和立法者、教育委員會和學校管理者，不能一方面詳細規範教師和校長要作什麼？如何做？另一方面又要他們負起責任。例如在美國某些州，動機良善的改革者已經為學校制定巨細靡遺的規章和要求，使得教師和校長對於要教什麼？何時教？如何教？幾乎沒有什麼決策權。RAND公司的Arthur Wise指出：「努力透過立法來遙控學校事務的運作，將導致制式的學習、官僚僵化的教學及管理。」標準化是平庸的好友，但卻是想像力和追求卓越的敵人。特別是學術上的卓越，總是在標準化的條件下受到扼殺。此外，制式的學習、官僚僵化的教學及管理，也無法讓個別的教師、校長和學校負起其應負的責任。只有當他們對於學校運作的方式有決定權時，他們才能被科以責任（Sergiovanni, 1990:21-22）。

監控教師和學校的表現，並不能代表負起真正的責任，特別是過程中的監督，僅僅是整個責任體系中的一環。但監控仍有其價值，在加值型領導中，監控將被提升，其重視的是學校是否能積極辦學，發揮

教師及學生潛能，達到更高層次的使命與績效，而不僅是低層次的考核是否遵循法令，依據規章行事而已，如此方有利於眞正責任的落實（Sergiovanni, 1990:22）。

## （七）內在驅力（intrinsic motivation）

傳統的管理理論植基於「有什麼報酬才會有什麼結果」（what gets rewarded gets done）之原則。此一原則對於基礎動機策略和實務上有其意義；但是，當這個原則成爲決策的基本的框架時，將決定如何領導、鼓勵並獎賞好的表現。但實務上長久以往，其結果往往與所預期的相反。「有什麼報酬才會有什麼結果」的問題在於工作中努力趕上的人的介入，當報酬不再被提供，或無法再滿足當事人時，工作也將被擱置。工作表現成爲交易安排下的產物，而非因爲道德規範或更深的心理連接的自我期許（Sergiovanni, 1990:22）。

更好策略應該是「只要值得就是好結果」（what is rewarding gets done）。即使沒有人正在看、額外報酬和獎勵是不足的，甚至不存在，只要認爲值得就去做。重點不在於可以獲得何種報酬，而是因爲事情本身是重要的，必須被完成。內在動機的力量，在研究和實務的文獻中，被證實其效用。加值型領導便是強調以內在驅力來代替外在酬賞，希望藉由激發成員內在動機來成就超越預期的績效表現（Sergiovanni, 1990:22-23）。

## （八）聯合領導（collegiality）

傳統管理實務的概念是植基於組織管理原則：POSDCoRB（計畫Planning、組織Organizing、用人Staffing、指揮Directing、協調Coordinating、報告Reporting、預算Budgeting）。POSDCoRB的運作過程包含了主要的行政活動和組織次級分工的領導行爲（Gulick, 1992）。傳統管理實務強調的管理哲學是：如果無法測量者，便無法管理；因此重視流程的掌握及監控，並設計成爲一套理性系統，協助工作者可以控制及遵循。強調理性思維、重視管理系統，深深影響學校管理與領導，

並型塑重視「同質友善」（congeniality）的價值。「同質友善」的氣氛有助於組織形成友善、無異議、支持、和諧的氣氛，同時這樣的氣氛也受到組織成員期待與渴望。然而，「同質友善」與成為高品質學校的連結卻是相當孱弱。此外，「同質友善」在某些學校能正面的運作，但卻在某些學校形成負面的影響。顯見，傳統價值領導所強調「同質友善」的氣氛，與協助學校提高其績效表現，並無直接相關（Sergiovanni, 1990:23）。

Sergiovanni點出「同質友善」這個以往價值領導所強調的面向，深刻的描述學校組織的現況與可能面臨的困境，為解決之，Sergiovanni提出「聯合領導」的概念（Sergiovanni, 1990:24）。「聯合領導」能夠實現支持性的學校氣氛，讓校長能夠支持教師、教師也能互相扶持；「聯合領導」能協助組織實現共享的價值及共同的決策；協助學校文化能展現目標意識、共享的承諾，以及實現責任的準則，進而促進學校有高效能的表現。Sergiovanii將這樣的概念以圖6-3呈現：

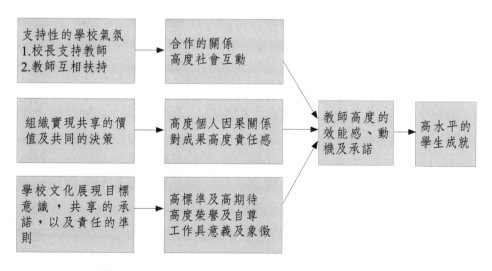

**圖6-3** 教師效能感、內在動機、組織承諾關係圖
（Sergiovanni, 1990:131）

### （九）高度熱忱的領導（Leadership by Outrage）

Sergiovanni文中分析高度熱忱的領導有三項特徵：1.領導者投入許多額外的工作時間、2.對於達成組織目標擁有高度的情感及使命感、3.聚焦於關鍵事務及變數。在這三者之間，強烈的情感及使命感是最重要的，也是居於連結三者的關鍵地位。就是擁有「強烈的情感及使命感」，才會「投入許多額外的工作時間」，也才會「聚焦於關鍵事務及變數」。擁有高度熱忱領導特質的領導者展現極高度熱忱，但當事情不如其所願時，會以激烈的領導方式來解決問題（Sergiovanni, 1990:24-25；Sergiovanni, 2005:15）。

綜合而言，Sergiovanni從傳統重視「價值領導」的限制中，思考如何提升領導效能的策略而提出「加值型領導」。上述九個面向之策略建構出提升領導效能的完整策略及圖像，缺一不可，需要整體的運作方能達成其所預期的功能。

## 三、「加值型領導」對學校組織領導之啓示

「加值型領導」對學校組織領導而言，具有下列四項啓示，茲說明如下：

### （一）「加值型領導」能夠在強調命令與服從的官僚及政治環境下，在策略選擇上提供較大的迴旋餘地

Sergiovanni引述Rosemary Stewart對於管理工作的描述：「以需求爲其核心，限制爲其邊界，管理工作則是從事介於兩者間領域的選擇。」（Sergiovanni, 1990:41）其中，「要求」（demands）是學校領導人必須做的事情。如果他們不能成功完成這些事情，將危及他們未來的工作。要求受到學校辦學結果、法律、官僚法則、規章，以及教育官員、教師、家長，和重要他人角色期待等等因素影響。此外，「限制」（constraints）是學校領導人不可做或者不能做的事情。限制包含社區或學校現存的規範和價值的約束、人力物力資源的限制、各協會規章限

制、學校空間和設備的限制、教師能力的限制以及學校領導人必須向特定人物妥協等等限制。像需求一樣,如果學校領導人忽視限制條件,制裁將伴隨產生,同時危及他們未來的工作。

學校經營便是在「要求」與「限制」兩者角力中運作,如何在這夾縫中取得平衡,做出正確的選擇,協助學校順利運作。藉由「加值型領導」所建立聯合領導的規範及組織承諾的提升,能夠將教師及學校經營者緊密結合在共享的理念之下,將有助於降低學校經營外在限制的約束。顯見,加值型領導所提供各項策略,能夠協助學校領導者在強調命令與服從的官僚政治環境下,擁有較大迴旋餘地的選擇空間。

## (二)「加值型領導」與學校外在現實環境能緊密連結

儘管現實政策和管理慣例是植基於成本高昂且缺乏效益的管理理論,而仍被堅持運用的理由是,這樣的理論提供成功的幻想。這個幻想是:假設教師被積極地考評,將伴隨著教學的改善。事實則不然,有人聽說過由於運用管理理論積極地考評的教師,而促使其教學如燃燒般發光發熱提升的嗎?Sergiovanni引述一位高中校長Bob Strode對於現今教育現實的比喻:「如果你有一支漏水的鋼筆,戴上一雙橡膠手套。你的鋼筆仍然漏,但是你的手將不變得髒!」(Sergiovanni, 1990:48)教育就像是那枝漏水的鋼筆,我們該正視的如何修好它,而不是用虛幻的包裝隱藏它。

現今的教育體制便充滿這樣的幻覺,以為只要嚴加管控,便可將教育「導入正軌」,事實卻證明,嚴密監控的教育將會是平庸及失敗的下場。教育要追求的應該是「愛與典範」,而非「監控與宰制」。教育要的應該是管理鬆綁而文化堅實(managerially loose and culturally tight)的經營環境,強調價值、信念、道德、規範,緊密結合人們的共同願景,並給予發揮的空間與自由;而非今天管理嚴謹而文化鬆散(managerially tight and culturally loose)的環境。畢竟嚴加控管卻無熱情的文化,頂多只能造就平庸的結果,絕對無法邁向卓越。

加值型領導能夠針對問題核心提出實際的解決之道,而不僅是提供

成功的幻覺。加值型領導有能力在一個鬆散連結的世界裡影響事件和人們。它所型塑的文化氣氛能夠結合人們的態度和信仰，集合人們、帶領人們努力達到共同願景與目標，同時能激發人們的組織承諾及展現超越預期的績效表現。

### （三）「加值型領導」植基於理性主義理論，有助於提升個人層次及組織層次的智識及表現

Sergiovanni引述Webster對於合理性的定義：「展現明智而不愚昧的理由。」認為對學校管理和領導政策而言，這是一個好定義。不過實際情況是，合理性是根據政策給人的觀感，而非它是否真正適合或真正能在現實世界中運作（Sergiovanni, 1990:48）。例如，機械管理理論（The Clockworks I theory）看似合理性，但是並無法適用大多數學校情境；特別是當它被運用時，往往不能被合理評判。在管理過程中嚴加監控能讓人們做他們被期望做的事；但是如果要追求卓越時，它是一種錯誤的方法，因為它違反人類合理性的本性。其關鍵在於嚴加管控頂多讓人們循著既定規範前進，去完成被期望完成的事情，這樣並不能激發人類的潛能，更遑論追求卓越。

我們應揚棄管理理論基於對人類「合理性」的假設，及所重視「目的—方式—方法」（ends-ways-means）的策略，因為這將導致在管理過程中強調嚴加監控，這將導致組織的僵化與平庸。更好的「合理性」模式應該是倒轉上述模式而以「方法—方式—目的」（means-ways-ends）來替代，因為這樣能夠透過組織成員更全面的參與，讓組織成員對組織的繁榮負起更大責任。如此組織成員才能夠發揮其潛能，運用其智慧，善用機會，促進組織真正的發展。

### （四）「加值型領導」能回應高層次的心理學及靈性上的需求，並引發出高度的組織承諾、表現及滿足

學校經營的重要議題是如何運用道德權威取代官僚權威。在學校內推動道德權威，能夠協助我們思考及型塑組織道德的隱喻性格，同時影

響個人的道德實踐。這樣的性格，在內部對於學生、教師以及經營者，外部對於整個社區，都是建立對於學校信任感的關鍵。此一組織性格包含了：「我們是誰」的理解及信念、組織中對彼此的信任、獨特的組織文化。組織需要堅定的信念、信任及獨特的性格，才能回應高層次的心理學及靈性上的需求，並引發出高度的組織承諾、表現及滿足，也才能擺脫平庸，邁向卓越。

　　Sergiovanni認為僅是保有及榮耀組織的過去，以及建立道德權威是不夠的，信任感的維繫或淪喪來自學校日常的領導實務。因此，領導者必須誠信待人、賞罰分明、公平正義、履行承諾。只有道德權威能夠取代官僚權威，如此才能維繫及提升組織的信任感。茲將傳統的指揮系統與加值型的指揮系統比較整理如圖6-4：

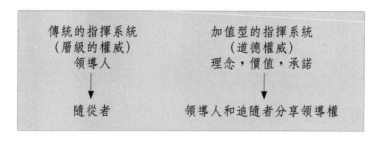

**圖6-4　傳統的指揮系統與加值型的指揮系統比較圖**
　　　　（Sergiovanni, 1990:153）

　　組織中的成員不應被視為「螺絲釘」，這將會使個人侷限在預先設計好的框架中，而限制其發展。取而代之的，我們應該將組織成員視為「拼圖」，拼圖未完成前，每一部分看起來是零散而無意義的，甚至看起來很不起眼。但是每一片拼圖都是獨特而有價值的，當每一片拼圖擺在該擺的位置時，將會發揮超乎預期的想像，拼出美麗而動人的圖畫！加值型領導植基於上述理念，如能落實，將有助於提升個人層次及組織層次的智識及表現，促使學校有超越預期之績效產生，如同完成一幅超乎想像的美麗拼圖。

　　綜合而言，「加值型領導」所提出之各項策略，對學校組織經營具

有高度啓示性及參考價值，特別是培訓「加值型領導」，並不一定需要學校組織架構進行較大的結構改變，所需要的是在學校的生活模式或者文化氣氛方面做一些變化。例如「聯合領導」雖然在已執行跨學科教導團隊運作的學校較容易推行，但在傳統的學校組織運作模式中，一樣可以推動。當然，這需要教師及校長更多的努力。校長必須更投入及支持，教師也必須做一些犧牲及額外付出。但是當「聯合領導」成爲全校共享的願景及信念時，便會激發成員內在動機，尋求突破傳統窠臼的策略，進而協助學校組織邁向卓越，創生學校更高的價值。

# 肆、加值型領導在學校組織的實踐

　　爲協助校長進一步掌握「加值型領導」之推動策略，本文綜合Sergiovanni兩本著作之觀點（Sergiovanni, 1990；Sergiovanni, 2005），特整理有關「加值型領導」在學校組織的實踐之具體策略，希望供中小學校長在推動學校「加值型領導」時參考。

## 一、重新思考領導的意義

　　「加值型領導」實踐的核心在於校長是否能進行「正確的領導」，Sergiovanni（2005）認爲領導者應重新思考下列問題：領導的意義？如何有效領導？領導與學習之關係？必須共同實踐領導與學習之理由何在？學校領導者在實踐「加值型領導」時，首先便應思考上述問題，釐清其領導之「心向」，作爲凝聚領導者及成員共識之基礎。

## 二、以信念爲中心的領導

　　Sergiovanni（2005）認爲以「信念」爲基礎的領導者，會比以「命令」、「職位」以及「人格影響力」爲基礎的領導者，更能成爲學校領導之堅實基礎。當然這四個基礎對學校領導者而言，都具有其重要性，但Sergiovanni認爲應以「信念」爲基礎的領導爲核心，如此方有利於實踐「加值型領導」之理念。學校領導者在實踐「加值型領導」時，便應

思考其「信念」為何，重視其象徵與意義，並從「信念」進一步發展為學校共享之願景，接著瞄準願景，提升成員之高層次價值與需求，並激勵成員全力以赴，最後達成及實踐願景，以協助學校擺脫平庸、邁向卓越。

## 三、強調三E領導

「加值型領導」在學校組織的實踐要強調三E領導：賦權（empowerment）、增能（enablement）、提升（enhancement）。三E領導的實踐將能有效提升學校效能，同時也是建立高品質的學校的重要基石（Sergiovanni, 1990:116）。Sergiovanni引述哈佛大學組織權力專家Rosabeth Moss Kanter的話：「不能提供組織成員分享權力及機會的結果，將同時傷害到組織及其成員。」（Sergiovanni, 1990:20-21）特別是當人們意識到個人成長及權力分享參與機會低時，將會限制其抱負，並展現較負面的行為：較低的自尊心、尋求工作外的滿足、對管理的挑剔、不願意改變、喜歡檯面下興風作浪、唆使同儕固步自封、強調社交高於工作、眼光狹隘、容易自滿、只關心薪水而不論工作的本質議題。當學校內充斥這樣的人時，學校如何期待能發揮效能，更上層樓？

## 四、型塑專業的組織文化

當學校組織能型塑「加值型領導」各面向策略時，便會建立強烈的組織專業文化，伴隨著校內成員共享工作規範，這樣的規範與學校目標是緊密結合的，有利於組織承諾及組織卓越表現的產生（Sergiovanni, 1990:24）。當學校文化能展現目標意識、共享的承諾，以及實現責任的準則，這樣的氣氛在個人層次上，能夠展現高度個人因果關係，以及對成果高度責任感；在群體層次上，能夠展現合作的關係以及高度社會互動；在組織層次上，則展現高標準及高期待、高度榮譽及自尊，並且讓工作具意義及象徵。其結果便是教師高度的效能感、動機及承諾，以及高水平的學生成就表現。

## 五、以教師爲中心提升教師素質

　　Sergiovanni（1990）非常重視校長領導對教師專業的提升，因爲唯有願意不斷專業提升的教師，才能維持其教學動能。簡單的說，希望學校擺脫平庸，邁向卓越，擁有高素質且不斷提升的教師，是極重要的條件。Sergiovanni（2005）對「加值型領導」進行補充時，特別以「在學校中共同領導與學習」作爲結論，希望建立學校成爲「學習社群」，如此校長才能善加運用學校所擁有的資產：文化社群所型塑之集體智慧。這有賴學校領導者，願意以教師爲中心，不斷思考及支持教師專業提升及發展。

## 六、平衡的領導

　　「加值型領導」非常重視「平衡」之概念。從Sergiovanni（1990）所提出需兼顧「價值領導」及「加值領導」、「平衡內在動機與外在動機」、「與外界期待取得平衡」等理念，到Sergiovanni（2005）所提出平衡「生活世界」與「系統世界」、「責任與義務」等理念。可見學校領導者很重要的任務便是在學校組織多元價值的環境中，尋求平衡之道。爲更進一步協助學校領導者掌握「平衡」的原理與實務，參考Deal及Peterson（1994）所提出「平衡邏輯與藝術」之理念以及林明地（2006）之觀點，以下列四項建議步驟，作爲教育領導追求「動態平衡」努力的方向：(一)不走極端；(二)同時兼顧發展；(三)兼顧發展中仍掌握重心；(四)找出「重心」中之價值及意義。

# 　伍、結語

　　「加值型領導」是Sergiovanni所建構出一項能提升學校運作效能、增加學校價值的領導型態。「加值型領導」視領導者與成員爲一種夥伴關係，在此關係下，成員能認同組織理想、理念、價值與目的，其結果不僅能達成工作任務，更能邁向卓越、提升組織價值。因此，如何建構

願景、發展共識，可謂是領導者最重要的任務。事實上，分析一所成功的學校，僅達成既定任務是不夠的，更重要的是，學校團隊成員能緊密結合在某種價值體系之下，並且擁有共享的願景，同時能夠激勵教師、學生之動機與承諾，促使學校有超越預期之績效，創發更高的組織價值。

教師賦權增能是「加值型領導」重要的觀點，Sergiovanni（2005）認為，比教師賦權增能、提升校長或者其他特定群體更重要的是，讓整個學校提升起來。這需要校長、教師、家長及學生一同努力來建立高品質的學校。此外，Sergiovanni（2001）認為當世界不能適合你的理論，你要改變理論去適應世界。在面對不斷變革的學校經營環境，這正是校長所應該具備的態度。唯有不斷提升學校整體能力，讓各個校內成員都能賦權增能；唯有不斷改變思維模式，以因應不斷變革的經營環境，如此方能真正擺脫平庸，帶領學校邁向卓越，而這正需要高度的使命感與道德勇氣。

在價值混亂的今天，Sergiovanni所提出「加值型領導」如同明燈般重新照亮教育的核心價值。學校領導者應該發揮道德影響力，重視愛與楷模，絕不是意識型態掛帥的控制與硬拗。影響學校經營成效的因素很多，「正確的領導」居於關鍵的影響地位。因此，學校領導者應鼓起道德勇氣，在「要求」與「限制」兩者中取得平衡，以「正確的領導」協助學校突破官僚控制下趨於平庸的枷鎖，讓整個學校回歸教育基本面，落實賦權增能，邁向成功與卓越。

## 問題與討論

一、針對「加值型領導」協助學校經營擺脫官僚窠臼，邁向卓越的建議，是否可行？請說明您的看法。

二、「加值型領導」之核心策略為何？如何實踐上述策略請提出您的看法。

三、假設您是一位校長，如何運用「加值型領導」的理念進行學校領導？

# 參考文獻

## 中文部分

林明地（2006）。教育領導的核心。教育研究集刊，*52*(2)，155-163。

## 西文部分

Deal, T. E. & Peterson, K. D. (1994). *The leadership paradox: Balancing logic and artistry in schools.* San Francisco: Jossey-Bass.

Gulick, L.(1992). Notes on the theory of organization. In J. M. Shafritz & A. C. Hyde (Eds.), *Classics of public administration* (3rd Ed.) (80-89). Pacific Grove, C. A.: Book/Cole Publishing Company.

Sergiovanni, T. J. & John E. Corbally (Ed) (1986). *Leadership and organizational culture: New perspectives on administrative theory and practice.* Illinois: University of Illinois Press.

Sergiovanni, T. J.(1990). *Value-added leadership: How to get extraordinary performance in school.* New York: Harcourt Brace Jovanovich.

Sergiovanni, T. J.(1992). *Moral leadership : getting to the heart of school improvement.* San Francisco : Jossey-Bass.

Sergiovanni, T. J.(2001). *The Principalship: A reflective practice perspective.* Needham Heights, MA: Allyn and Bacon.

Sergiovanni, T. J.(2005). *Strengthening the heartbeat: Leading and learning together in schools.* San Francisco: Jossey Bass.

第七章

# 服務領導

# 壹、前言

　　Burns曾提到：世界上最多人注意卻又最無法滲透的，就是領導。（吳秉恩，2006）。Bass也直言：領導是世界上最令人關注的古老事務之一（1990: 3）。可見日常生活，面對日益競爭的環境，我們都渴望有偉大的領導者指引大家，但對於什麼樣的領導者才是最適合的，卻又莫衷一是。

　　有關領導的定義，至目前為止，較為一般人所接受的說法為：領導者透過有形、無形的作為，而使個人或團體朝著組織目標或領導者目標行動的一種影響關係與歷程（吳玲玲，2004），這個定義特別強調領導本質中的影響關係與組織目標的達成。換言之，領導者透過權力運作、權威樹立、社會互動或道德榜樣以及個人魅力等，可影響追隨者朝特定目標行動。綜觀新興的領導理論，服務領導特別強調領導者與追隨者之間的影響關係，服務領導具有濃厚的人文理想性，它主要是以僕人為隱喻，強調先服務部屬的需求，體現人性普遍價值，同時也經由實現組織目標的過程，改造部屬，使其也能成為服務他人的人，最後進而改造整個人類社會（殷文，2005；林思伶，2004）。服務領導理念的開創雖然已有三十年的歷史，但直到近年來才逐漸引起企業家、各領域領導實務者，以及領導學學者廣大的注意。

　　Shriberg、Shriberg & Kumari（吳秉恩，2006）認為Greenleaf提出的服務領導概念徹底打破了將領導者視為一個全能的、具完全權力英雄的觀點，取而代之，他提出「最偉大的領導者應先被視為僕人」。這和提出該論點當時美國社會普遍對權力和權威的質疑，以及各種以公司型態組織的出現和發展出更多有生產力的方式，使人們認同彼此的支持有關。

# 貳、服務領導的倡導者與定義

## 一、服務領導的主要倡導者

　　「服務領導」（servant leadership）的概念首先由Dr. Robert K. Greenleaf在70年代提出，他主張領導者要如同僕人般的理念，認為領導人首先必須是僕人，開始是一個人自然流露出想要服務大眾，以服務為優先；然後理性地選擇想要成為領導者。主要的動機是先具備服務別人的意願，把別人的需求、抱負與利益放在個人之上，並在服務的過程中改造追隨者，使他們「……成長，變得更健康、更聰明、更自由、更獨立自主」，更重要的是受其影響的人，日後也願意將自己變得更像「服務他人者」（胡愈寧、周慧貞譯，2005：37-55）。

　　另一位研究服務領導概念的學者Nair（1994）更主張聖經中「耶穌為門徒洗腳」的故事，象徵了「服務領導」概念的最高境界。他認為一旦權力支配我們對領導的認知，我們就無法朝向領導的更高階水準。而應將服務放在最領導的核心，即使權力常伴隨著領導而行，它也應該只是合法的拿來做服務所用。

　　服務領導思想源自於Greenleaf由American Telephone & Telegraph（美國電話電報公司，AT&T）退休前，受到Hermann Hesse作品《東方之旅》（*Journey to the East*）的影響。該小說是描述在一次神祕的東方之旅過程中，一群人僱用僕人Leo來服務大家，沿路上Leo聽從主人們的吩咐，負責料理瑣事，為他們打氣，也以歌聲撫慰他們。當大家漸漸習慣聽從他的安排之後，有一天Leo突然消失，眾人陷入恐慌中，旅隊群龍無首，最後放棄前進。沒有Leo，他們無法繼續旅程。參與旅行的其中一個人多年後找到Leo，並被帶往資助該次神祕之旅的修會中，他赫然發現Leo其實是修會的會長、精神的導師（胡愈寧、周慧貞譯，2005：31）。Leo的僕人本質是真實的，並不是給予的、也不是取得的，所以也不能被奪走。Leo在整個旅途中，雖然看起來像是僕人，其

實他是整個秩序有實無名的帶領者，是一個偉大的、尊貴的領導者（蘇美麗，2006a）。

Greenleaf在閱讀了《東方之旅》後，從中領悟出「偉大的領袖必須先是僕人」的觀念，領導者內心深處的本質是服務，服務即是他自身。服務能力最能表現在服務本質的人身上，而這也點出服務的本性，才是眞正的人性。領導者做的應是表面上看來屬於勞力的工作，卻往往展現出高貴的內在情操，全力提升他人。這種領導的模式，打破了特權和身分的藩籬，將其他人視爲朋友，並且珍視彼此的關係。

## 二、服務領導的定義

Greenleaf服務領導中心對「服務領導」的定義是：服務領導是一種實踐哲學，支持人們以選擇服務爲優先，然後擴展服務方式到個人或組織。服務領導者並不一定占有眞正的領導位置。它鼓勵合作、信賴、遠見、聆聽，以及倫理的使用權力與賦權。服務領導是以服務爲優先，它開始於一個人想要去服務的自然情感，然後領導者有意識地想要去領導，使得被服務者變得更健康、更聰明、更自由、更獨立自主。因此，服務領導包含兩個核心觀念，第一是自然地想要去爲他人服務；第二則是使那些被服務的人有所成長，並能成爲服務別人的人（Greenleaf, 1977）。

國內學者周守民（1999）將servant leadership譯爲「僕性領導」；蔡進雄（2003）則將之譯爲「僕人式領導」；林思伶（2004）因爲強調先服務、後領導的精神，所以譯作「服務領導」；吳清山、林天祐（2004）則將「服務領導」視爲「僕人領導」的同義詞。

謝文全（2004）則將servant leadership定義爲「服務型領導」，意謂本著服務成員與組織的精神來從事領導的一種領導方式。不過謝文全（2004）認爲服務型領導的精神在於視領導不是權力的擁有，而是在於如僕人般的服務他人，以助人成事，故又譯爲「僕性領導」。

服務領導者爲了幫助他人獲得高成就的表現，會協助團體中的每個人達到最理想的成就，服務領導者也會主動賦權其他人和協助發展，讓

追隨者有被支持、被信任、被期待的感覺，因此服務領導者會刺激追隨者，讓他們的潛能得以浮現並成長，意即服務領導者會先考量追隨者的需求（蘇美麗，2006a）。

　　為了使追隨者能夠健康地成長，Greenleaf（1977）指出，身為服務領導者，同時也是追隨者，總是聆聽、期待最好的發展方向，服務領導者會試著清楚地看世界、仔細聆聽追求者的心聲，並且對合理的社會正義，作出反思。其中領導者的「意欲」與「自我認知」是形成「服務領導」的基本哲學基礎，並使「服務領導」的觀念有別於其他的領導理論。服務領導的基本哲學即為「我服務」而非「我領導」的精神，換言之，服務領導者是天生的僕人，而且「服務領導」不只是「作僕人的事」，更需要「成為一個僕人（服務別人的人）」，這樣的理念強調的領導者與追隨者交互對等的關係，是一種顧客和服務人員的關係，而不是上級對下屬、主人對奴隸的關係。

　　領導者與追隨者的交互對等關係，也出現在Patterson（2003）對服務領導的定義中。其認為服務領導者將焦點放在追隨者身上，追隨者是主要的關注對象，組織的利益則為其次，因此服務領導者所想建構的是人性的美德，是人性中美好的道德與善良。接著，並且提出身為服務領導者必須實踐以下七項內涵，才能達到建構人性美德的目的，這七項內涵包括：愛（agapao love）、謙遜的行動（act with humility）、利他主義（altruistic）、追隨者的願景（visionary for the followers）、信任（trusting）、賦權追隨者（empowers followers）、服務（serving）。他認為愛是服務領導者的基石，他將每一個人視為完整的人，是有需求、慾望的個體。

　　這七項內涵充分顯示出領導者必須以對他人「有益」的領導作為基礎，這裡的「有益」，就是前述Greenleaf所提及的「使追隨者變得更健康、更有聰明、更自由、更獨立自主」；而學者Reinke（2004: 33）則更進一步地定義為「服務領導人他對個人和組織團體的成長有承諾，在組織中為建立社群而工作」，亦即服務領導乃奠基於利他，為建立更美好的人性，鼓勵人們變得比他們自己所相信的還要更好。

　　根據Greenleaf（1977, 2002）、Laub（1999）、Patterson
（2002）、Reinke（2004）等學者對服務領導定義的詮釋，綜合歸納出
服務領導的具備的要點為：

　　(一)服務領導乃是強調以服務為優先；

　　(二)服務領導透過忍耐恩慈、謙卑尊重、無私寬恕、誠實守信等優
質性格，以及利他主義、願景、信任、賦權等服務內涵，建構人性的美
德；

　　(三)服務領導乃為對他人「有益」，也就是「使追隨者變得更健
康、更有智慧、更自由、更獨立自主」。

　　統合上述，服務領導即是領導者本性流露以服務為優先，以追隨者
的需求為首要考量，以服務、利他、信任、賦權、愛、分享遠景的方
式，讓團體中的成員能更健康、更聰明、更自由、更獨立自主的成長，
同時也能成為一個服務別人的人。

# 📖 參、服務領導理論內涵

　　Washington、Sutton & Field（2006）等人指出服務領導已受到許多
學者的重視，且認為在組織領導中服務領導是一項有根據的理論，在美
國的許多百大企業也都強調實施服務領導的精神。雖然學者間對服務領
導理論並沒有一致性的架構，然而綜觀各家學說，大致上仍以Greenleaf
（1977）、Spears（1998）的觀點加以衍生（Barbuto Jr. & Wheeler,
2006）。是以本節對於服務領導理論內涵的分析，主要探討服務領導概
念倡導者Greenleaf對於服務領導的十三項內涵歸類（Greenleaf, 1977；
胡愈寧、周慧貞譯，2005），以及曾任Greenleaf服務領導中心CEO的
Spears（1998）歸納的十項服務內涵，分述如下：

## 一、Greenleaf的服務領導內涵

　　Greenleaf提及作為一個服務領導者，必須擁有以下的內涵，包括
「傾聽及瞭解」、「語言與想像力」、「靜思、發現個人的優勢」、

「接納及同理心」、「先知先覺」、「遠見」、「認知與理解」、「說服他人」、「概念形成」、「治癒與服務」、「社群」、「董事」、「權利與威權」等十三大項，臚列說明如下：

## （一）傾聽及瞭解（listening & understanding）

因為領導者的特質是服務第一，因此成為一個服務領導者需要經過長時間的傾聽訓練，Greenleaf指出傾聽的方式會讓人產生信心。Greenleaf提到，傳統的領導者對於發生問題最直接的反應就是去責備「問題是什麼？」。但是作為一個服務領導者，對問題的回應，應該先傾聽其他人的聲音。領導者如果想要深度的溝通，要詢問自己：「我真的在傾聽嗎？」，領導者要注意不可以有預設的想法或是主張，為了達到瞭解的真義，領導者要開放所有的可能，幫助追隨者畫出整體的圖像，然後重述所聽到的內容，加以澄清、或是表示同意。藉著傾聽，領導者也可以瞭解其他人理性或是非理性的觀感。當領導者覺得傾聽足夠時，就能採取直覺的洞見，去解決問題。

## （二）語言與想像力（language & imagination）

在這項內涵中，Greenleaf強調語言有其嚴重的障礙，所以他贊成哲學家懷海德的說法，需要幻想與經驗，否則語言會失去意義。做為領導者（包括老師、教練與行政主管），必須有能力促使聆聽者藉由自己的經驗和語言發生想像的連結空間。對溝通者而言，語言的限制在於聆聽者必須有想像的能力。溝通的藝術在於說得恰到好處。

## （三）靜思（withdrawal）

意指領導者必須具有分辨事情輕重緩急的能力，只處理重要且緊急的事情，對於不重要不緊急的事情，縱使因為忽略不處理而會遭受處罰，也要優先處理重要的事情；並且隨時知道會有緊急事情發生，所以保持體力，以便更有彈性的應付緊急事件。不管面對任何壓力，領導者採取「靜思」策略，是讓領導者保持最佳狀態的方法之一。

因為靜思可以讓領導者有能力從情境中，抽離自己，即使只是短暫的時間也已經得到了釋放。藉著這樣的靜思，領導者能夠把自己從不重要的因素或面對問題的焦躁不安中，抽離出來，然後依照優先順序處理問題。所以身為服務領導者要不斷地詢問自己，「我如何讓自己能做好最好的服務？」，身為領導者要能分辨事情的輕重緩急，優先處理更重要的事，因為隨時都可能有緊急的事情發生，因此身為服務領導者要隨時保持充沛的體力，才能應付緊急事件的發生。

### （四）接納及同理心（acceptance & empathy）

接納是採納、滿意或取得的意思，同理心則是以個人的自我意識進入他人的想像投射，也就是感同身受的意思。接納一個人意味必須容忍不完美的事，Greenleaf認為一般人不成熟、易犯錯、粗心大意，然而如果得到明智的領導，他們亦可以有遠大的志向而成就大業。

服務領導者能接受人性的弱點知道人性是不成熟的、猶疑不決的、無能的、懶惰的，如果領導者能夠智慧地領導，將使成員奉獻所能。Greenleaf強調，當領導者能接受追隨者所做的（即使他們的表現具批判性），領導者就會有所成長；同時當領導者完全接受追隨者，那領導者將會得到追隨者的信任。

### （五）先知先覺（intuition）

意指領導者必須是先知先覺者，並且具備預知未來的能力。

### （六）遠見（foresight）

Greenleaf指出，遠見是「領導的中心理論」，意即領導者能比較現在的事件、過去的歷史，放眼於未來。這樣獨特的能力取決於領導者心中的直覺，直覺必須作為「已經知道什麼」和「需要知道什麼」之間的橋樑，運用過去資訊所觀察到的趨勢，作出最佳的決定。這樣的直覺包括超理性的意識，能「知道不可能知道的」，並且有能力作「想像的跳躍」。

## （七）認知與理解（awareness & perception）

認知的行程開啓理解的大門，可以使人從環境中獲得更多的經驗和其他訊息，因爲具備認知能力，讓一個人可以看清楚自己的義務與責任，分辨事務的重要性。

## （八）說服他人（persuasion）

Greenleaf舉約翰・伍爾曼（John Woolman）爲例，他是美國貴格會（American Quaker）的教友，他以溫和、堅定且持續的方式說服他人，他不去譴責蓄奴的人，而是一一拜訪蓄奴的教友，以溫和說服的方式拯救黑奴。畢竟強制的力量只是用來控制人們，這種力量並非有機的，領導者唯有藉由說服，並且與追隨者個人的自由意志連結，這樣追隨者才能持續的、有機的成長，換言之，即增強追隨者自己的釣魚能力。

## （九）概念形成（conceptualizing）

Greenleaf舉了尼可萊・昆特維（Nikolai Frederik Severin Grundtvig）爲例，他是有名的丹麥平民高中創始者，他以「心靈（並非知識）就是力量」、「生活化的字詞源自於母語」、「眞實的人生是最終的考驗」這些大概念，讓農人得以提升自己融入丹麥的文化，後來丹麥社會、政治及經濟的轉變，全都根源這些概念化的領導。

概念化除了牽涉到願景的建立之外，還必須留意願景是否達成，Greenleaf就指出，概念化是一種留意事件、行動，與整個大願景是否契合的能力。服務領導者有長期目標或願景也瞭解實行的困難，因此領導者必須調整現在的決定與行動，目標與未來的願景相互配合。領導者在做出決定前，必須先找出行爲的趨勢或是模式。他們必須反問自己，「這與成功的概念和原則怎麼配合，才能服務個人或整體？」。服務領導者瞭解「心靈不是知識而是權力」（Greenleaf, 2002），因此領導的重點在於喚醒每一個個體的靈魂，藉著這樣的喚醒，讓個體可以獲得知識、智慧，達到共同的願景。

## （十）治癒與服務（healing & serving）

治癒意謂「獲得整體」，使人們分享他們的經驗。領導者若想幫助追隨者，那麼他們分享他們的經驗。領導者若想幫助追隨者，那麼他們要不斷在治癒的狀態中，亦即領導者在達到最理想的成就之前，必須先會處理過去的議題、自己與他人的傷害，並且給予自己與他人心理的關懷（Greenleaf, 2002）。

## （十一）社群（community）

亦即給予追隨者家庭式的愛、幾近無盡的愛，讓他們得到充分的信任與尊重，並且強化他們道德倫理的觀念。

## （十二）董事（trustees）

即指被賦予信託權力的人，他們會提供追隨者服務，並且給予領導的機會。根據Greenleaf的說法，組織需要兩種領導者，一種是在組織內部執行每天日常事務的人；另一種是在組織外監督組織內領導人的董事，他們能鳥瞰、監管組織的運作，且密切關心群體或團體的生存。

董事顧名思義就是被賦予信託權力的人。由於組織難免會發生利益衝突的狀況，因此當組織內的領導人無法解決問題時，就由董事出面做最後的決定。Greenleaf認為組織是由領導者、追隨者、董事共同組成，因此每一個人都扮演了重要的角色，追隨者為了組織的最大利益，每一個人都有責任成為組織中的董事。另外，作為一個好的董事，必須要有服務的精神，能發揮影響力，同時能協助組織對於目標，保持一致的高水準的實踐力。

## （十三）權利與威權（power & authority）

服務領導者會試圖去說服他人，不會用脅迫的方式控制操縱他人，Greenleaf認為唯有透過說服以及隨之而來的自動接受，才是自然的。

## 二、Spears（1998）提出的服務領導的十項內涵

曾任職Greenleaf中心CEO的Spears（1998）提出的服務領導的十項內涵，這十項內涵分別為：聆聽、同理心、治癒、覺察、說服、概念化的能力、遠見、管家、承諾人們發展、建立社群等，分別說明如下：

### （一）傾聽（listening）

除了敏銳地、注意地聆聽他人所說的話外，也必須留意其他人內在的聲音。傳統領導重視領導者溝通、決定的技巧，服務領導強調領導者應該重視的技巧是專注聆聽，也就是去思考其他人的想法，以便確定、澄清組織中成員的意欲為何。有了聆聽的過程，即使解決問題時沒有採用追隨者的意見，追隨者也會尊重領導者的決定，因為領導者已經事先與追隨者充分溝通。

### （二）同理心（empathy）

這點與主動的傾聽有關，此外，領導者必需以同理心去傾聽，並且接受、瞭解一起工作的組織成員。身為服務領導者會努力瞭解他人的想法，接受每個人都是擁有獨特天賦、靈性的個體，服務領導者會假設一起工作的同僚，都有良善的意欲，因此不會反對同僚所提出的意見。

以同理心接受一個人，意即必須容忍組織成員的不完美，瞭解即使一般人不成熟、容易犯錯、粗心大意，若受到明智的領導，他們也可以成就大業，因此建立一個團隊的秘訣，在於使典型的普通人能夠團結一致、共同成長。

### （三）治癒（healing）

所針對的對象包括自己和他人，真實的服務領導是一種轉變的力量，領導者就能由聆聽自我或他人的聲音，達到完整的共同目標。治癒本來既有「成為整體」、「達到完全」的意思，它牽涉到領導者和追隨者之間的關係，兩者的關係應該是伙伴的關係。

　　Spears（1998）認為學會如何去治癒困難的情境，是改造組織有力的方式，服務領導者最大的長處是擁有激發他人的潛能，作為服務領導者要學會幫助成員瞭解如何平復傷痛，讓成員也有機會，去幫助所接觸的人。

　　除了治癒他人之外，領導者如何保持最佳狀態也是相當重要的，這也就是Greenleaf所提出的靜思觀點。要判斷一位領導者究竟是不是服務領導者，可以從兩個面向加以檢視。第一類的領導者不管在生理上或情緒上都喜歡壓力，並且他們可以在極高的壓力下有最佳的表現；另一類的領導者並不喜歡壓力，不擅於在壓力下工作，但是因為喜歡領導別人，所以願意忍受壓力，只為獲得領導的機會。第一類的領導者認為壓力是一種快樂的重擔；第二類的領導者則不斷抗拒壓力，這兩種靜思方式都是可行的，只是前者是一種和平的改變；後者則是一種不斷對抗不愉快的壓力，所以前者比較符合服務領導的原則，後者則需要策略，才能存活下來。

### （四）察覺（awareness）

　　包括普遍的、自我的覺知。服務領導者不只要完整地瞭解情境也瞭解自我的限制。其中認知與理解，可以幫助領導者瞭解議題所牽涉的理論和價值，並且能從整體的角度瞭解整個狀況。

### （五）說服（persuasion）

　　意指服務領導者會試圖說服他人，建立團體的共識，他們不會運用所在位置的權威去強迫他人順從。另外，服務領導者也會以角色示範的方式來說服組織成員。

　　角色示範是要領導者要能做自己所說的，練習自己所鼓吹的。因此服務領導者在解決問題之前，會先審視內在，作為追隨者言語、行動的模範，當追隨者看到領導者的言語、行動示範後，領導者想要說服追隨者作改變，也就容易多了。

### （六）概念化的能力

所謂概念化（conceptualization）意指服務領導者必須提供一個願景，這個願景或目標必須對組織有利，可以藉著組織成員的共識、或是領導者的行動鼓舞，達到目標。為了培養組織成員作偉大的夢，領導者必須從每天例行的管理中跳脫出來，進行反思。所謂偉大的夢就是願景，也就是能正確地評估組織現在的位置？要往哪裡去？又計畫如何到達目的地？

### （七）遠見（foresight）

這可說是一種獨特的能力，它讓服務領導者瞭解過去發生的事、現在的事實，然後對未來作決定，遠見必須運用領導者和追隨者所有的資訊，結合現在的行為模式，然後預測未來的行為。另外，遠見也可以預測未來負面的趨勢或事件，藉此服務領導者才有能力重新管理或改變現在。

### （八）管家（stewardship）

意謂領導者除了服務他人之外，也必須把自己視為管家。管家的概念是從管理房子之人的觀念而來，意指一個僕人被交付責任，管理金錢、財產、物品。管家這個字還帶有受託管理人的意義，也就是將貴重物品交付保管的意思。

### （九）承諾人們發展（commitment to growth of the people）

意謂服務領導者相信人們在他們有形的貢獻之外，還有一個本質的價值，因此服務領導者認同組織中每一個人專業的和心靈的成長。服務領導者會採取具體的行動，去刺激員工的專業成長。

但是如果以強迫方法讓追隨者採取行動，追隨者就不太可能內化這樣的行動，或是在未來繼續採取這樣的行動，領導者唯有藉著說服，才能在過程中和未來目標達成上，讓追隨者充滿信心。

服務領導者是心靈的領導者，他們樂意花時間去教導和說服追隨者，他們瞭解唯有加強追隨者的終身學習和成長，才能幫助他們有機的成長。身為服務領導者其最基本的目標是服務那些他們所領導的人，聚焦於追求者的長期最大利益，而非短期間的冒險，所以領導者必須承諾他們所服務之人的個人發展。

## （十）建立社群（building community）

此一部分包含兩層意義，首先服務領導者不只針對組織內的員工建立社群感，也希望建立整個社會成員的社群感。然而在建立社群感之前，首先必須檢視正面的團隊文化是否存在？每一個團體都有他自己的文化，這可能是某些做事或溝通的方法。

有時不同的情境會影響文化、以及群體的互相連結。如果組織文化想要增加組織整體的生產力，那麼所有群體的成員，就必須自我規訓、自我控制，因為只有當團體的個人有歸屬感時，個人才會願意放棄他們的自我實現，為了團體的願景或目標，全力以赴。

Russell & Stone（2002）根據多位學者的研究，先將服務領導者的特質歸納為功能性特質（functional attributes）與附屬性特質（accompanying attributes）；後來Stone等人還根據該研究，拿服務領導跟轉化領導（transformational leadership）做比較，指出兩者並非對立的理論，都強調領導者應具備遠景、引發高度的信任、盡心服務、關懷旁人、授權、增能、教導、溝通、傾聽與影響部屬（Stone, Russell & Patterson, 2004；Smith, Montagno & Kuzmenko, 2004）。

綜合上述學者對服務領導內涵的分析論述，各家的理念其實是一脈相承，內容大同小異。雖然還有許多學者（如：Laub, 1999; Sendjaya & Sarros, 2002; Barbuto & Wheeler, 2002）提出其他的內涵觀點，但終究是以Greenleaf的論述為核心架構。

# 肆、服務領導在學校的實踐

　　Greenleaf在服務領導應用於教育產業的章節中提到教育產業的三個主要毛病：一、現今的教育拒絕提供有潛力的人明確的領導能力養成計畫，或甚至某些有影響力的教育工作者其實是在詆毀領導能力；二、教育工作者並未將大學教育視為社會階級流動的一環；三、學校教育應更積極地關注於價值的澄清。並以四篇文獻、案例來鼓勵在學校中培養服務領導的努力，希望能激發學校的服務領導觀念（胡愈寧、周慧貞，2005: 179-218）。

　　如同Spears自己所說的，服務領導理念在2004年已處在一個高峰，不管是學術界的研究或實務界的採用都有許多具體的成果（Spears, 2004）。Feldheim & Johnson（2004）曾以服務領導理念為基礎，建構出對公共服務教育的規範性方法，包含了五個步驟：1.對基本假設的察覺（awareness of the underlying assumptions）；2.對假設的確認（acknowledgement of assumptions）；3.轉變成利他（become authentic）；4.實踐倫理規範（live by the code of ethics）；5.成為服務領導者（becoming a servant leader）。Winston（2004）對Heritage Bible College的個案研究也支持了服務領導中：信任、增權賦能、願景、利他行為、內在動機、承諾和服務等特質對部屬的影響。

　　國內學者蘇美麗（2006b）歸納出學校服務領導的九項行動實踐策略，分別是：「建立願景、賦權增能、可信任度、建立社群、關懷服務、協助發展、傾聽瞭解、珍視他人、謙虛和遜」。茲分述如下：

## 一、建立願景

　　係指服務領導者必須提供一個凝聚群體共識的願景，服務領導者並且能瞭解過去、現在，然後能對未來作出決定。建立願景包括設定目標、概念化遠見，其中「願景」意指想像的權力或行動、觀看與覺知的方式或是指不尋常的洞見或遠見；至於遠見則指瞭解過去經驗的教訓、

當下呈現的現實，以及未來可能的結果。

Greenleaf（1977）認為服務領導者可以運用遠見、概念化來描述願景。事實上，領導和管理的不同就在於領導能為未來建立一個願景，激勵組織成員去學習，建立學習的組織。在建立願景過程，領導者要有傳播溝通的技能，領導者必須清楚說明、溝通他們的願景。

## 二、賦權增能

係指委託權力給其他人，服務領導者會適時將權力下放給追隨者，讓追隨者能發揮所長，或是與追隨者作決策的分享。另外，經由賦權增能可以讓組織的成員發掘工作的深層意義、更能完全地參與有效的決定，因為賦權增能就是讓追隨者得以參與計畫、作決定。Russell和Stone（2002）指出，賦權增能是優秀領導的中心元素，在服務領導中，賦權增能特別重要，因為它牽涉到委託他人的過程，是一種權力的投資，所以賦權增能是優秀領導的中心要素。

服務領導乃是藉著賦權他人領導而領導之，在本質上與傳統由上而下的三角形領導模式不同，它將領導的方式轉變為倒三角形的領導模式。為了實踐賦權增能，領導者必須以「拉」代替「推」的方式領導，所謂「拉」的形式乃是藉由吸引、激勵人們，影響他們工作，透過認同引發動機。

賦權增能的目標是創造組織中更多的領導，它涉及提供追隨者選擇的機會，並且鼓勵追隨者負起責任，因為服務領導本來就牽涉了「分派責任和培育參與的領導」，服務領導者會藉著與他人分享責任和權力，符合他人最大利益作為首要目標。賦權增能會提供機會給追隨者，讓他們竭盡所能。

## 三、可信任度

係指領導者是否展現真實、誠實、正直、能力。其中展現真實、誠實、正直、皆說明服務領導對於組織成員是坦白、不說謊的；能力則指說明服務領導者必須擁有新知和專業技能。Greenleaf（1977）並且指

出，可信任度是服務領導的根基，當追隨者信任領導者的價值、能力、判斷時，才能引發信任。

　　領導者的開放性，亦即接受別人的建議也會增加領導者的信任度，部屬或追隨者較可能去追隨一位行為一致且值得信任的領導者，尤其是那種能激發旁人熱情的人（Dennis & Bocarnea, 2005）。

## 四、建立社群

　　係指服務領導者以促進共融氣氛、發展夥伴關係為主軸。在多元化的社會中，學校與其他機構間的關係，好似多種不同顏色所共同組成的馬賽克拼圖，這種緊密連結的互相關係將形成以夥伴關係為基礎的教育服務團隊。這樣的教育圖像包括了教師、學生、地方與鄰近學校社區等各種交互關係。

## 五、關懷服務

　　關懷係指能隨時關心周遭陷入困境的人，為了組織成員的利益，會密切關心組織成員的心理與組織的生存；服務則意謂服務領導者能以服務為領導的中心。一個服務領導者最重要的任務是服務他人，領導最基本的動機就是想要去服務。

　　Greenleaf（1977）認為，作為一個領導者，特別是服務領導者，就是以服務為第一優先，協助人們發展才能和能力。一個以服務為優先的領導者，會提供資源給追求者，藉由提供有用的資料、時間、合作機會，服務也意味著發掘追隨者獨特性、天生的創意，並且認定追隨者對於組織有加分的價值，這說明了服務領導者會藉著瞭解其他人的貢獻，而去支持追隨者、服務顧客。

## 六、協助發展

　　意指幫助組織的成員有機的成長，並且能互相分享與發展。服務領導者會促進組織中每一個專業的、心靈的成分，因為領導者會採取具體的行為，去刺激組織成員的專業成長；另外服務領導者亦會使組織成員

產生歸屬感，為了組織放棄他們的自我實現，為了組織的願景，全力以赴。要做到協助發展，領導者必須是鼓勵者、傳播者和啦啦隊長，因此在工作場所，服務領導者會以鼓勵的方式，承諾人們成長，讓追隨者覺得是重要的。

## 七、傾聽瞭解

傾聽係指留意追隨者的發聲，並且這樣的傾聽是出於關心的聆聽。在傾聽的過程中，領導者能夠瞭解到追隨者的想法，並且從追隨者身上學到東西。傾聽瞭解是領導者尊敬他人的關鍵作法。Batten（1997）提出，服務領導者會「去問、去聆聽」，而且「最佳的傳播亦即領導者是最佳的傾聽者」。「傾聽」能夠產生與環境互動的自由對話、與心智共鳴的深度會談，同時也能從同理瞭解的感同身受中，建立與組織成員的彼此信賴，讓新興的力量得以自由伸展，組織也可以自由運用其集體智慧來解決問題。

## 八、珍視他人

係指服務領導者會欣賞組織成員的優點、包容其缺點，並且以無私、尊敬、讚美的方式，讓每個人都能儘情地發揮所長。Russell和Stone（2002）指出，身為服務領導者會真實地關注、珍視他人。珍視他人中最重要的內涵是「利他主義」，亦即為了幫助他人，會無私地幫助追隨者。因此利他主義牽涉到個人的犧牲，甚至沒有個人的獲得，個人的愉悅也來自於對他（她）人的幫助。

## 九、謙虛和遜

係指服務領導者虛心接受批評，並且樂於改變自我的態度，也就是不以自我為中心，而是以他人為中心。

根據上述中外學者的研究，服務領導在學校中的實踐，除了制度上的設計外，關鍵在於將服務領導理念內化個人心中，創造出個人的改變。統整Feldheim & Johnson的五步驟論和蘇美麗（2006b）的學校服務

領導九項行動實踐策略（如圖7-1示），建議服務領導在學校中的實踐如下述：

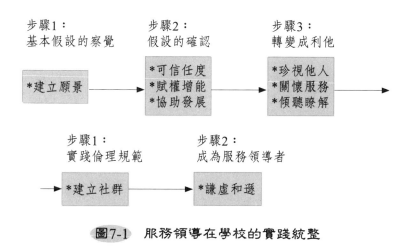

步驟1：
基本假設的察覺

步驟2：
假設的確認

步驟3：
轉變成利他

*建立願景

*可信任度
*賦權增能
*協助發展

*珍視他人
*關懷服務
*傾聽瞭解

步驟1：
實踐倫理規範

步驟2：
成為服務領導者

*建立社群

*謙虛和遜

**圖7-1 服務領導在學校的實踐統整**

### 步驟一：對基本假設的察覺

個體必須察覺自己的思考和思考的基本假設。根據後現代的觀點，實體和真實乃是主觀地建構，個體所使用的理論和構思都有著倫理性的意涵和結果，個體做的決定都反映著一項倫理的立場（Cunninghan & Wescheler, 2002）。仔細地檢驗我們的假設和這些假設的意義可以提升校園專業中的倫理察覺，從根本上去思考學校的目的、意義，每個人應扮演角色份際。

教育現場中如能培養助人的本性，鼓勵成員（教師、職員和學生）本諸為人服務的胸襟，將它視為必然且快樂的事，成員間不會因為有人主動的付出或關懷而感到羞赧，更不容易有自私自利的作為或憤世嫉俗的想法，這即是願景的建立。例如老師和學生間因為互助的實踐，關係更融洽、親密；學生間也會因為相互服務，彼此學習，而建立特殊的情感。

### 步驟二：對假設的確認

一旦確認了個人成為公共服務者和所持專業價值的假設，我們就必須調和外在行動和內心信仰間的關係，例如我們會激賞某位真正實踐服

務理念的團體夥伴，進而學習效法他。

在學校生活中，對於服務領導者的信任是個關鍵的核心，領導者要能夠透過身體力行服務領導而取得成員的信賴，並且協助學校成員發展各自的專業領域，鼓勵成員共同實現組織的目標。因此過程中賦權增能的作法是相當重要的，亦即授權讓成員參與更高階的決策事務，增加他們的責任感，同時教育他們，讓成員的能力提升到足以應付各項任務或環境的挑戰。

### 步驟三：轉變成利他

接下來的步驟是轉變成利他且在與他人互動中顯示真正的利他性。利他性其實是藉由主動的傾聽、指導行為和同理心來展現，也就是說它來自於對旁人的關切和關心我們行動對他人發生的影響（Feldheim & Johnson, 2004）。

由於在真實的競爭社會中，利他性是很罕見的。但在學校的服務領域生活中，利他性顯得格外重要，首先，我們要創造一個利他性對話空間的產生，藉由實施旁人建議或關切的議題，放棄我們對外在的操控，也就是重視他人的存在、珍視他人的需求與感覺。學校要儘可能提供一個安全、舒適的學習場所，重視師生、職員工與家長的聲音；學校是以真誠的關懷服務為出發點來設計教育環境的軟硬體；至於學校要提供什麼樣的服務內容則要傾聽成員的需求。

### 步驟四：實踐倫理規範

領導並不是在理智上理解就能獲得的技能，它反而與運動員、木匠，或音樂家的養成方式比較類似。領導技能的發展，主要是結合了知識、必要的行動，以及情緒智商所成（李紹廷，2008）。就好像沒有人藉著閱讀開車教學的書籍，就能夠學會游泳，因為和學開車的過程一樣，領導也是一種需要學習、發展且持續改善的技能。

在學校有關服務領導的實踐更形重要：首先，管家或管事（stewardship）的基本精神就是主張個人要考量一己行為對公眾或社區的影響。因此，凡事對學校是整體的考量；其次，重視倫理規範即是尊重學校的制度規章，個人會以學校的榮譽、團體的成就做處事的準則，

凡此皆是建立社群的體現。

### 步驟五：成為服務領導者

當一個人決定要在他的組織成為服務領導者，並具體呈現專業的規範價值在工作中，專業的重要多數人就會趨向於採公共服務的方式（Feldheim & Johnson, 2004），對服務領導的感受親切自然，實施服務領導的態度則是謙虛和遜，也就是到了Hunter（2001）所謂的不知不覺、運用自如（unconscious and skilled）階段。

## 伍、結語

Greenleaf（1977）認為服務型領導人會在服務的過程中改造追隨者，使他們成為更健康、更有智慧、更自由、更自立自主的人。之後，也讓追隨者變得更像服務他人的僕人領導者。因此，本文首先介紹服務領導的倡導者與其思想起源，其次論述服務領導的定義以及分析服務領導的內涵，最後提出學校服務領導的行動實踐策略，以闡述服務領導的理念與實際。

服務領導的理念已經有三十年的歷史，國內、外許多研究都證實肯定服務領導是確實可行的領導方式，同時也肯定服務領導會影響工作滿意度與學校效能。服務領導已超越領導之行為技術層面，是走入追隨者的心靈深處並致力於追隨者成長的一種利他領導風格。面對多元價值及講求功利主義的臺灣社會，服務領導的信念與內涵確實是一股清流（蔡進雄，2003）。

就以人、學習和發展為主體與目的學校而言，學校服務領導的「建立願景、賦權增能、可信任度、建立社群、關懷服務、協助發展、傾聽瞭解、珍視他人、謙虛和遜」等九項行動實踐策略，加上「對基本假設的察覺、對假設的確認、轉變成利他、實踐倫理規範、成為服務領導者」可以使得校園中對服務領導的實踐有準則與方法。

校長如能處處滿足教師生理、關懷與愛的成長與發展，價值觀與信念的增能與滿足，並能督促校長時常自我反省，探尋自我內在生命的價

值，藉由教師成員集體思考的創意與力量，驅策組織目標的達成。校長
的權力運用也擺脫傳統權威命令，採用說服與影響力的柔性策略，將其
激勵效果內化爲教師的眞誠追隨情感，並轉化爲對學校承諾與忠誠的動
力，則學校將會有源源不絕的成長動能與和諧、進步的氛圍。

## 問題與討論

一、如何培育校長「服務領導」的能力與知能？

二、假設您是一位校長，如何運用「服務領導」的理念進行學校領
　　導？

三、校園中推展「服務領導」理念與實務的阻力爲何？

## 參考文獻

中文部分

李紹廷譯（2008）。James C. Hunter著。僕人修練與實踐。（譯自*The
　　World's Most Powerful Leadership Principle*）。臺北：商周出版。

周守民（1999）。新世紀的管理─談僕性領導。護理雜誌，*46*(2)，
　　72-76。

林思伶（2004）。析論僕人式/服務領導（Servant-Leadership）的概念
　　發展與研究。高雄師大學報：教育與社會科學類，*16*，39-57。

吳清山、林天佑（2004）。教育名詞：僕人領導。教育研究月刊，*120*，
　　154。

吳玲玲審訂（2004）。Jennifer M. George & Gareth R. Jones著。
　　組織行爲。（譯自*Understanding and Managing Organizational
　　Behavior*）。臺北：智勝。

吳秉恩審訂（2006）。Arthur Shriberg, David L. Shriberg & Richa
　　Kumari著。領導學：原理與實踐。（譯自*Practicing Leadership and*

*Applications*）。臺北：智勝文化。

胡愈寧、周慧貞譯（2005）。Robert Greenleaf著。**僕人領導學：僕人領導的理論與實踐**。（譯自*Servant Leadership: A Journey into the Name of Legitimate Power and Greatness*）。臺北：城邦文化。

殷文、蔡慧菁譯（2005）。Stephen R. Covey著。第八個習慣：從成功到**卓越**。（譯自*The 8th Habit: From Effectiveness to Greatness*）。臺北：天下文化。

張沛文譯（2008）。James C. Hunter著。**僕人：修道院的領導啓示錄**。（譯自*The Servant: A Simple Story About the True Essence of Leadership*）。臺北：城邦文化。

蔡進雄（2003）。僕人式領導對學校行政領導的啓示。**人文及社會學科教學通訊**，*14*，54-60。

蘇美麗（2006a）。服務領導：領導者即追隨者的領導新視野。**慈濟大學教育研究學刊**，*2*，161-190。

蘇美麗（2006b）。**國小校長服務領導之內涵分析與實證研究**。國立中正大學教育學研究所博士論文，未出版。

## 西文部分

Barbuto, Jr. H. E. & Wheeler, D. W. (2006). Scale development and construct clarification of servant leadership. *Group & Organization Management, 31*(3), 300-326.

Bass, B. M. (1990). *Bass & Stodgill's handbook of leadership: Theory, research, and managerial applications* (3rd ed.). NY: The Free Press.

Birkenmeier, B., Carson, P. P. & Carson, K. D. (2003). The father of Europe: An analysis of the supranational servant leadership of Jean Monnet. *International Journal of Organization Theory and Behavior, 6*(3), 374-400.

Cunningham, R. & Weschler, L. (2002). Theory and the public administration ,student/practitioner. *Public Administration Review, 62*(1), 104-111.

Dennis, R. & Winston, B. E. (2003). A factor analysis of Page and Wong's servant leadership. *Leadership & Organizational Development Journal, 24*(8), 455-459.

Dennis, R. S. & Bocamea, M. (2005). Development of the servant leadership assessment instrument. *Leadership & Organizational Development, 26*(8), 600-615.

Ehrhart, M. G. (2004). Leadership and procedural justice climate as antecedents of unit-level organizational citizenship behavior. *Personal Psychology, 57*(1), 61-94.

Feldheim, M. A. & Johson, G. (2004). Normative education: putting the public servant in public service. *Global Virtue Ethics Reviews, 5*(3), 7-29.

Greenleaf, R. (1977). *Servant leadership: A Journey into the nature of legitimate power and greatness.* New York: Paulist.

Greenleaf, R. (2002). *Servant leadership: A Journey into the nature of legitimate power and greatness.* New York: Paulist.

Humphreys, J. H. (2005). Contextual implications for transformational and servant leadership: A historical investigation. *Management Decision, 43*(10), 1410-1431.

Joseph, E. E. & Winston, B. E. (2005). A correlation of servant leadership, leader trust, and organizational trust. *Leadership & Organizational, 26*(1), 6-22.

Laub, J. (1999). Assessing the servant organization: Development of the servant organizational leadership assessment (SOLA) instrument. *Dissertation Abstracts International, 60*(2), 308.

Nair, K. (1994). *A Higher Standard of leadership: Lessons from the life of Gandhi.* San Francisco, CA: Berrett_Koehler.

Patterson, K. (2003). Servant leadership: A theoretical model, unpublished doctoral dissertation, Graduate School of Business, Regent

University. USA.

Reinke, S. J. (2004). Service before self: Towards a theory of servant-leadership. *Global Virtue Ethics Review, 5*(3), 30-57.

Riverstone, L. (2004). Servant leadership: A manifestation of post-materialism? *Global Virtue Ethics Review, 5*(3), 95-119.

Russell, R. F. & Stone, A. G. (2002). A review of servant leadership attributes: developing a practical model. *Leadership & Organizational Development Journal, 23*(3), 145-157.

Sendjaya, S. & Sarros, J. C. (2002). Servant leadership: its origin, development, and application in organizations. *Leadership & Organizational Development Journal, 9*(2), 57-64.

Smith, B. N., Montagno, R. V. & Kuzmenko, T. N. (2004). Transformational and Servant leadership: content and contextual comparisons. *Journal of Leadership & Organizational Studies, 10*(4), 80-91.

Spears, L. C. (Ed.) (1998). *The power of servant-leadership: Essays.* San Francisco, CA: Berrett-Koehler.

Spears, L. C. (2004), Practicing servant-leadership, *Leader to leader*, 34, 7-11.

Stone, A. G., Russell, R. F., & Patterson, K. (2004). Transformational versus servant leadership: A difference in leader focus. *Leadership & Organizational Development Journal, 25*(4), 349-361.

Washington, R. R., Sutton, C., & Field. H. S. (2006). Individual differences in servant leadership: The roles of values and personality. *Leadership & Organizational Development Journal, 27*(8), 700-716.

Winston, B. E. (2004). Servant leadership at Heritage Bible College: a single-case study. *Leadership & Organizational Development Journal, 25*(7), 600-617.

第八章

家長式領導

# 壹、前言

「領導」是全球一致的統一規範？抑或因地而異的特定行為？在1980年之前，西方的領導研究，幾乎均採「準則式的研究途徑（nomothetic approach）」，主張領導現象與領導內容應可放諸四海而皆準，不會受到文化、地域、國家的影響，甚至宣稱有全球普遍性的領導作風存在（House, Wright & Aditya, 1997）；然而，在1980年後，許多學者透過理論的反省與跨文化的比較研究，發現領導內涵確實會受到文化殊異性的影響—「特則式的研究途徑（idiographic approach）」，主張領導也許是全球共有的現象，但領導的內容卻是鑲嵌在文化脈絡之下的，某些證實有效的領導行為，在另一文化、地域或國家，則不見得如此（Chemers, 1993; Hofstede, 1980；引自鄭伯壎、周麗芳、樊景立，2000）。換言之，領導的作風、規範與效能，將會隨著文化的不同而有所差異。

許多學術研究與個案證實各地區、國家或社會，文化價值觀的確有所不同，無論是領導或管理，都必須配合文化的個殊性，方可奏效。Hofstede（1980）研究發現，中國人屬於高權力距離與低個人主義的文化族群，此與歐美國家大不相同；而Hofstede與Bond（1988）之研究亦指出，不同文化區域的「美式管理」下，極有可能發生「橘逾淮為枳」的現象。

華人社會的文化價值與西方有明顯的差異，因此歐美發展出來的領導模式，無論是特質論、行為論或權變論，硬套於華人社群中，難免發生「削足適履」的問題，不但無法捕捉華人領導的原有風貌，甚至更可能扭曲事實（Smith & Bond, 1993）。

近年來，華人支配的經濟體（如港、臺、大陸及其他東南亞國家）迅速發跡，華人企業之管理哲學與實務，因而受到許多研究者的重視。以華人為主體地位的研究，探討華人企業的組織類型與高階領導，並指出華人企業的領導擁有清晰、鮮明的特色，表現出類似父權的作風，不

但具有清楚而強大的權威，也有照顧、體恤部屬及樹立典範的領導成分在內。這種領導作風，不但容易在家族企業中發現，而且在公營、政府機構及其他類型的組織也屢見不鮮，研究者特將此領導風格稱之為「家長式領導」（paternalistic leadership）（Farh & Cheng, 2000；鄭伯壎、周麗芳、樊景立，2000）。

Farh 與 Cheng（2000）綜述了Silin（1976）、Redding（1990）、Westwood（1997）及鄭伯壎、周麗芳、樊景立等學者的研究（鄭伯壎，1995；鄭伯壎，1996；鄭伯壎、周麗芳、樊景立，2000），淬鍊家長式領導之成分，包括「仁慈領導」（benevolent leadership）、「德行領導」（moral leadership）以及「威權領導」（authoritarian leadership）三向度；鄭伯壎、樊景立、周麗芳（2006）進一步探求家長式領導的模式與證據，經發展工具檢驗正當性與信、效度之結果，表現良好。在實徵性研究方面，則有華人社會家長式領導與西方轉型領導下成員反應之比較（Cheng, Chou, and Wu, 2004）、企業家長式領導風格與員工壓力之關聯（趙安安，2005）、學校組織家長式領導之應用（王怡云，2005）、家長式領導與行政人員自我效能、組織承諾及工作滿意度之關係（鄭彩鳳、吳慧君，2006）等。

## 貳、家長式領導之定義及倡導者

家長式領導（paternalistic leadership）之探討，始於Silin（1976）針對臺灣大同公司的個案觀察研究，他發現華人企業領導人的領導理念與行為模式的特色，包括：能夠犧牲私利、顧全大局；大公無私、作部屬道德上的標竿；不輕易分享權力給部屬，與部屬刻意保持距離；模糊自己的意圖，維護自己的權威；施展各種控制手法，嚴密監督部屬等。在此領導行為下，部屬表現出的反應，通常是對領導者完全服從與依賴：完全信任領導者的判斷；對領導者的尊敬伴隨著畏懼。Silin（1976）的研究，為家長式領導的後續研究，奠定了良好的基礎。

之後，Redding（1990）進一步剖析華人企業的組織結構與管理風

格，提出仁慈領導、世襲主義、人情主義的概念，發現在東方組織裡，部屬對決策不會公開表示反對意見，並展現高度的服從，這樣的現象，仍普遍存在於號稱民主的臺灣社會中。此研究對華人社會企業領導的研究，無非有了更深一層的突破。

　　Westwood與Chan（1992）建構東方文化觀點的領導模式，一是命令與服從，一是和諧的需求。領導者必須確立命令的形式，在成員的接受和服從下，建立與團體成員的關係；此外，維持與創造組織和諧文化是支持東方領導權威地位的有效方法（謝金青，2004）。

　　上述研究均顯示華人社會中，儒家、法家傳統思想之文化根源，深深影響華人企業組織，展現出與西方截然不同的領導方式與部屬反應。鄭伯壎等人（2000）整理Silin（1976）、Redding（1990）及Westwood（1997）對華人企業領導人之研究，透過儒家、法家與家族主義的觀點，悉心探討華人文化與組織領導間之關係，提出所謂「家長式領導」，係華人社會特有的領導型態之一，意指在一種人治氛圍下，彰顯父親般的仁慈與威嚴，並具有道德的無私典範，其領導行為具有三個重要成分，即威權（authoritarianism）、仁慈（benevolence）及德行（moral）領導（鄭伯壎、樊景立，2001）：

## 一、威權領導

　　在儒家思想主導下，父子軸一直都是最重要的社會關係，而且遠超過其他的社會關係。父親擁有絕對的權力，其權威遠高於子女及其他的家庭成員。當西方的父權因為法制化而逐漸沒落之際，父權在中國帝制晚期卻受到進一步強化——法家思想可能是一個重要的關鍵（Smith, 1993）。法家重視「循名責實」，強調實際的成就與具體成效，提醒皇帝不能信任臣下，甚至，更要採用各種控制手段加以駕馭，行之以文，公告週知，並嚴格執行。

## 二、仁慈領導

　　在儒家思想中，重視倫常，出自《孟子·滕文公上》之「五倫」：

「父子有親、君臣有義、夫婦有別、長幼有序、朋友有信。」所謂「父、君、夫、長」等上位者，必須以慈藹、恩義、和順、友愛來對待「子、臣、婦、幼」等下位者；而下位者更應以孝順、忠誠、溫柔、恭敬回應上位者。因此，理想的社會關係應是上下有別，上位者照顧下位者之文化傳統，此亦爲仁慈領導之重要來源。楊國樞（1995）將中國人由家庭中習得的經驗，類化於組織的過程，稱之爲「泛家族主義」，應用至華人之家族企業時，企業主持人扮演相當於父親的角色，深具權威，而部屬則猶如兒子一般，溫順服從。換言之，領導者必須保護與照顧部屬的福祉，而部屬則要對領導者展現忠誠、服從領導者的指導。

## 三、德性領導

孔子相信人格與美德的培養，是社會的基石，就當政者而言，孔子強調上位者，必須是部屬道德規範之表率，運用道德原則來感化與說服臣民，他並不認同法律與嚴刑峻法的效果，因爲這些只能控制臣民的外顯行爲，無法令人心悅誠服。治理國家最有效的方式，是上位者要以身作則，樹立風範與楷模，讓下位者耳濡目染，潛移默化。在中國傳統社會中，政府的法律制度，向來是國家的統治工具，而非出自人民自主（Smith, 1996），百姓之命運可謂完全操控於政府官員手中，因此，品德對中國多年帝制下之官員而言，顯得格外重要。持至今日，以人治取代法治之傾向仍相當程度地存在華人社會中（凌文輇，1991）。

新概念之提出，要能賡續發展，成一家之言，必須透過實徵性研究，來檢驗其正當性（legitimating）。因此，鄭伯壎等人（2006）乃發展研究工具，依據探索性因素分析，編製正式量表，針對臺灣六十家企業之基層主管與職員，及臺灣北部之公立小學教師，進行施測。在項目分析、確認性因素分析及外部效度分析之結果上，顯示家長式領導之仁慈、德行及威權三量表，在一致性信度、建構效度及效標關聯效度上，均有良好表現。

# 參、家長式領導之理論、內涵與實徵研究

## 一、家長式領導之理論基礎

　　家長式領導研究之概念，植基於三項針對華人家族企業領導人所進行之觀察與訪問質性研究（鄭伯壎，1995；Silin, 1976; Redding, 1990），及一項華人領導觀點的理論性分析（Westwood, 1997），茲依研究領域、研究方法、研究對象、文化淵源、研究焦點，及仁慈、德行與威權三個向度的領導行為，整理如表8-1所示。

表8-1　華人企業的家長式領導研究

| 項目 | Silin (1976) | Redding (1990) | 鄭伯壎 (1995) | Westwood (1997) |
|---|---|---|---|---|
| 領域 | 組織社會學 | 組織社會學 | 組織心理學 | 組織社會學 |
| 研究方法 | 訪談 | 訪談、文獻回顧 | 臨床研究、訪談、檔案分析 | 觀察、文獻評論 |
| 研究對象 | 臺灣大型家族企業 | 港、臺、菲等華人家族企業 | 臺灣民營企業 | 東南亞華人家族企業 |
| 文化淵源 | 儒家 | 儒家、釋家、道家 | 儒家、法家 | 儒家 |
| 研究焦點 | 描述企業領導人的經營理念與領導作風 | 探討文化價值與家族企業領導的關係，並發展概念架構 | 建構華人家長式領導模式，列出特定的領導作風與部屬的相對反應 | 說明文化價值對家族企業領導人之領導的影響 |
| 領導行為　仁慈領導 | | 照顧、體諒部屬，對部屬觀點敏感、徇私性支持 | 長期、全面之個別照顧，維護部屬面子 | 徇私性個別照顧 |

| | | | | |
|---|---|---|---|---|
| 德行領導 | 綜攬大局的能力，犧牲私利，以整體利益為重 | 良師楷模 | 以身作則、公私分明 | 做部屬表率，以整體利益為重 |
| 威權領導 | 教誨行為<br>專權作風<br>威嚴整飾<br>嚴密控制 | 不明示意圖<br>權威不容挑戰 | 專權作風<br>貶抑部屬<br>形象整飾<br>教誨行為 | 教誨行為<br>建立威信<br>不明示意圖<br>講究權謀<br>維持支配權<br>與部屬保持距離 |

資料來源：節自鄭伯壎、樊景立、周麗芳（2006：286）

從Silin（1976）、Redding（1990）、鄭伯壎（1995）、Westwood（1997）等人的研究中，可發現研究者對於華人威權領導與仁慈領導方面，有著相當高的共識，但在德性領導方面，陳述較少，鄭伯壎、樊景立（2001）認爲這是因爲研究者對領導者應具有何種道德行爲，看法不一致的緣故，但這些學者，也都同意領導者必須擁有高超的道德，並能夠以身作則。

## 二、家長式領導之內涵

鄭伯壎等多位學者的研究（鄭伯壎，1995；鄭伯壎，1996；鄭伯壎、周麗芳、樊景立，2000；鄭伯壎、樊景立，2001；鄭伯壎、樊景立、周麗芳，2006），臺灣家族企業的家長式領導所概括的行爲類型，包括：立威、施恩與樹德等三元模式，指出家長式領導與部屬敬畏順從、感恩圖報及認同效法之反應關係。茲詳圖8-1，並概述如下：

### （一）以「威權領導」立威，令部屬敬畏順從

威權領導強調領導者之個人權威、支配部屬兩種特色的領導行爲。領導者的立威，包括專權作風、貶抑部屬的能力、形象整飾、教誨行爲等四大類。相對於領導者的立威行爲，部屬會表現出順從、服從、敬

領導行為

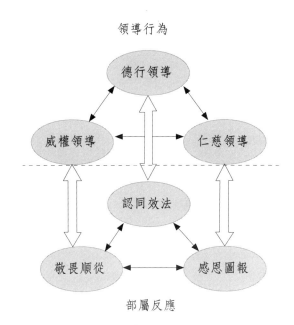

部屬反應

圖8-1　家長式三元領導與部屬相對反應（鄭伯壎、周麗芳、樊景立，2000：7）

畏、羞愧等行為反應。

### （二）以「仁慈領導」施恩，讓部屬感恩圖報

　　領導行為可以細分為兩大類，一為個別照顧，一為維護部屬面子，例如：校長可能會對一個因為個人因素而導致家庭財務陷入困窘的教師或職員，慷慨解囊，提供金錢上的援助，藉以表示對他的恩澤。針對領導者的施恩，部屬會表現出感恩與圖報兩類行為，來回報領導者的恩惠。

### （三）以「德性領導」樹德，使部屬認同效法

　　領導者公私分明、以身作則之風範，對待部屬一視同仁，也願意顧全大局而犧牲私利，同時更是部屬行事為人的表率。相對於此，部屬將認同並內化領導者的價值與目標，同時也能效法與模仿領導者的行為。

家長式領導三個重要面向的領導行為，依據Farh與Cheng（2000）及鄭伯壎、周麗芳、樊景立（2000）之研究，進一步分別說明如下：

## （一）威權領導的領導行為

1.專權作風：不願授權、下行溝通、獨享訊息、嚴密控制。
2.貶低部屬能力：漠視建議、貶抑貢獻。
3.形象整飾：維護尊嚴、表現信心、操控消息。
4.教誨行為：要求高績效、斥責低績效、提供指導。

「威權領導」之正當性，深受中國傳統孔孟學說影響。相較於美國，權力與權威，在華人社會更明顯地被合法化為階層關係（Pye, 1985）。徐木蘭（1991）指出：臺灣社會傳統的威權主義殘存，組織中的對話仍充滿上對下宣告與指令型式。對照於學校場域，校長對教職員的言行被清楚界定，校長可以指示、要求、指導或命令教職員行事，而教職員的發言常在維護上司的職位權威與強調表面和諧的情況下被壓制（黃宗顯，1999）。例如，在開會過程、提案討論的制度中，組織即使擁有向上溝通的管道，賦予成員民主參與的權力，成員仍鮮少實際利用這些管道向上反映真相，「威權領導」在學校組織之潛在影響力，可見一斑。此與西方的領導方式大異其趣之原因，可上溯及深層的文化根源。

## （二）仁慈領導的領導行為

1.個別照顧：視為家人、保障工作、急難幫助、整體照顧、鼓勵輔導。
2.維護面子：避免羞辱、預留餘地。

「仁慈領導」所強調的「施恩」，與西方文獻中所強調的「體恤」（Fleishman, 1953; Stogdill, 1974）、「支持領導」（Bowers & Seashore, 1966; House & Mitchell, 1974）二者不太一樣——所謂「體恤」（consideration），是指領導者表現友善與支持部屬的程度，表示對部屬的關懷、重視對部屬的福祉；而「支持領導」，則意指領導者會

接受與關心部屬的需要及感受（Yukl, 1998）。「施恩」與「體恤、支持領導」之別在於（鄭伯壎，1995）：

1.施恩不僅限於工作上的寬大爲懷，也會擴及部屬私人的問題。例如：幫助部屬處理家庭與私人的問題，提供急難救助，甚至對交友與婚姻提供諮詢等。

2.施恩是長期取向的。領導者會持續僱用一些年老而忠誠的員工，儘管他們的表現已經不若以往。

3.施恩可能表現在寬容與保護的行爲中，例如，當部屬發生重大的失誤時，領導者會爲了保護部屬，不予公開指責或揭發，以避免部屬陷於嚴重的工作危機。

4.體恤通常表現在對部屬平等對待與上下平權的環境脈絡下，而施恩則展現在威權與上下權力距離較大之狀況。進言之，主管不會讓部屬忘記誰才是上司（鄭伯壎等，2001）。

### （三）德行領導的領導行為

1.公私分明：一視同仁、犧牲私利。

2.以身作則：做爲表率。

「德行領導」在鄭伯壎等學者之研究中，著墨相對較少，但並非表示樹德在家長式領導中不必要或不存在，而是華人社會中，施恩與立威的領導架構中，領導者的美德與操守，已被視爲理所當然（Farh & Cheng, 2000）。一般人對握有權力的上位者，均期待其具備品德與操守，以人治的傳統彌補法律制度之不周延，所謂「君子之德，風；小人之德，草。草上之風，必偃」。

## 三、家長式領導之實徵研究

關於家長式領導之實徵研究，中外學術論文探討如下：

Liou、Tsai、Chen & Kee（2007）探究臺灣的教練領導與運動員耗竭（burnout）之關係，結果指出，教練的倫理與道德行爲表現，有助於運動員降低耗竭之現象。

Cheng et al.（2004）探討臺灣企業成員對家長式領導與西方轉型領導之反應，結果指出：相較於西方轉型領導，家長式領導對成員有著顯著且主要影響效果；而仁慈、德行、威權領導三要素間，存在著交互作用的關係；傳統威權領導，只有中度的影響效果。研究指出，可能是現代化、企業化與全球化，使得威權領導之影響力逐漸消失，愈來愈多的華人選擇放棄威權領導。相較之下，德性與仁慈領導，在現代組織中，則顯得日益重要。

蘇英芳、黃賀（2006）研究指出，企業高階經理人展現提倡願景、體恤部屬、德性領導與仁慈領導等行為，最能激發部屬正面的領導效應。

周怡君（2005）探討高雄市國民小學校長家長式領導與教師服務士氣之關係，研究結論如下：

(一)國民小學校長展現中度以上家長式領導行為，尤以「德行領導」為最。

(二)兼行政工作之男性教師所知覺校長仁慈領導與德行領導的行為顯著較高，而學校規模13～24班之教師對校長威權領導行為的知覺則較高。

(三)國民小學校長仁慈領導、德行領導與教師組織公民行為各層面和整體皆呈顯著正相關，而威權領導則與尊重體制、敬業守法層面呈顯著負相關。

(四)校長家長式領導之德行領導與仁慈領導對整體教師組織公民行為皆具有預測力，其中以德行領導之預測力最佳。

夏小琪（2005）探討臺南縣市國民小學校長家長式領導與教師教學效能之關係，研究結果共獲得下列結論：

(一)國小教師對校長家長式領導具有中上程度的評價。

(二)不同性別、職務、學校規模、及學校所在區域之教師對於校長家長式領導之看法有差異存在。

(三)校長展現「德行領導」、「仁慈領導」、「權術領導」時，教師教學效能較高，而校長展現「威權領導」時，教師教學效能隨之降

低。

(四)校長展現德行領導時,最能提升教師的教學效能。

周季敏(2005)指出家長式領導之仁慈領導、德行領導對領導效能的影響為正相關。

錢英華(2005)研究發現,派出所主管的仁慈、德行領導行為對員警的服從性均具有正向影響;而威權領導,則對派出所風紀水準具有正向影響。

林恭勝(2005)研究結果發現:仁慈領導對組織公正、忠誠、上下關係品質、組織公民行為、情緒展現行為均有顯著正向直接影響效果;而德行領導則分別對組織公正、忠誠、上下關係品質、情緒展現行為具有顯著正相關;至於威權領導,則僅與上下關係品質、情緒展現行為具正向影響效果。

牛君白(2005)針對265位不同產業的企業員工進行研究,結果發現:家長式領導中的仁慈領導與德行領導,對於部屬努力意願的影響,確實需透過部屬正向反應(感恩圖報、敬畏順從、認同效法)作中介;而威權領導,則對部屬的努力意願、正向反應無顯著影響效果;此外,家長式領導三元模式中的仁慈領導與德行領導,對於部屬正向反應(感恩圖報、認同效法)、努力意願方面,有顯著正向的互涉關係。

林龍和(2005)探討高雄市國民小學校長家長式領導與教師服務士氣之相關研究,結論如下:

(一)國民小學校長展現中度以上家長式領導行為,尤以「德行領導」為最。

(二)男性、資深、中型學校之校長展現較高家長式領導行為。

(三)年長、資深、高學歷、兼任主任之教師知覺校長展現較高家長式領導行為。

(四)校長展現「德行領導」、「仁慈領導」時,教師士氣隨之提升,而展現「威權領導」則教師士氣隨之下降。

(五)校長展現德行領導行為,最讓教師感到認同而有助士氣的提升,效果也最佳。

游麗芳（2004）研究結果顯示，德行及仁慈領導型態，與成員之工作滿足及組織承諾間，有正向顯著水準；而威權領導型態，則顯現負相關。此外，外在滿足、德行領導、內在滿足對組織承諾，有最佳的預測效果。

趙安安（2004）探討家長式領導風格與員工壓力之間的關聯性，除了探討威權領導行為，是否為員工所知覺之工作壓力源及其可能造成的壓力反應外，更進一步探討威權領導行為對於員工壓力的影響，是否會受到仁慈領導行為以及德行領導行為的調節。研究結果顯示：

(一)主管的威權領導，被視為一種工作壓力來源，造成員工種種的生理壓力反應，且對於員工的工作滿意、心理健康及身體健康，皆有顯著的負面影響。

(二)然而，在家長式領導模式中，領導者除了威權領導行為外，亦可能展現出仁慈領導行為，以及強調個人操守的德行領導行為。

(三)研究者發現仁慈領導行為與德行領導行為對於員工的心理健康，具有顯著調節效果，而對員工的生理壓力反應、工作滿意及身體健康，則無顯著調節效果。

蔡秉峰（2003）以學校為研究場域，觀察學校組織的領導者在領導行為的展現上是否貼近「家長式領導風格」。家長式領導型態模型概由三部分所組成：

(一)第一部分是「家父長角色的型塑」內含包括「法職權」、「專家權」、「掌控資訊」、「樹立權威」、「關懷部屬」及「以德服人」六個向度。組織領導者可藉由此六向度的運用來鞏固權力，使部屬對其產生依賴感，領導者方能有效發揮其影響力，從而型塑在其組織中「家父長角色」的形象。

(二)第二部分是由「命令與服從」及「組織和諧」兩大需求所組成。研究發現，「命令與服從」需求是領導者最為期待的需求，然而若要滿足領導者貫徹命令的需求，先決條件是組織要先達成和諧的需求，只有在組織和諧的情境中，領導者家父長角色才會被部屬所認可。家父長角色建立後，領導者才能貫徹其命令。反之，若組織處於衝突狀態，

領導者的家父長角色將無法獲得部屬認同，如此一來，即無法滿足「命令與服從」需求。誠如上述，組織是否和諧，是影響領導者命令貫徹及部屬服從領導的關鍵要素；反之，「命令與服從需求」若未能滿足，亦會造成組織的衝突。

　　(三)第三部分是由「家長式領導策略」所構成，運用「家長式領導策略」可使領導者得以「掌控組織」及「撫平衝突」，使組織重新回到和諧的狀態，俾使「家長式領導型態」得以順利運作。

　　陳善治（2003）探討華人組織中主管與部屬的互動關係，由研究結果可知，在組織中主管的領導行為，的確會對部屬之主管信任程度及組織公民行為造成影響。研究證實，家長式領導中，仁慈及德行領導對於部屬組織公民行為有正向影響效果，而威權領導則會帶來反向影響效果。

　　王新怡（2002）探討部屬對直屬主管的信任在家長式領導中對員工效能的影響。研究結果顯示，如果部屬對領導者有下對上的信任關係時，能夠影響部屬心理層面，進而透過心理的轉化、認同，影響對組織承諾的態度。換言之，對直屬主管的信任，將是影響員工心理歷程很重要之因素。

　　王錦堂（2002）在探討人際和諧、領導行為與效能中發現：仁慈領導、德性領導與人際和諧、工作滿意、個人績效、團體績效、組織承諾有顯著正相關；反之，威權領導與上述變項則有顯著負相關。

　　綜合上述實徵研究結果，可知家長式領導與領導效能之關係密切，一般而言，「德行領導」、「仁慈領導」可正向預測領導效能，而「威權領導」則與領導效能呈顯著負相關。而家長式領導行為三元模式中，又以德性領導與仁慈領導最能讓教師感到認同、提升士氣與教學效能，對於部屬組織公民行為、工作滿足及組織承諾有正向影響效果，而威權領導則反之。

# 肆、家長式領導在學校行政之實踐

　　領導理論的發展，自特質論、行為論、權變論以降，新興領導理論的趨勢，重視領導者個人的道德與品行的領導，已為中外領導行為之主流。例如，轉型領導（transforming leadership）、道德領導（moral leadership）、服務領導（servant leadership）、第五級領導等等。家長式領導，更首度強調領導者之恩威並濟、以德服人的領導取向。

　　德行、仁慈、威權三種家長式領導的特質，並非各自獨立於不同主管身上，而是有可能在同一主管身上，並存著不同面向的領導特徵，例如：集合仁慈、德行、威權特質於一身的「均衡取向領導」、偏向仁慈與德行風格的「仁德並濟領導」、採權威式管理風格的「威權取向領導」等（鄭彩鳳等，2006）。本文以家長式領導相關文獻之論述為依據，以學校領導實務應用為目的，羅列學校家長式領導的實踐與策略如下：

## 一、以德行領導型塑道德文化，建立學校社群

　　學校領導者需具備崇高無私、以身作則的道德風範，才能讓成員心悅誠服。學校的成員，並非領導者的屬下階級，而是學校理念與價值的追隨者。一個令人認同效法的領導者，係奠基於專業與道德權威，除了正直盡責的個人領導魅力之外，展現「道德領導」之風範，更能建立信任的組織文化，建立專業學習社群。當學校成為一個專業的學習社群，共享願景與價值，對於教育的理念與理想，負有共同的義務與職責時，行政、教師、學生、家長與社區，方能共存共榮。

## 二、以專業謙虛樹立領導楷模，塑造個人聲望

　　華人社會的家長式領導，與西方學者Collins所提出之「第五級領導」在堅持專業、謙沖為懷、為人正派、不假公濟私、謹言慎行之本質上，實具異曲同工之妙。在專業堅持方面，領導者需能積極任事，勇於

承擔，無論面對多大的困難，都能不屈不撓，堅持以對，即使遭逢逆境，也不推諉塞責。領導者藉由前瞻的眼光，以身作則，帶動組織成員專業成長；謙沖為懷，不自吹自擂，不強出風頭，功成而不居。在專業與謙虛的一言一行中，樹立個人聲望，成為學校成員的榜樣與楷模（蔡培村、武文瑛，2004）。

## 三、建構仁德並濟之領導取向，提升成員效能

鄭彩鳳等（2006）研究顯示，在不同的領導取向下，以仁德並濟領導最容易讓行政人員產生較高的工作滿意度。在這種領導情境下，行政人員在良性的互動中，會認真的投入工作以回饋主管。「仁德並濟的領導」與西方學者Greenleaf提倡之「服務領導」，均重視成員在生理、安全、愛與隸屬、尊重、自我實現等不同層次之滿足，循 Maslow需求層次論，拾級而上；同時，也能以忍耐、恩慈等柔性影響力，讓成員因見賢思齊而願真誠追隨，以服務別人的利他主義為優先。領導者之仁德並濟，用心付出，真誠為成員的需求與成長著想，以時間與耐心換取同仁的信任與認同，才能提升成員的組織公民行為與自我效能。

## 四、以制御權為核心的威權領導，應留意運用時機

隨著民主意識高漲，校園權力生態重組，鄭彩鳳等（2006）研究指出，威權領導已無法影響成員的自我效能、對組織之承諾及工作滿意度。「制御權」為傳統學校行政對話權力運用方式的主幹，運用不當時，可能有妨礙問題討論與認知、妨礙行政革新與組織發展、易造成非建設性的衝突與疏離感、違反對話的誠正倫理的缺點。然而，在彰權益能（empowerment）、民主參與的組織發展過程，「威權領導」亦有其維持科層運作秩序、獲得及時效率之正向功能，可避免頻繁而冗長的會議，或因始終圍繞著程序正義無法進入核心主題，或因成員參與之意願與能力不足，而產生「會而不議、議而不決、決而不行、行而不果」的弊病。在爭取時效時，以制御權為核心的「威權領導」，更應留意運用時機，避免不必要的衝突。

## 五、調和民主領導與威權領導，順應時代潮流

學校行政之運作，往往無法以「威權」或「民主」單一領導類型出現，而是一種競值（competing values）的辯證關係（Quinn, 1990；黃宗顯，1999）。換言之，威權領導與民主領導並非此即彼的二分對立，而是兼容並蓄、相輔相成：全然由下而上的民主式領導，有時會耗費時間，緩不濟急，故非學校行政運作的萬靈丹；當機立斷，理性決策之威權領導，確實有其時機與必要性，也許有些強勢作風與霸氣意味，但誠如亞都飯店總裁嚴長壽（1997）所言，權力並不是一種謀術的強調，企業管理的趨勢也不允許一成不變的「軍政領導」──階段不同，強勢的作風，只是一個過程。因此，威權領導在民主社會潮流下，宜尋求均衡。為了降低成員對威權領導的排斥現象，主管應審慎運用適宜的領導，採用理性方式與成員進行溝通，說明嚴苛要求之原因與事由，對事不對人（鄭彩鳳等，2006），以專家權威、參照權威取代宰制霸權的刻板印象，使成員樂於接受主管的指揮並心悅誠服地作事時，自然能減低威權領導的負面效果。

## 六、正用傳統教誨領導特色，開發成員潛能

謝金青（2004）指出，教誨式領導是中國人獨有的領導本質，教誨領導意指領導者以一些方法扮演類似部屬老師或模範的角色。作為一個模範，領導者任何舉止行為都是正確的，透過精神領導的形式，領導者透過高尚的道德去影響他人。教誨式領導之所以能夠成功，係因領導者使用寡占的知識、資訊和專業當作資源，然後扮演指導者的角色，並且選擇性的、零碎的將知識和資訊傳達給部屬。領導者不會將其所擁有的一切，傾囊相授給任何人，這樣才能建立並維持部屬的依賴性、強化領導者的權力。

# 伍、結語

　　源自西方發展的領導理論，在組織運作方面，的確可以提供相當多的助益及啓發，但基於文化上差異，華人社會依據儒家、法家等文化傳統與家族制度而發展出特有的家長式領導，包含德行、仁慈與威權領導三向度，實爲領導理論在地紮根之重要指標，需要更多研究者之關心與投入。

　　家長式領導在學校場域的研究，證實仁慈領導及德行領導有助於學校教師的工作滿意及教學效能的提升。威權領導行爲，在華人社會中有其淵源與背景，然而，隨著社會的現代化、民主化，削弱了中國階級權威的觀念，年輕、教育程度較高的新世代，對傳統家長式的威權領導行爲，難免會產生衝突與不適，引發種種負面的壓力反應（趙安安，2004）。校長在學校行政領導，實踐家長式領導作爲時，需因應時代潮流與內外在環境之社會脈絡，恩威並重，在德行、仁慈、威權領導三元模式中，尋求中庸式的動態平衡，重視成員不同層次需求與心理感受，與成員保持良好的互動，方能提升學校成員的工作滿意與身心健康，進一步提升學校效能。

## 問題與討論

一、家長式領導的三元模式，在學校行政運用上之優點與限制爲何？

二、家長式領導的「領導行爲」與「部屬反應」二者間，是否爲線性關係？若否，領導者應如何因應與調整？

三、家長式領導所謂恩威並濟、以德服人的中心理念，應如何掌握與拿捏？

# 參考文獻

## 中文部分

牛君白（2005）。家長式領導及其效能之再探：一項情境故事法的分
析。臺灣大學心理學研究所碩士論文，未出版。

王怡云（2005）。學校組織中的家長式領導—以一個幼稚園為例。家政
教育學報，7，55-79。

王新怡（2002）。家長式領導、信任與員工效能。國立中山大學人力資
源管理研究所碩士論文，未出版。

王錦堂（2002）。人際和諧、領導行為與效能之探討。高雄醫學大學行
為科學研究所碩士論文，未出版。

周季敏（2005）。以權變觀點探討家長式領導型態與領導效能之研究—
以臺北縣政府警察局為例。大葉大學事業經營研究所碩士在職專班
碩士論文，未出版。

周怡君（2005）。國小校長家長式領導與教師組織公民行為關係之研
究。國立臺南大學教育經營與管理研究所碩士論文，未出版。

林恭勝（2005）。家長式領導對部屬工作行為與績效之影響：組織公
正、忠誠與關係品質之中介分析。屏東科技大學企業管理系碩士班
碩士論文，未出版。

林龍和（2005）。高雄市國民小學校長家長式領導與教師服務士氣關係
之研究。國立高雄師範大學教育學系碩士論文，未出版。

凌文輇（1991）。中國人的領導與行為。載於楊中芳、高尚仁（主
編），中國人、中國心—人格與社會篇，409-448。臺北：遠流。

夏小琪（2005）。臺南縣市國小校長家長式領導與教師教學效能之關係
研究。國立臺南大學教育經營與管理研究所碩士論文，未出版。

徐木蘭（1991）。戒嚴管理的危機。天下雜誌，123，頁66。

陳善治（2003）。華人組織主管領導風格與部屬組織公民行為之關聯性
研究。元智大學企業管理學系碩士論文，未出版。

游麗芳（2004）。家長式領導型態、工作滿足與組織承諾關係之研究—

**以護理人員為例**。元智大學管理研究所碩士論文，未出版。

黃宗顯（1999）。**學校行政與對話研究：組織中的影響力行為的微觀探討**。臺北：五南。

楊國樞（1995）。**家族化歷程、泛家族主義及組織管理**。海峽兩岸組織文化暨人力資源管理研討會宣讀論文。臺北：信義文化基金會。

趙安安（2004）。**臺灣地區華人企業家長式領導風格與員工壓力之關聯性研究**。國立中央大學人力資源管理研究所碩士論文，未出版。

蔡秉峰（2003）。**領導行為與因應策略之評估─以家長式領導風格為例**。國立新竹師範學院職業繼續教育研究所碩士論文，未出版。

蔡培村、武文瑛（2004）。**領導學：理論、實務與研究**。高雄：麗文文化。

鄭伯壎（1995）。家長權威與領導行為之關係：一個臺灣民營企業主持人的個案研究。中央研究院民族學研究所集刊，*79*，119-173。

鄭伯壎（1996）。家長權威與領導行為之關係探討（二）。國科會專題研究報告。

鄭伯壎、周麗芳、樊景立（2000）。家長式領導：三元模式的建構與測量。載於楊國樞（主編），**家長式領導行為**（3-64頁）。臺北：桂冠。

鄭伯壎、樊景立（2001）。初探華人社會的社會取向：臺灣與大陸之比較研究。中華心理學刊，*43*(2)，207-221。

鄭伯壎、樊景立、周麗芳（2006）。**家長式領導：模式與證據**。臺北：華泰。

鄭彩鳳、吳慧君（2006）。主管家長式領導與行政人員自我效能、組織承諾及工作滿意度關係之研究：結構方程模式之應用。**教育與心理研究**，*29*(1)，47-75。

錢英華（2005）。**警察機關派出所主管的家長式領導行為與員警風紀的關係─探討個體理想性的干擾作用**。元智大學管理研究所碩士論文，未出版。

謝金青（2004）。跨文化的領導觀點：家長式領導的概念與回顧。**教育**

資料研究月刊，*119*，41-52。

嚴長壽（1997）。**總裁獅子心：嚴長壽的工作哲學**。臺北：平安文化。

蘇英芳、黃賀（2006）。魅力領導、家長式領導、德性領導與領導效應之研究。中山管理評論，*14*(4)，939-968。

## 西文部分

Bowers, D. G. & Seashore, S. E. (1966). Predicting organizational effectiveness with a four-factor theory of leadership. *Administrative Science Quarterly, 11*, 238-263.

Cheng, B. S., Chou, L. F., & Wu, T. Y.(2004). Paternalistic leadership and subordinate responses: Establishing a leadership model in Chinese organizations. *Asian Journal of Social Psychology*, 7, 89-117.

Farh, J. L., & Cheng, B. S. (2000). A cultural analysis of patemalistic leadership in Chinese organizations. In J. T. Li, A. S. Tsui, & E. Welson (Eds.), *Management and organizations in the Chinese context.* London: Macmillan.

Fleishman, E. A. (1953). The description of supervisory behavior. *Journal of Applied Psychology, 37*, 1-6.

Hofstede G. H. & Bond, M. H. (1988). The Confusius connection: From cultural roots to economic growth. *Organizational Dynamics, 16(4)*, 4-21.

House, R. J. & Mitchell, T. R. (1974). Path-goal theory of leadership. *Contemporary Business, 3*, 81-98.

House, R. J., Wright, N. S., & Aditya, R. N. (1997). Corss-cultural research on organizational leadership: A critical analysis and a proposed theory. In P. C. Earley & M. Erez (Eds.), *New perspectives on international industrial/ organizational psychology, 535-625.*

Liou, C., Tsai, Y. M., Chen, L. H., & Kee, Y. H.(2007). The influence of *paternalistic leadership* on athlete burnout. *Journal of sport & exercise psychology*, 29, 183-186.

Pye, L. W. (1985). *Asia power and politics*. Cambridge, MA: Harvard University Press.

Quinn, R. E. (1990). Beyond rational management. San Francisco: Jossey bass publishers.

Redding, S. G. (1990). *The spirit of Chinese capitalism*. Berlin: Walter de Gruter.

Silin, R. F. (1976). *Leadership and values*. Cambridge, MA: Harvard University Press.

Smith, P. B. & Bond, M. H. (1993). *Social psychology across cultures: Analysis and perspectives*. Needham, MA: Allyn & Bacon.

Smith, P. B. & Wang, Z. M. (1996). Chinese leadership and organizational structures. In Bond, M. H. (Ed.), *The handbook of Chinese psychology*, 322-337.

Stogdill, R. M. (1974). *Handbook of leadership: A survey of literature*. New York: Free Press.

Westwood, R. (1997). Harmony and patriarchy: The cultural basis for "paternalistic headship" among the Overseas Chinese. *Organization studies, 18(3)*, 445-480.

Westwood, R. & Chan, A. (1992). Headship and leadership. In Westwood, R. I. (Ed.), *Organizational behavior: A southeast Asian perspective*. Hong Kong: Longman.

Yukl, G. (1998). *Leadership in organizations*. Englewood Cliffs, NJ: Prentice-Hall.

第九章

# 混沌領導

# 壹、前言

　　自從領導與管理理論誕生以來，自然科學對於組織的經營與管理，便存在著一股莫名的影響力。以1911年Taylor出版的《科學管理原則》（*principles of scientific management*）為例，即是牛頓科學物理學中，機械與線性世界觀的代表，企圖以一種控制與預測的方式進行組織管理（Taylor, 1911）。在所謂的Taylor、Weber與Fayol等人的古典組織管理模式中，組織一直被視為穩定可操控的實體，以一種邏輯的、直線式的與可預測的方式在運作，只要正確予以應用，便能提升組織管理績效（Frassinelli, 2006）。不可諱言的，此種科學的管理邏輯與觀點，也間接地、深層地影響著教育上的領導與管理。

　　時至今日，組織置身在變異無常的遊戲規則、稍縱即逝的生存機遇、多元內爆的資訊科技，與疆界模糊的網絡結構環境中，常呈現出一種規律（秩序）與變動（混沌）交織的多元圖像。此時，新的科學理論發展，也在耗散結構理論（theory of dissipative structure）、混沌理論（chaos theory）、碎形理論（fractal theory）、遽變理論（catastrophe theory）、協同理論（synergetics theory）、自我創生理論（theory of autopoiesis）與複雜科學（science of complexity）等理論相繼出現後儼然成形，並取代傳統的牛頓科學典範，以一種非線性、非均衡、模糊性、混沌性、複雜性與不確定性的邏輯，激發起組織研究的熱潮（陳朝福，2003）。Osborn與Hunt（2007）發現，組織確實已向混沌邊緣在移動，並展現出自由解放的秩序。此時，Galbraith（2004）認為在教育行政管理方面，確實使用著非線性、初始條件、複雜系統與系統性思維等相關的概念，主要是強調混沌理論在教育上的應用。

　　面對此波環境的混沌現象與新科學發展趨勢，學校組織領導要如何因應？其實，學校係一種鑲嵌在社會環境的組織體，雖然受制於社會環境的轉型與變化，但也有其自我創生的發展空間。陳木金（2006）認為，學校領導的發展趨勢，已演進到混沌理論的管理學派，當今的學校

領導者，必須具備處理混沌系統的能力，並在似乎不相干的事件中，挖掘潛藏內在的關聯性與秩序結構，才足以面對挑戰、因應工作。

因此，混沌是組織過去、現在與未來一個不可逃脫的現象，而混沌的探討更是組織發展上一項重要的議題。因此，本文首先從混沌意涵與發展脈絡開始，藉以說明混沌的主要論點，其次介紹相關的混沌領導理論，以便瞭解混沌領導的研究現況，最後進行學校混沌領導實務的探討，藉此提供學校教育人員運用之參考。

## 貳、混沌的意涵

混沌（chaos）一詞是一個多義的語詞，存在於古老神話、傳統哲學、日常生活、數學與自然科學等層面。就神話與哲學而言，混沌係指宇宙未形成之前的混亂狀態，我國及古希臘哲學家即持混沌論，將宇宙之前視為一種無序、混亂、渾然一體的自然狀態，指涉著一種完全無組織、或秩序的紊亂、或無序的狀態（吳清山、林天祐，2000）。再就日常生活而言，混沌和宇宙常以一對詞語出現，前者含有模糊、混亂和無序等意涵，而後者則有秩序、規律與和諧等用意。

另從數學與自然科學層面而言，陳木金（2006）從系統動力學定義，混沌的行為模式是高度複雜、非線性，過程總是崎嶇蜿蜒、充滿變數，必須仔細檢視分析才能發現，其潛藏在無秩序中的秩序結構。根據Hayles（1990）指出，混沌有二個涵義：一是秩序的前兆與夥伴，而非對立者；另一則是隱藏的秩序，存於混沌系統中，其中的後者較常被應用到其他領域。混沌一詞作為一個新科學典範的概念，至今仍未建立起能夠普遍接受的定義，出現在文獻中的混沌一詞，常有不同的涵義（陳朝福，2003）。因此，混沌一詞雖未有一致的定義與內涵，但混沌的研究卻未曾間斷。

關於混沌的研究，最早可追溯到19世紀末的法國數學家Henri Poincare（1854-1912），在1892年發現三體運動方程解中，出現不規則運動軌跡的混沌現象，因而提出非線性、決定性系統中的微小干擾因

素，可以隨時間演化劇增，導致不可預測之巨大差異的結果的觀點，首先揭露混沌的潛在性、非線性系統本質，即使是決定性系統，皆有可能出現不確定的結果（陳朝福，2003）。直到1960年代電腦科技發展，Lorenz（1963）以非線性動力模式研究氣象，並預測天氣時發現，在一定的運算階段中，輸入初始數值時，只要有些微的誤差，便足以導致整個氣象模式產生出混沌行為，使得長期天氣預報變成不可能，此即有名的蝴蝶效應（the butterfly effect）。Lorenz的發現，說明了一個動力系統在長期演化中，是如何從有序演變到混沌的，從而揭開了混沌研究的序幕。

到了1970年代，混沌作為一個新的科學名詞，開始在文獻中出現，迅速形成世界性研究的熱潮，並吸引著數學、物理學等領域學者的注意，進而發展成為非線性科學（nonlinear science）。到了1980年代初期，混沌研究已發展成為一種新科學。混沌理論不再只是理論，同時是方法；不但是信念，並且成為研究科學的途徑。自此，混沌理論逐漸成為多種學科的研究熱點，紛紛借用此一新科學的觀點，從事各種學科的理論分析與實際應用。

迄今為止，混沌理論不僅在天文、生物、醫學、物理、生態等自然科學領域生根開花，而且也開拓了社會與人文科學領域的視野。在社會科學研究方面，將混沌理論的非均衡分析，應用在經濟學、都市發展、政治革命的研究，最早應是1980年以後的事；而有關組織理論的非均衡分析，大致上亦是1980年以後的事。自1980年代初期以來，一些科學家已相信混沌現象是各種複雜現象的基礎，並瞭解到混沌觀念與耗散結構、自我組織等觀念並行，成為探索複雜性的重要範疇，許多複雜系統都可以用這些觀念來解析，因而對1980年代中期開始蓬勃發展的複雜性研究或複雜科學，產生了深遠的影響（陳朝福，2003）。

混沌作為新科學典範的概念，至今仍在發展建構中，與其相關的理論為數不少，然而，將之應用在教育行政管理與領導者，則是1990年代之後的事，例如：Sungaila（1990）、Griffiths、Hart與Blair（1991）、Gunter（1995）、Reilly（1999）、Sullivan（1999）與Galbraith

（2004）等人。因此本文將以Griffiths、Hart與Blair（1991）的混沌理論主張爲架構，並參酌陳木金（2006）、陳朝福（2003）等人的研究與說明，提出混沌理論的七個主要論點。

## 一、蝴蝶效應（the butterfly effect）

蝴蝶效應是混沌理論最廣爲人知的主要概念，其假設：巴西的一隻蝴蝶鼓動著翅膀，將可能引起加州的龍捲風（Griffiths, Hart and Blair, 1991）。此強調初始條件的敏感性，任何微小的事件，可帶來質變或革命性變遷，這種非線性系統的敏感性依賴，具有「差之毫釐，失之千里」及「一發而不可收拾」的特性（陳朝福，2003）。

## 二、混亂起源（onsets of turbulence）

混亂起源是混沌理論的第二個中心概念，此強調「秩序」崩解成混亂、無序與失控的狀態（Griffiths, Hart and Blair, 1991）。此種混沌狀態的無序，其特徵則是「宏觀無序，但微觀有序」，唯微觀上的有序具有內在隨機性，係混沌理論所指稱的非均衡混沌或決定性混沌，是一種有序和無序關聯的混合體（陳朝福，2003）。

## 三、耗散結構（dissipative structures）

耗散結構展現出一種非線性的型態，當能趨疲（entropy）到達一定的臨界點時，耗散結構於是產生一定的波動。陳朝福（2003）認爲任何一個開放系統在其生存與發展中，仍然依循著熱力學第二定律，其內部的能趨疲產生是不斷增加的，其生存與發展的自然傾向，是循著時間箭頭，走向最後的均衡狀態（死亡），但是系統可以開放地，從環境中不斷地獲取物質與能量，以輸入負能趨疲，以抵消系統內部自發過程中，所必然出現的能趨疲增加（正能趨疲），從而使系統得以保持在一個穩定的低能趨疲狀態，系統也才有可能自發地組織起來，實現從混沌無序狀態向新的有序狀態轉化。

## 四、隨機震盪（random shocks）

Griffiths、Hart與Blair（1991）指出任何混沌系統皆會遭受到隨機震盪，當系統是穩定狀態時，震盪的影響也小，但如果系統是非線性狀態，則震盪可能是連鎖反應，甚至無法回復至初始的原貌。陳朝福（2003）從不可逆轉性看待隨機震盪，其認為任何偏離均衡狀態的微小起伏，都會隨時間的推移而不斷放大，並促使系統隨機地，在各種可能的狀態之間進行來回震盪，進而驅使系統到達失衡的分歧點，而在分歧點上，系統會放棄其先前的演化途徑，並躍進一條事先無法預知的不同新演化途徑，且逐漸在此新演化途徑上穩定下來，直至下個新的變遷週期開始。

## 五、奇異吸子（strange attractors）

Griffiths、Hart與Blair（1991）指出，奇異吸子是某些元素或力量浮現出來，成為一個中心的元素，讓其他組成元素，環繞著它來運轉與循環。所謂的「吸子」，是一個能對系統產生吸引力的某一特定的點或區域，依混沌理論，吸子可概分為穩定吸子、不穩定吸子和奇異吸子三種類型。其中的奇異吸子，同時存在著穩定和不穩定的行為，當控制參數的數值達到某個臨界點時，系統將處於穩定和不穩定的交界區域，系統透過正、負回饋的交織過程，使系統行為有無限多種選擇，並呈現不規則的、不可預測的特性，又稱為蝴蝶吸子或混沌吸子，同時具有吸引和排斥雙重作用（陳朝福，2003）。

## 六、迴路遞移（recursive symmetries）

Griffiths、Hart與Blair（1991）指出在單純的模式中，當我們要追蹤個體的數量隨時間變化的時候，只需要找到事情的起點，然後不斷地運用函數關係去獲取數據得到結果。在混沌現象裡，不管測量量尺如何改變，其複雜形式在不同量尺標準間的迴路遞移路線仍是對稱的，而且，從各種角度來看，不同量尺標準間仍是互相連接的。陳木金（2006）認

為這是生態學家在估計吉普賽蛾的族群數量時，將上年度數量與次年度數量間的關係規則，做為一種函數關係。若想知道第三年的的數量，只需運用第二年結果的函數即可。

## 七、回饋機制（feedback mechanisms）

在混沌系統的回饋機制，係指輸出又回饋返回到系統中，如同輸入一樣。若以因果關係而言，回饋就是將結果重新作為原因，並影響進一步的結果，每一影響既是因也是果（陳木金，2006）。在非線性系統中，往往同時存在著正回饋和負回饋，兩者交織在一起，相輔相成，系統係在負回饋的穩定基礎上，向既有的目標演化發展，並能透過正回饋的創造性破壞，突破既有的存在框架，重獲新的穩定秩序（陳朝福，2003）。簡言之，回饋就是根據過去運作的情況，調整未來的行為，而回饋可以說明行動歷程中，如何互相推波助瀾或互相抵消，前者稱為正回饋，後者稱為負回饋。

# 參、混沌領導理論

面對快速變遷、混沌未明的組織環境，慣有的領導作為、組織原理與合作方式似乎無法有效因應，而混沌領導或許可以提供另一項選擇，讓組織在充滿複雜不確定的環境因素下，仍能游刃有餘、運作自如。然而，何謂混沌領導（chaos leadership）？又有哪些相關的混沌領導理論？

其實，混沌領導是強調混沌理論相關科學，在一般組織領導與管理領域的應用。Richman（2006）認為，混沌領導是協助領導者與組織成員，能個別地、集體地進行心智與行動的整合，使其能彈性地適應變遷、敏銳地處理壓力、立即地回應環境的不可測、引領出集體的智慧與熱情，以及溝通出群體的信任與創造力。Montgomery與Richman（2007）指出，混沌領導是一種新的策略性思考與行動取向，能促使成員有效的行動，其特徵是不確定與變動的目標、快速地團隊組合與分層

決定、協調不同文化差異的組織與團隊、驚奇與混沌是其基本元素、高層次的虛擬溝通策略等。Farrington（2007）則認為，混沌領導是一種能量（energy），雖沒有任何形式與方向，但同時兼顧著組織內外願景，領導者面對模糊與混沌，仍能泰然處之，在乘風破浪中堅持信念，鼓勵並協助組織成員相信他們自己，終將在混沌中生存下來。簡言之，混沌領導強調的是在快速成長與複雜環境下，面對混沌不明、模糊不清時，領導者整合組織成員心智與行動，以一種革新的策略思維與能量，帶領組織跨過危機、營造契機與展現生機的歷程。

至於教育方面的混沌領導研究，應始於1990年代，Sungaila（1990）首先以較嚴謹的方式，將混沌理論的觀念引進教育領導與管理，其認為蝴蝶效應在非均衡系統中，引起的騷動是很可觀的，而領導者的功能，即是帶領組織產生質變，任何單獨個別的創造性輸入，皆可能產生巨大的效能產出。其次，是Gunter（1995）的侏羅紀管理（Jurassic management），其認為混沌理論允許教育領導者，在組織均衡穩定與拆散解構之外，仍擁有第三項的選擇——即是邊緣性的不穩定（bounded instability）。此意味著，教育領導者必須能在穩定與解組的模糊交界地帶，或混沌邊緣上進行管理，促進組織的持續創新，建立張力平衡的組織氣氛。

再則，Reilly（1999）提出教育發展的非線性系統，其直言指出，即使注入大量的教育經費，教育計畫結果仍是令人失望的，直線性的系統認為產出與輸入的比率是可期待的，但非線性系統則強調即使大量的教育工作投入，亦無法假定相當比率的結果產出。因此，非線性模式的存在是一項常態，拆解事實背後的真相才是重要的。另外，Sullivan（1999）認為1990年代之後，學校系統必須接受非均衡性，與不可預測性的系統動力論，混沌科學告訴我們，在教育系統的失序狀態是正常的現象，意謂著朝向另一個新秩序的發展。

Galbraith（2004）則針對教育行政期刊中，有關混沌領導文獻進行探討，結果發現其中的討論議題，主要包含非線性系統的數學結構與行為、蝴蝶效應對教育領導的應用與涵義、混沌模式提供教育系統轉型的

契機，以及混沌吸子對組織特殊現況的決定性因素等問題。由此顯示，混沌理論在學校組織領導的研究與應用，已是時勢所趨。因此，本文將進一步介紹相關的混沌領導理論，有些理論或模式雖未明言其為混沌領導，但皆含有混沌的意涵與精神，亦頗具參考價值，值得引用介紹。

## 一、Leifer的耗散結構系統模式（dissipative system model）

Leifer（1989）主要從遠離均衡系統、混沌失序與耗散結構等理論為基礎，強調組織自我復原的能力，提出一種耗散結構模式，其包含四個組件：(一)掌握特異點（singularity）、分歧點（bifurcation point）或觸發事件（trigger event）出現的時機。因為在即興式、少約束性的情況下，人員容易被說服且抗拒較少；(二)利用激進策略進行轉型。理性等情況下，重新建立組織的目標與願景；(三)非效率的行動與實驗。給予參與者獲取資源、使用資源最大的權限，可能會產生一些無效率的行動與作為，但耗散結構的組織，是允許任何新式的實驗、或許缺少經驗，其精力、資源與技巧卻不虞匱乏；(四)重新整合（resynthesis）。組織轉型的曙光一旦出現，決定性的過程即是立即進行更高層次與水準的接管，引領組織重新整合、再度出發，以便進入更宏觀的秩序（如圖9-1）。

**圖9-1** 耗散結構組織負熵趨疲的路徑圖（修改自Leifer, 1989: 912）

此模式以一種綜合性的革新觀點，強調組織要的是改變而不是穩定、要的是轉型而不是均衡、要的是環境的能趨疲而不是環境的過量消耗慷慨施捨、要的是環境的混沌而不是環境的安逸。因此，即使在面臨

危機與功能失調的情況，亦應持續開放面對環境的變動起伏，俾能使一個新秩序組織的出現，以確保組織長期的成功，此種邏輯才是組織調適行動的本質。

## 二、Fairholm的領導新科學（a new sciences for leadership）

　　Fairholm（2004）認為，組織本身是具有自我組織與創生的功能，在未來新科學的領導方式上，領導者應有的領導原則與技巧有四個方面，(一)自我創生原則（autopoiesis）──資訊、互動與信任，強調組織自我組織的能力，可應用的技巧：允許資訊自由流通、設計回饋機制、維持關係與加強信任。(二)矛盾原則（paradox）──自信於不確定與模糊之間，將不確定與模糊視為組織生命的一部分，領導的技巧：居高臨下（getting on the balcony）、創造性的毀滅、每個人都要改變。(三)範疇與吸子原則（fields and attractors）──願景與價值的目的，將組織與人員皆凝聚內在的價值與願景裡面，領導的技巧：強調價值、傾聽與注意價值、願景設定、以及教學與輔導。(四)碎形原則（fractals）──簡單形式的力量，簡單的原則可能藉由隨機與自動，創造出複雜的結構，領導的技巧：焦點在微小而簡單的事物上、鼓勵自發性結構、質性議題最為重要、發展僕人管理與授權管理、以及隨時與他人諮商等。

　　此項新科學的領導方式，強調領導者的領導行為是必須遍布整個組織，引領組織自我創生，將組織本身最根本的生物功能發揮出來，甚至產生獨立行動並達成目的。然而，上述的領導原則與技巧，係一種討論的架構與語言，仍須透過討論與溝通，才可進一步瞭解領導技巧的權力與關係，進而整合到實務加以應用。茲將Fairholm的新科學領導原則與技巧，彙整並呈現於表9-1。

表9-1　Fairholm的新科學領導原則與技巧（Fairholm, 2004: 372）

| 領導原則 | 領導技巧 |
|---|---|
| (一)自我創生原則：資訊、互動與信任議題。在適當的狀況下，組織會有自我組織的能力。 | ■允許資訊自由流通<br>■設計回饋圈<br>■維持關係<br>■漸進地加強信任 |
| (二)矛盾原則：自信於不定與模糊之間。不確定與模糊是組織生命的一部分。 | ■居高臨下<br>■引領創造性的破壞<br>■人員的「變」才會引發全部的「變」 |
| (三)範疇與吸子原則：願景、價值的地方與目的。組織與組織內人員皆凝聚於內在組織結構之內。 | ■強調價值<br>■傾聽並注意價值<br>■願景設定<br>■教學與輔導 |
| (四)碎形原則：簡單形式的力量。新科學顯示簡單的原則與形式藉由隨機與自發性，可能創造出複雜的結構。 | ■焦點在細微與簡單的事物上<br>■鼓勵自發性結構<br>■認識到質性議題的重要性<br>■發展僕人管理與授權<br>■隨時與他人諮商 |

## 三、陳木金的MASTER混沌領導模式

陳木金（2006）的混沌領導模式，係基於多年研究混沌系統動力學的心得，共構思出MASTER、CREATE與ACTION等三種混沌領導模式，其中MASTER模式主要以領導人才之專業培育為設計、CREATE模式主要以領導人才之臨床實習制度為重點，而ACTION主要以領導人才之師傅教導制度為考量，以下僅以MASTER混沌領導模式做介紹，另二個模式亦頗具參考價值，可自行參考運用。

MASTER混沌領導模式，主要透過六種訓練方式，培育出校長勇於創新、敏銳察覺、共同演化、亂中求序、師法自然與活在當下等六項能力。

## （一）以MASTER培育勇於創新能力

其所謂的「MASTER」法，即是以正確心智（mind）、吸收資訊（acquiring）、找出意義（searching）、啓動記憶（triggering）、展示所知（exhibiting）與反省學習過程（reflecting）等六個步驟來吸收專業新知，使校長能發揮潛力、把握目標，此將有助於培育校長勇於創新能力。

## （二）以分析方式（analysis）培育敏銳察覺能力

分析即是強調「快速學習」與「清晰思考」的能力，強調校長如何管理自己的學習、掌握大量資訊，同時知道利用資訊，以研發出具創意的產品，並提供創意的問題解決，而此等將有助於培育校長敏銳覺察的能力。

## （三）以知識管理（knowledge management）培育共同演化能力

知識管理主要強調校長在技術知識、程序知識與人員知識等三種向度的管理，以此形成核心的主軸思考，此將有助於培育校長共同演化的能力。

## （四）以整套的教學方案（teaching projects）培育亂中求序的能力

教學策略強調校長應發展善用說故事策略（story project）、實際操作策略（hand project）、遊戲中學習策略（play project）與遊走體驗策略（excursion project）等四個向度設計的能力，此將有助於培育校長亂中求序的能力。

## （五）以系統性知識（system knowledge）培育師法自然的能力

系統性知識著重發展校長的經驗、理解、內化、統整、建構、系統化與功能化等能力，藉以形成順暢的認知與推理，此將有助於培育校長師法自然的能力。

## （六）在MASTER功能（function）下培育活在當下的能力

發揮MASTER的功能，主要是發展校長的自我檢核、監督管控與系統敏銳等三種能力，藉以讓核心功能精熟化，此將有助於培育校長活在當下的能力。

# 📖 肆、學校混沌領導的實踐

混沌領導將學校視為一種非均衡性，與不可預測性的動力系統，教育上的失序是一種常態現象，意味著另一個新秩序的即將發展。而學校領導者，站在穩定與解組的模糊交界地帶上管理，要能見微知著、綜觀全局，才足以促進組織創新，建立組織張力。因此，本文將以Briggs與Peat（1999）在《亂中求序：混沌理論的永恆智慧》（*Seven life lessons of chaos: Timeless wisdom from the science of change*）一書中，活潑有趣混沌現象的解析為架構，說明學校領導者，如何在七個混沌現象的研究向度，發掘生命中豐富的細微差異，並且跳出刻板模式的限制，展現更寬廣的混沌哲學思維。

## 一、以敏銳察覺力面對蝴蝶效應的不可預測性

蝴蝶效應係強調對初始狀況的極度敏感性，此觀點認為學校可能對組織的長期演化，無法作出預測，但並不排除對局部性、短期性演化可能的掌握。因此，陳木金（2006）指出，注意初始條件的覺察，領導者應保持對學校心理、物理環境的敏銳度，注意存在個體或組織生活空間中的各種因素，進而洞察其可能的發展。

因此，學校領導者必須能敏銳察覺到看似不起眼的改變，例如：學區外科學園區的開發，是否會導致學區人口的迅速流失，因而引起學生就學人口的遷移？或者學校預定地被選舉給變更計畫？或者領導者平時口無遮攔、大放厥詞？多次枯燥乏味的行政會議？上述看是雖小，或暫時無關緊要，但假以時日，卻皆能擴展成難以計量的鴻溝，導致事先無

法預測的戲劇性結果，即所謂的「螻蟻之穴，潰堤千里」。誠如Briggs
與Peat（1999）所指出的，即使不起眼的改變，透過開放系統的正回饋
作用，將會放大成為巨大的力量，因此面對蝴蝶效應，應該採取敏銳察
覺的因應策略。

## 二、以勇於創新面對混亂的起源

混亂的起源其特徵常是「宏觀無序，但微觀有序」，但微觀上的有
序，卻又具有內在隨機性，因此，混亂常與複雜交織在一起。一般學校
的行政人員早已習慣於穩定安逸的狀況，一旦出現學生集體感染腸病
毒、親師衝突事件或鐵捲門意外時，即刻讓有序的狀態，被拆解成混
亂、無序與失序。

面對混亂的起源，陳木金（1999）指出要注意檢查溝通系統。而
Briggs與Peat（1999）指出，應該採取勇於創新的策略，其指出從事創
意工作的人，總是設法進入混沌狀態，才能讓手中作品活出自己的生
命。因此，學校領導者應隨時豐富自己，面對混亂時的創新能力。

## 三、從共同演化觀點面對耗散結構的能趨疲現象

耗散結構是一種物質遠離均衡的有序狀態，在客觀世界中，它是一
種普遍存在的現象，舉凡生物、城市、社會、學校組織等系統，亦都是
一種耗散結構。學校組織需要不斷地，耗散環境提供的物質和能量，以
及內部的非線性回饋機制，再加上起伏的觸發和推動，才能形成和維持
的宏觀有序結構。

Fairholm（2004）指出，為了維持組織自我創生系統，系統必須
開放與環境進行資訊與關係的交換與流通。Leifer（1989）更指出當組
織面臨危機與功能失調情況時，應持續開放，讓組織成員在最大的權
限下，獲取資源、使用資源，因此耗散結構允許任何嘗試的。因而，
Briggs與Peat（1999）指出，競爭不該是生物進化的關鍵，整個生物系
統，應以互助合作的方式共同進化。因此，學校領導者面對耗散結構，
應採取與環境共同演化，才能使學校組織維持、生存與發展。

## 四、在亂中求序面對隨機震撼的連鎖反應

隨機震盪是指混沌現象隨機地在各種可能的狀態之間，進行來回震盪，當系統是穩定狀態時，震盪的影響也小，但如果系統是非線性狀態，則震盪可能是連鎖反應，甚至無法回復至初始的原貌，強調其不可逆轉的特性。此一現象猶如火山的爆發與乾旱的形成，或許無法掌握其何時會出現震盪，但震盪所產生的餘波應該要進行預測與掌控，不應任其隨機發展並擴大危害。

至於學校相關事務方面，混亂的起源常無所不在，有時甚至會引發令人震盪的事件，例如，食物中毒事件、校外教學意外或性侵害事件等，皆頗具震撼力，實在不宜任其隨機震盪與擴大影響，此時宜積極介入處理，讓原本可能引發的社會震盪，導入學校機制來處理，如此的震盪範圍會縮小、且落在學校的掌握之中。因此，在隨機震盪的現象中，Briggs與Peat（1999）認為面對隨機震撼時，應該採取亂中求序的因應策略，在短暫的混亂中，打破原有的秩序，反而能讓規律持續發揮作用。因此，學校領導者應該隨時豐富自己的亂中求序能力，才能控制隨機震盪的現象，讓學校偶發事件不至於擴大影響。

## 五、以師法自然的態度引導奇異吸子的雙重性

奇異吸子的主要特性，是同時擁有穩定和不穩定的行為，處於系統穩定和不穩定的交界地，同時具有吸引和排斥雙重作用。奇異吸子猶如鐘擺的擺動，最後所停留的最低點，這是不可逃脫的趨勢，亦是捕捉系統運動軌跡的「陷阱」，呈現出組織系統長期的行為特性，它具有「容易進入，卻難以退出」的特點（陳朝福，2006）。

學校系統的組織文化與組織氣氛，是組織成員長期營造的氛圍，而其中非正式組織的領袖人物，常在扮演著組織影響力，對組織而言，非正式組織的領袖人物同時存在著穩定與不穩定行為，展現出奇異吸子特有的雙重性——吸引與排斥。因此，學校組織系統的奇異吸子現象，領導者應因勢利導、順勢而為。Briggs與Peat（1999）認為，面對奇異吸

子，應該採取依勢而為的師法自然策略，並在自己與宇宙之間，探索豐富與連續的意義。

## 六、以活在當下的視野看待迴路遞移的循環性

迴路遞移係指在混沌現象裡，不管測量量尺，如何改變其複雜形式，在不同量尺標準間的迴路遞移路線，仍是對稱的，此現象猶如四季氣溫的改變型態，例如，臺北市每年7月20日的氣溫，為每年最高溫，至少要36.5℃，但實際上每年正確的當日氣溫是不一樣的，可是每年氣溫系統會往當日氣溫36.5℃方向進行遞移，但卻又不是反應正確的當日氣溫，此現象即是一種循環式的遞移現象。

學校組織經營脈絡與社會發展趨勢，從時間發展的軌跡觀之，每個學校領導者，皆有其生存經營之道，此經營之道或許因人而異、因時因地而有別，但都不宜脫離學校原有的人文法則與傳統，所謂「萬變不離其宗」，學校的地理因素、人文環境與風俗民情，皆有其發展之道與生存法則，善用箇中的道理，猶如Briggs與Peat（1999）所指出的，採取活在當下的方式，學習著與大自然建立聯繫，並全心全意投入正在發生的事件之中，才是對迴路遞移現象應有的策略。

## 七、以天人合一的角度看待回饋機制的正負作用

在混沌系統的回饋機制，係指根據過去運作的情況，調整未來的行為，而回饋機制主要說明行動歷程中，正回饋或負回饋如何對系統，產生推波助瀾或互相抵消的效果，前者讓系統趨向改變，而後者則讓系統保持穩定。

其實，學校領導者本身也是系統的一部分，置身於系統之中，想要採取對系統有利的策略行動，宜瞭解整個系統，終究也會回饋過來，迫使自己也跟著適應系統的變遷。因此，學校領導者所面臨的問題，表面上是短期局部性的，但仍須要系統性或全觀性的考量，方能捕捉系統運作的全貌，也才能看清複雜事件背後的運作結構和邏輯，進而因時、因地制宜，採行適當的策略作為。

陳木金（1999）指出，我們應該試著解除目前的平衡狀態，準備冒險，並以「回饋機制」的啓示，注意評鑑每一個要件的正確性。Briggs與Peat（1999）認爲，採取天人合一的因應策略，才能面對回饋機制的整體觀點。

## 伍、結語

學校係鑲嵌在社會環境裡運作的組織體，一方面被動受到社會既有規範、制度的影響與箝制，另一方面爲了生存與發展，又必須主動適應以維持動態的生態平衡。身爲一位學校組織領導者，係站在組織內外交會介面上，扮演跨越疆界的角色，聯繫與調和內外需求與運作，一方面要警覺環境變遷與適應，另一方面則要透視統合組織內部行爲。混沌理論是科學上新的典範，主要強調現存環境的非線性、複雜性與自我創生的動力系統，而混沌領導也順勢而起，希望在蝴蝶效應、複雜混亂、耗散結構、隨機震撼、奇異吸子、迴路遞移與回饋機制等混沌現象中，以一種創新的思維與自我的能量，領導組織成員心智與行動，帶領組織跨過危機、營造契機與展現生機的歷程。

因此，一個有效的學校領導者，必須自信於不確定與模糊之間，應將混沌現象，視爲組織生命的一部分，並持續開放面對環境的變動與起伏，促使一個新秩序組織型態的出現，以確保組織長期的成功。因爲此種生命的邏輯思維，才是組織生存、調適、轉型與革新的本質。

### 問題與討論

一、學校組織環境有哪些現象可以證明混沌的存在？需要哪些因應的策略？

二、混沌領導的優劣勢在哪裡？是否可與其他領導理論相輔相成？

三、當學校企圖想要轉型與革新時，何時才是混沌領導最佳的介入時機？

四、看似無序、卻是有序的混沌現象，與似有又無的混沌領導策略，
　　學校領導者如何從中領悟與應用？
五、混沌領導是否可融入哪些重要的議題來繼續發展？

# 參考文獻

## 中文部分

吳清山、林天祐（2000）。混沌理論。**教育資料與研究**，*34*，69-75。

陳木金（2006）。混沌領導與學校革新。載於慈濟大學（主編），**學校
　　創新與課程發展學術研討會**（頁1-14）。花蓮：慈濟大學。

陳朝福（2003）。**組織轉型研究—新科學典範的創造性演化觀點**。國立
　　臺灣大學商學研究所未出版之博士論文。

## 西文部分

Briggs, G. D. & Peat, W. J. (1999). *Seven life lessons of chaos: Timeless
　　wisdom from the science of change.* New York: Harper Collins.

Fairholm, M. R. (2004). A new science outline for leadership
　　development. *Leadership & Organization Development Journal, 25*
　　(3), 369-383.

Farrington, E. L. (2007). The dance of leadership: Claiming your style.
　　*Women in higher education, 16* (7), 7-8. Retrieved August 6, 2007,
　　from http://www.wihe.com/$spindb.query.listallart.wihe.1188

Frassinelli, L. (2006). The application of theoretical physical science
　　principles in the study of leadership. *Application of Theoretical
　　Physical Science, 801*(April 25), 1-14.

Galbraith, P. (2004). Organisational leadership and chaos theory: Let's be
　　careful. *Journal of Educational Administration, 42*(1), 9-28.

Griffiths, D. E., Hart, A.W. & Blair, B. G.(1991). Still another approach to

administration: Chaos theory. *Educational Administration Quarterly,*
*27*(3), 430-451.

Gunter, H. (1995). Jurassic management: Chaos and management
development in educational institutions. *Journal of Educational*
*Administration, 33*(4), 5-30.

Hayles, N. K. (1990). *Chaos bound: Orderly disorder in contemporary*
*literature and science.* NY: Cornell University Press.

Leifer, R. (1989). Understanding organizational transformation using a
dissipative structure model. *Human Relations, 42*, 899-916.

Lorenz, E. N. (1963). Deterministic nonperiodic flow. *Journal of the*
*Atmospheric Sciences, 20*, 130-141.

Montgomery, D. & Richman, H. (2007). *Chaos leadership.*
Retrieved August 6, 2007, from http://www.blue-opal.com/
CurrentConversations.html

Osborn, R. N. & Hunt, J. G. (2007). Leadership and the choice of order:
Complexity and hierarchical perspectives near the edge of chaos.
*Leadership Quarterly, 18*(4), 319-340.

Reilly, D. H. (1999). Non-linear systems and educational development in
Europe. *Journal of Educational Administration, 37*(5), 424-440.

Richman, H. (2006). Lessons in "chaos leadership" for project managers.
Retrieved August 16, 2007, from http://www.itans.ns.ca/default.asp?i
d=190&pagesize=1&sfield=content.id&search=413&mn=1.6

Sullivan, T. J. (1999). Leading people in a chaotic world. *Journal of*
*Educational Administration, 37*(5), 408-423.

Sungaila, H. (1990). The new science of chaos: Making a new science of
leadership. *Journal of Educational Administration, 28*(2), 4-23.

Taylor, F. W. (1911). The principles of scientific management. New York:
Harper & Brothers.

第十章

# 第五級領導

# 📖 壹、前言

　　《易經》謙卦云：「恭敬合禮，屈己下人，退讓而不自滿，謙虛退讓，輕己尊人，比和卦，事吉。」此意謂謙謙君子，彬彬有禮，謙遜待人，無往不利；《三字經》提到：謙受益，滿招損（王春生編著，1994），這告訴大家，謙虛者，深受歡迎，過於驕縱者，則難免碰壁；而清朝兩廣總督曾國藩的書房取名「求缺齋」，在給家人的書信中，也不斷告誡子弟「餘德不修，無實學而有虛名」、「勞字、謙字常常記得否？」（岳麓書社，1994）細細品味個中意涵，無不謙沖自牧、虛懷若谷之謂而已矣！

　　大前研一在其《專業：你的唯一生存之道》中表示：能控制感情，以理性行動；能擁有比以往更高超的專業知識、技能和道德觀念；能秉持顧客第一的信念；能有好奇心和向上心永不匱乏，加上嚴格的紀律，這樣的人才即可稱為專業。而未來世界的重點不是程度也不是規模，而是「方向」；需要的是受過嚴格訓練，擁有克服眼前困難的創意和勇氣、能夠在無路可走之處嗅出一絲可能性的專業人才（呂美女譯，2006）。亦即強調專業發展、專業社群、專業對話、專業成長，乃至專業堅持。

　　而不管謙虛也好，專業也好，都涵括在Jim Collins的第五級領導（Level 5 Leadership）理念中（Collins, 2001a），因為他相信長青的基業在固守核心價值的同時，又能設定明確動人、振奮人心的大膽目標，以力求進步。但從優秀到卓越，則除了固守核心價值外，更需加上謙虛為懷和專業堅持以求永續卓越（Collins, 2001b）。

　　本文內容整理自Collins（2001b）出版的 *Good to Great: Why some companies make the leap and others don't*（《從A到A⁺──向上提升或向下沉淪？企業從優秀到卓越的奧秘》）、Collins（2001a）刊登在哈佛商業評論（Harvard Business Review）的第五級領導：謙虛與強烈意志的勝利（Level 5 Leadership: The Triumph of Humility and Fierce

Resolve），以及其官方網站（Collins, 2008）有關第五級領導理念與做法，以提供讀者在從事領導理論研究與實務操作時，能有所參考或依循的方向。

## 貳、第五級領導的倡導者與定義

第五級領導的提倡者是Jim Collins。Collins曾任教於美國史丹佛大學企管所，1995年離職，自行創辦管理研究實驗室；1994年與同事J. I. Porras出版《基業長青：願景企業的成功習慣》（*Built to Last: Successful Habits of Visionary Companies*），特別指出固守核心價值是確保卓越企業百年不衰的根基。2001年Collins又出版《從優秀到卓越：為什麼有些企業向下沉淪，有些企業向上提升》，在該書中特別提出第五級領導的內涵，它是領導能力五個等級中最高的一級（Collins, 2001b）。

依Collins的理念，第五級領導是組織從優秀轉型為卓越的必要因素，但並非是唯一的因素，要達到第五級領導，另外還要有其他的要素（drivers）跟它緊密結合，這些要素包括：找對的人、史托克戴爾弔詭（Stockdale Paradox）、刺蝟概念、強調紀律的文化、以科技為加速器和飛輪效應等（Collins, 2001a）。

而領導能力有五個等級，如圖10-1，茲說明如下（Collins, 2001a）：

第一級（level 1）是有高度才能的個人（highly capable individual）：能運用個人天賦、知識、技能和良好工作習慣，產生有建設性的貢獻。

第二級（level 2）是有貢獻的團隊成員（contributing team member）：能夠貢獻個人能力，達成組織目標，並且有效地與他人合作工作。

第三級（level 3）是勝任愉快的經理人（competent manager）：能組織人力和資源，有效率地和有效能地達成預定的目標。

第四級（level 4）是有效的領導者（effective leader）：激勵部屬熱情追求明確、動人的願景和更高的績效標準。

第五級（level 5）是第五級領導人（level 5 executive）：結合謙虛個性和專業意志，建立持久績效。

第五級　領導人
結合謙虛個性和專業意志，建立持久績效

第四級　有效的領導者
激勵部屬熱情追求明確、動人的願景和更高的績效標準

第三級　勝任愉快的經理人
能組織人力和資源，有效率地和有效能地達成預定的目標

第二級　有貢獻的團隊成員
能夠貢獻個人能力，達成組織目標，並且有效地與他人合作工作

第一級　高度才能的個人
能運用個人天賦、知識、技能和良好工作習慣，產生有建設性的貢獻

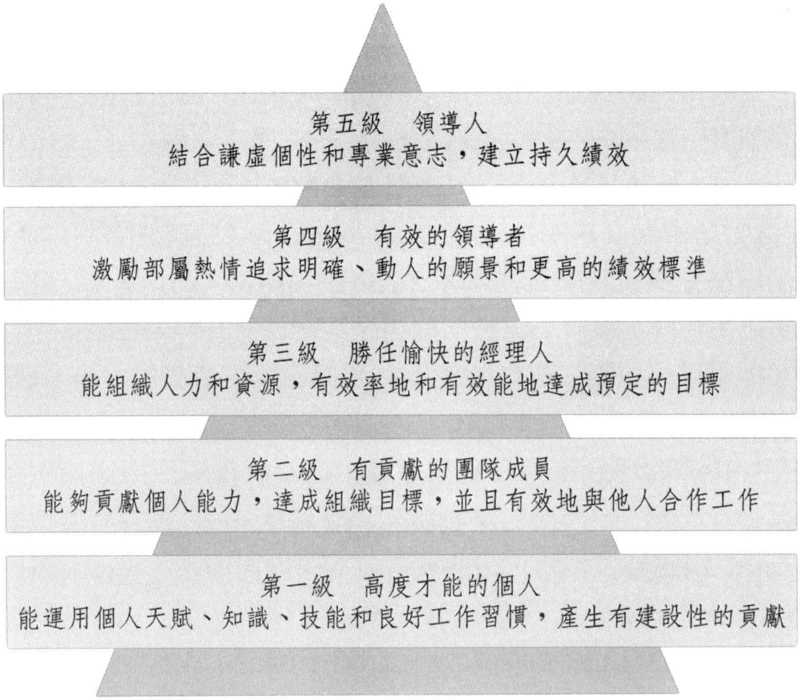

圖10-1　第五級領導的分級與內涵（研究者整理）

由上面的說明與圖示，我們可以瞭解第五級領導的特色應如下：1.是能力階層的最上層；2.其下仍有四個層級；3.每一層級都有其相稱的能力，但沒有一個能代表全部；4.要達到第五級領導我們不必逐級依序前進；5.要成為成熟的第五級領導者，我們需要其他較低層級的能力再加上第五級領導者謙虛為懷、專業堅持與永續卓越的特性（Collins,2001a）。

依Collins（2001b）表示：第五級領導是一種反直覺的

（counterintuitive）和反文化的（countercultural），亦即一般人都認爲讓組織由優秀到卓越的轉型需要具有魅力和不可一世的領導者，而Collins認爲重點應該在謙虛爲懷、專業堅持與永續卓越的特性（齊若蘭譯，2002）。

　　所以一個成熟的第五級領導人，應該具備五個等級的領導能力，但這五個等級的領導能力並不是循序漸進地從第一級爬到第五級；換言之，萬一領導者認爲某一級能力有所不足時，是隨時可以補足的。基本上，組織在需要變革或遭遇危機，需要轉型時，就相當需要第五級領導人，他可以發揮其領導能力，帶領同仁度過難關或轉型成功，因爲在這個關鍵的時刻，需要一位具有謙虛爲懷、強烈企圖心和意志力，以及專業能力之領導者，才能突破困境，化危機爲轉機（齊若蘭譯，2002）。

　　所以依據上述說明，筆者引吳清山和林天佑（2002）的見解，定義第五級領導爲：領導者結合謙虛的個性（personal humility）和專業的堅持（professional will），將個人自我需求轉移到組織卓越績效的遠大目標，以求組織卓越發展、永久不墜。

## 📖 參、第五級領導的理論內涵

　　Collins（2001b）認爲成功有效的企業經營之道是先爬、再走、然後跑步；相同地，綜觀他的優秀到卓越、第五級領導與官方網站，整個第五級領導可以用圖10-2來說明。

　　依Collins（2001b）的意思，一個組織的運作基本上建構在有紀律的員工、有紀律的思考和有紀律的行動；而第五級領導主要在先找對人再決定做什麼，接著需面對史托克戴爾弔詭（Stockdale Paradox）式的殘酷現實，秉持刺蝟原則，強調紀律文化，飛輪效應，以科技爲加速器，以追求優秀到卓越，這期間面對殘酷現實之前的作法重在厚植實力，刺蝟原則之後則是在追求突飛猛進，而其推動策略則在激勵、團結、累積動能、堅守原則、看到績效，以求1 + 1 = 4、調和一致、持續運轉而持久不墜。以下分別說明之：

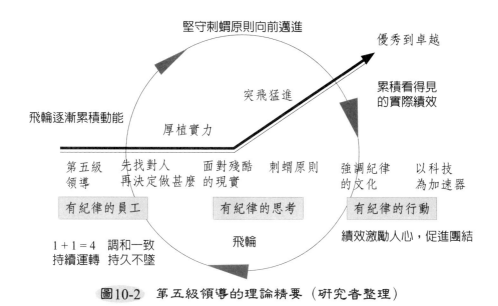

堅守刺蝟原則向前邁進

優秀到卓越

累積看得見
的實際績效

突飛猛進

飛輪逐漸累積動能

厚植實力

| 第五級<br>領導 | 先找對人<br>再決定做甚麼 | 面對殘酷<br>的現實 | 刺蝟原則 | 強調紀律<br>的文化 | 以科技<br>為加速器 |

有紀律的員工　　　　　有紀律的思考　　　　有紀律的行動

1＋1＝4　調和一致　　　　飛輪　　　　績效激勵人心，促進團結
持續運轉　持久不墜

**圖10-2**　第五級領導的理論精要（研究者整理）

## 一、第五級領導

　　Ma（2008）說：第五級領導主要奠基於領導者對人的尊重、無私與對組織成就強而有力的承諾，以引領出優秀的部屬；第五級領導者同時擁有謙沖自牧的態度與強烈的專業意志，他們是頑固無情卻又謙虛，他們對公司充滿期待（ambitious），卻不允許自我的想法成為組織成功的絆腳石。雖然他們為組織實現偉大的成就，卻把顯赫的戰果歸功於他人、外在因素和運氣；第五級領導者是借助有紀律的人（disciplined people）、有紀律的（disciplined）想法和有紀律（disciplined）的行動來領導；第五級領導是獨自發展而成的；他是Collins和其研究團隊針對連續15年高成長的公司進行研究後提出來的。

　　所以第五級領導可以推演出其成功的公式如：選對的人（文化與品格比能力重要）＋謙虛的態度＋強烈的專業意志（就組織目標而言）＝成功（Ma, 2008）。

　　而依Collins（2001a）的說明，第五級領導強調謙虛為懷和專業堅持。謙虛的層面重在謙沖為懷，不愛出風頭，從不自吹自擂；冷靜沉

著而堅定，主要透過追求高標準來激勵員工，而非藉領袖魅力來鼓舞員工；一切雄心壯志都是為了公司而非自己，選擇接班人時，著眼於公司在世代交替後會再創高峰；在順境中，會往窗外看，而非照鏡子，只看見自己，把公司的成就歸功於其他同事、外在因素和幸運。專業堅持的層面重在創造非凡的績效，促成企業從優秀邁向卓越；無論遇到多大的困難，都不屈不撓，堅持到底，盡一切努力，追求長期最佳績效；以建立持久不墜的卓越公司為目標，絕不妥協；遇到橫逆時，不望向窗外，指責別人或怪罪運氣不好，反而照鏡子反躬自省，承擔起所有責任（Collins, 2001b）。用表10-1呈現如下：

**表10-1　第五級領導的兩個面向**（Collins, 2001a）

| 謙虛的個性 | 專業的堅持 |
|---|---|
| ・謙沖為懷，不愛出風頭，從不自吹自擂； <br> ・冷靜沉著而堅定，主要透過追求高標準來激勵員工，而非藉領袖魅力來鼓勵員工； <br> ・一切雄心壯志都是為了公司，而非自己，選擇接班人時，著眼於公司在世代交替會再創高峰； <br> ・在順境中，會往窗外看，而非照鏡子只看見自己，把公司的成就歸功於其他同事、外在因素和幸運。 | ・創造非凡的績效，促成企業從優秀邁向卓越； <br> ・無論遇到多大的困難，都不屈不撓，堅持到底，盡一切努力，追求長期最佳績效； <br> ・以建立持久不墜的卓越公司為目標，決不妥協； <br> ・在逆境中，不往窗外看，指責別人或怪罪運氣不好，反而照鏡子反躬自省，承擔起所有責任。 |

## 二、先找對人再決定做什麼

Collins（2001a）表示：從優秀到卓越的領導者會以人為先，其次再來設定願景與策略；把對的人請上車，同時請不適合的人下車，適才適所。亦即在你想清楚要把車子開往何方之前，先把適當的人請上車（並且把不適合的人都請下車）。而要讓公司從「優秀」變成「卓越」，在用人時必須精挑細選，非常嚴謹。其嚴謹的人事政策包括：(一)只要還有疑慮，寧可不用，繼續尋找千里馬；(二)當你感到需要改革人事

時，趕快採取行動；(三)讓最優秀的人才，掌握公司最大的契機，而不是去解決最大的問題（Collins, 2008），至於在決定誰才是「對」的人時，個性或內在特質，比教育背景、專業知識、技能或工作經驗更重要（Collins, 2008）。

　　Collins（2001b）曾比較說明第五級與第四級領導人的區別，以方便讀者區辨領導模式的差異，進而瞭解適才適所人才的對比與甄選，以圖10-3表示如下：

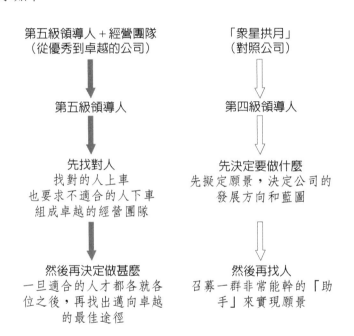

**圖10-3　第五級與第四級領導人的區別（齊若蘭譯，2002: 94）**

　　由圖10-3可以清楚瞭解，Collins之從優秀到卓越的公司，強調的是第五級領導與經營團隊的搭配，亦即第五級領導人先找對的人上車，也要求不適合的人下車，緊接著組成卓越的經營團隊，隨後再決定要做甚麼，一旦適合的人才都各就各位之後，再找出邁向卓越的最佳途徑；而對照式眾星拱月的公司，強調權力集中、有效領導的第四級領導人，整個公司都在為偉大的天才搭建表演的舞臺（Collins, 2008），他們強調

先決定要做甚麼，先擬定願景決定公司的發展方向和藍圖，然後再找人，找一群非常能幹的助手來實現願景（Collins, 2001a），如此反差的對比，更凸顯Collins先找對人再決定做什麼的想法。

## 三、面對殘酷的現實——史托克戴爾弔詭（Stockdale Paradox）

史托克戴爾弔詭是以Jim Stockdale來命名，他是美國海軍上將，也是國會榮譽獎章（Medal of Honour）的獲獎者，越戰期間，曾在「河內希爾頓」越共戰俘營中倖活了八年，其堅持的就是「我的人生再也不會比此刻更糟，而我的未來應該比曾經經歷的更亮麗」這種對立矛盾的信念，強調「不管遭遇多大的困難，都相信自己一定能獲得最後的勝利，同時，不管眼前的現實是多麼殘酷，都要勇敢面對。」（齊若蘭譯，2002）

所以，從優秀到卓越的領導者在面對當前殘酷的現況時，他們絕對不能喪失信心，他們相信最終一定能戰勝一切，他們一直同時擁有保持信心，決不動搖的信念與接受殘酷事實的兩個現象（Collins, 2001a）。

因此，邁向卓越之路，都得先從誠實地面對眼前的殘酷現實開始，而想誠實面對眼前現實，領導人必須塑造能聽到真話，塑造不掩蓋事實的組織文化；Collins表示要創造能聽到真話的環境，身為領導者要能對部屬多問問題，不要直接給答案；多激發領導者與部屬間、部屬彼此間的對話和辯論，而非高壓統治；對任何專案與業務，要做階段性或總結性的事後檢討，但不責怪，亦即建立起「紅旗」機制的預警系統（Collins, 2001b），力求避免員工因為不讓你接觸到殘酷的真相，自動過濾資訊，如此方能求得追蹤、輔導與改進的效果。

## 四、刺蝟原則（The Hedgehog Concept）

所謂「刺蝟原則」指的不是目標、策略、意圖或是計畫，而是深入的理解（齊若蘭譯，2002）；Collins強調：(一)「從優秀到卓越」的公司把策略奠基於對三個重要面向的基本瞭解上——我們稱之為「三個圓

圈」；(二)「從優秀到卓越」的公司把這樣的理解轉換爲單純而清晰的概念，並成爲一切努力的依歸——這就是「刺蝟原則」（齊若蘭譯，2002）。說得更清楚一點，刺蝟原則是對於如圖10-4中三個圓圈的交集有了深刻理解之後，發展出來的單純清晰的概念。

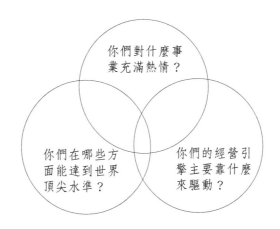

圖10-4　刺蝟原則的三個圓圈（齊若蘭譯，2002：164）

茲分別陳述刺蝟原則的三個交叉圓圈如下：

### （一）你們組織在哪些方面能達到世界頂尖水準，在哪些方面無法成爲世界頂尖水準？

這個鑑別標準的重要性遠超過核心競爭力，因爲擁有核心競爭力，不見得表示你在這方面能成爲世界頂尖。相反的，能成爲世界頂尖的領域也很可能根本不是你們目前投入發展的領域。

### （二）你們的經濟引擎主要靠什麼來驅動？

所有「從優秀到卓越」的公司都有敏銳的洞察力，知道如何才能有效獲取充足的現金和高利潤，並且持久保持營運績效。尤其是他們都發現了單一指標——每X的平均獲利（如每家店的平均獲利、每位顧客的平均利潤）——對於營運績效有巨大的影響。

## （三）你們對什麼事業充滿熱情？

「從優秀到卓越」的公司都專心致力於能點燃他們熱情的事業。此重點並非鼓勵你去激發員工的熱情，而是希望你們找到能熱情投入的事業。

至於如何找到組織的刺蝟原則，Collins以圖10-5來引導大家思考：

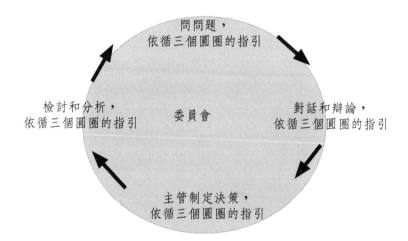

圖10-5　釐清刺蝟原則是反覆循環的過程（齊若蘭譯，2002：186）

亦即組成委員會、問正確的問題、參與激烈的討論、制定決策、檢討成果、並且從中學習，能夠完全以圖10-4所示的三個圓圈為指導原則，不斷透過這個循環，尋求深入的理解。此外，設定特定時間，頻繁地重複整個循環，最後一定能獲得刺蝟原則所需的深入瞭解。

## 五、強調紀律的文化

要持續展現卓越績效，必須先建立起強調紀律的文化；組織聘請的若是都是能自律的員工，他們就能作有紀律的思考、採取有紀律的行動，並且瘋狂地執行著三個圓圈的刺蝟原則。因為當員工有紀律的時候，就不再需要層層管轄；當思考有紀律的時候，就不再需要官僚制度

的約束；當行動有紀律的時候，就不再需要過多的掌控；結合了強調紀律的文化和創業精神，你就得到了激發卓越績效的神奇力量（Collins, 2001b）。

所以Collins（2001b）在說明「強調紀律的文化」時表示：(一)企業應該建立起一種文化，讓員工能在三個圓圈中採取有紀律的行動，堅守「刺蝟原則」，也就是：1.在既定的系統架構下，建立以自由和責任為基礎的文化；2.多方網羅自律的員工，他們將願意盡一切努力，履行自己的責任；3.不要把強調紀律的文化和執行紀律的強人作風混為一談；4.堅守刺蝟原則，把重心放在三個圓圈的交集上，列出所有需要「停止做的事情」，並且有系統的淘汰不相干的事業；(二)找對的人上車，把不適合的人請下車，以省略制定一堆愚蠢的官僚制度；(三)強調紀律的文化不只關乎行動，還包括促使有紀律的員工，透過有紀律的思考，採取有紀律的行動；(四)要保持長久的績效，最重要的紀律就是堅守刺蝟原則，並且願意放棄超出三個圓圈之外的發展機會；(五)是否碰上「千載難逢的大好機會」並不重要，除非這個機會正好落在三個圓圈中；(六)建立起調和一致的制度，也訂定明確的限制，但賦予員工充分的自由和責任，網羅能夠自律，不需費心管理的人才，把心力花在管理制度，而非管理員工（齊若蘭譯，2002）。順著上述的程序經營，自然能建構組織有紀律的文化，讓組織持續由優秀到卓越，永續成長。

## 六、以科技為加速器（Technology Accelerators）

每一家「優秀到卓越」的公司和表現平平的公司對於科技和科技變遷有不同的想法；前者雖然在科技發展上不喜歡趕時髦，但他們總是能率先應用精挑細選出來的技術，亦即當科技技術用對時，科技可以變成企業發展的動力加速器。

至於對的科技關鍵為何？Collins（2001b）表示，其標準為：這項科技是否直接符合組織企業的三個交叉圓圈的刺蝟原則？如果符合，那組織將會是這方面科技應用的先鋒，如果不符合，那組織只需要差不多的科技就可以了，或乾脆不理也無妨。

　　只是從「優秀到卓越」公司的轉型，從來都不是始於開創性的科技，只有直接與刺蝟原則三個圓圈相關的科技，才是公司需要的科技，當然，你也不可能科技一直落後，卻奢望可以變成卓越的企業；科技雖然不是啓動器，但它確實是動力的加速器。如此我們可以清楚分辨出科技與刺蝟原則的對比關係有：(一)除非你知道與公司發展密切相關的是哪些科技，否則你沒有辦法好好運用科技；(二)刺蝟原則將引導科技的運用，而不是科技的運用引領刺蝟原則；(三)單靠科技本身，無法讓一家優秀的公司蛻變爲卓越的企業，也無法防止大難臨頭。

　　所以即使在科技日新月異的時代，結合組織三個交叉圓圈的刺蝟原則，然後秉持「先爬、再走、然後跑步」的循序漸近模式仍然是組織發展應有的共識（Collins, 2001b）。

## 七、飛輪與命運環路（Flywheel & Doom Loop）

　　此部分要討論的包括：飛輪效應和命運環路。

　　所謂的飛輪效應，指的是從「優秀到卓越」的公司要瞭解一個簡單的事實：持續的改善和提升績效中，蘊藏了巨大的力量；亦即儘管剛開始在逐步累積的階段，能秉持持續說明執行政策的步驟與公司經營理念的配合程度，讓其他員工逐漸瞭解，並察覺公司正在加速向前衝，如此他們一定會團結一致，熱情支持，此即飛輪效應之謂（齊若蘭譯，2002）。

　　亦即組織團結一致，熱情支持；組織遵照刺蝟原則向前邁進，累積看得見的實際績效，然後以績效激勵人心，促進團結；恰如優秀到卓越的公司轉型往往遵循穩定的型態——先厚植實力，再突飛猛進。這就像推動巨大笨重的飛輪一樣，剛開始得費很大的力氣才能啓動飛輪，但是只要朝著一致的方向繼續不斷往前推動飛輪，經過長時間後，飛輪累積了動能，終能有所突破，快速奔馳。如圖10-6：

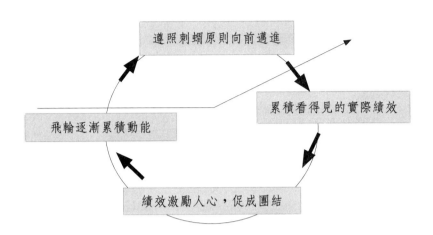

圖10-6　飛輪效應（齊若蘭譯，2002：272）

　　再者命運環路，這是飛輪效應的對比觀點，這我們從Collins研究的對照公司身上可以瞭解，這些對照公司都不是先默默思考需要採取什麼樣的做法，再緊接著將之付諸實施，他們通常都先大張旗鼓地推出新計畫，宣稱他們的目的是要「激勵士氣」，如此執行，結果成效往往無法持久。另外，他們總是企圖藉著一次決定性的行動、一項偉大的計畫、一個殺手級創新構想，或剎那間奇蹟的出現，完全略過穩紮穩打的根基階段，想要直接一舉突破。因此，他們會把飛輪朝一個方向推，然後停下來，改變路線，再朝另一個方向推，然後又停下來，改變路線，再把飛輪推往另外一個方向。如此反反覆覆幾年後，對照公司一直無法持久累積動能，而墜入了所謂的「命運環路」中，如圖10-7。

　　所以如何推動飛輪效應，避免命運環路將是組織領導者須不斷自我檢驗的職責所在。而且組織從優秀到卓越的過程，如果能一直調和一致，且前後具有連貫性，則系統中各個部分相互補強，形成了整合後的整體，其力量大於各部分的總和，此即是Collins所謂的調和一致、1 + 1 = 4的持續運轉、永久不墜（Collins, 2001b）。

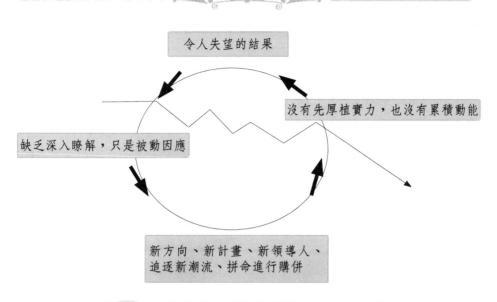

令人失望的結果

沒有先厚植實力，也沒有累積動能

缺乏深入瞭解，只是被動因應

新方向、新計畫、新領導人、追逐新潮流、拼命進行購併

**圖10-7** 命運環路（齊若蘭譯，2002：276）

## 八、從優秀到卓越，再到基業長青

基業長青是Collins1990年代初期，在史丹佛企管研究所與Porras所進行的一項爲期六年的研究計畫，其主要在回答：如何從零開始，創建一家持久不墜的卓越公司？而優秀到卓越主要在談：從優秀躍升到卓越，公司如何能持續產出卓越的成果。根據Collins檢視此兩個研究後得到四個結論（齊若蘭譯，2002）：

(一)「基業長青」中那些持久不墜的公司，其早期的公司領導人都遵循「從優秀到卓越」的第五級領導模式，唯一不同的是「基業長青」中的領導人都不是試圖改造企業的執行長，而是創業家，因爲當時他們所創辦的仍是剛起步的小公司。

(二)「基業長青」可以當作是「從優秀到卓越」的續集。無論是剛創立或已站穩腳步的公司，都可以應用「從優秀到卓越」的發現，創造出持久不墜的卓越績效，然後再應用「基業長青」中的發現，長期維持卓越的績效，成爲一家持久不墜的卓越企業。

(三)創造出卓越績效的優秀公司如果想躍升爲持久不墜的代表性卓

越企業，不妨採取「基業長青」的核心概念：不要一心只想賺錢，而是要找到組織的核心價值觀和目的，再加上能保存核心價值觀及又能不斷刺激進步的動力。

　　由上述分析可以瞭解，Jim Collins持久不墜卓越公司，一方面能保存核心價值觀和目的，另一方面他們的商業策略和營運方式又能不斷因應外界的變動，造就了「保存核心價值又刺激進步」的神奇組合，如此的概念恰如陰陽太極的「太極生兩儀，兩儀生四象，四象生八卦」（王居恭，1997）般地萬物欣欣向榮的奇蹟，如圖10-8：

保存核心
保存
核心價值觀
核心目的

刺激進步改變
文化習慣
營運方式
目標策略

世代交替　　兼容並蓄

**圖10-8**　第五級領導的陰陽太極概念（研究者整理）

## 肆、第五級領導在學校的應用

　　第五級領導適用在不同層級、不同組織型態的領導。

　　對於近來權力生態丕變，強調行政、教師和家長權力三元鼎立的校園（張明輝，1997），其外在環境有少子化、政策變革、家長教育選擇

權、校際間競爭白熱化；內部環境有校長遴選制度導致的過度謹慎、師生權力意識需求、升學壓力和品格要求衍生的師生間關係緊張等，常常影響著學校的順利經營。瞭解了第五級領導的謙虛爲懷、專業堅持和追求卓越的領導理念，清楚了其理論內涵：先找對人再決定做什麼、面對殘酷的現實、刺蝟原則、強調紀律的文化、以科技爲加速器、飛輪與命運環路和從優秀到卓越，再到基業長青。相信透過第五級領導的妥善規劃與應用，一定能爲學校建立優秀到卓越的辦學績效。至於其應用說明如下：

## 一、第五級領導

第五級領導者是借助有紀律的人（disciplined people）、有紀律的（disciplined）想法和有紀律（disciplined）的行動來領導；Collins（2001a）明確表達第五級領導強調謙虛爲懷和專業堅持。

面對講求全面專業發展、專業對話、專業諮詢和專業發展評鑑的高素質教師，領導者不可能是十項全能，甚至在不同的領域間，被領導者的專業素養也可能超越領導者，因此謙虛爲懷，不愛出風頭、不自吹自擂，在順境中，把學校的成就歸功於其他同事、外在因素和幸運；遇到橫逆時，不指責別人或怪罪運氣不好，反而反躬自省，承擔起所有責任，顯現負責任的擔當。另外，對於專業堅持，如學生的學習權益、教師的教學專業尊重、學校的長期永續發展、學校的校譽與公平公正公開的處理原則等，都應秉持教育的專業理念，無論遇到多大的困難，都應該不屈不撓，堅持到底。

## 二、先找對人再決定做什麼

Collins（2001b）表示：第五級領導者會以人爲先，其次再來設定願景與策略；把對的人請上車，同時請不適合的人下車，適才適所。

校園中人事權的操作跟校長最有直接關係的在教訓總輔等主管的聘任，間接關係的是各處室組長，至於導師大部分縣市學校是採委員會依校定辦法聘任。在教師們日益對挑戰性強的任務失去興趣之際，除了對

處室主管的擔任還有意願之外，教師們都比較傾向以非必要不兼職為原則。

　　身為第五級領導者，首先必須瞭解，把對的人請上車，同時請不適合的人下車，其中最重要的關鍵在各處室主任，因為擔任導師的部分有教師法第17條第9款教師有「擔任導師」的義務之要求，只要校定的導師聘任制度健全，問題自可迎刃而解。組長的部分，很多情況是在各處室主任的強力邀請下，自會情意相挺，但各處室主任的作為、風格與能力常常是最大的關鍵所在，身為第五級領導的校長，選擇時機處理「對的主管」就非常重要，所謂讓適當的人在適當的時機擔任適當的職務，這是第五級領導校長應該隨時提醒自己的地方。

## 三、面對殘酷的現實——史托克戴爾弔詭

　　史托克戴爾弔詭是一種堅持「我的人生再也不會比此刻更糟，而我的未來應該比曾經經歷的更亮麗」這種對立矛盾的信念，強調「不管遭遇多大的困難，都相信自己一定能獲得最後的勝利，同時，不管眼前的現實是多麼殘酷，都要勇敢面對」的理念，簡單的歸納即是樂觀進取、永保希望。

　　身為第五級領導的校長，沒有悲觀的權力。

　　從誠實面對眼前一件接一件的殘酷現實開始，而想誠實面對眼前現實，校長必須塑造能聽到真話，塑造不掩蓋事實的組織文化；譬如能對部屬多問問題，不要直接給答案；多激發領導者與部屬間、部屬彼此間的對話和辯論；對任何專案與業務，要做階段性或總結性的事後檢討，但不責怪，亦即建立起「紅旗」機制的預警系統（Collins, 2001a），力求避免教職員們因為不讓你接觸到殘酷的真相，自動過濾資訊，如此方能求得追蹤、輔導與改進的效果。

## 四、刺蝟原則

　　第五級領導的校長對於校務的推動，一定要能經過優勢、劣勢、機會與策略的SWOT分析，充分掌握要帶領全校發展的方向與特色。如此

必須深切的分析學校領導方向的刺蝟原則：(一)我們學校在哪些方面能達到卓越的水準，在哪些方面是我們學校缺乏競爭力的地方？(二)驅動我們學校追求成果與績效的動力引擎主要的是什麼？(三)我們老師們對什麼事業充滿熱情或必須充滿熱情？

至於如何找到學校的刺蝟原則，其具體的執行策略在從組成全面涵蓋性的委員會開始，讓教職員有機會有權力發聲；再者問正確的問題，亦即聚焦，針對問題，明確標示；接下來參與激烈的討論，讓教職員知無不言言無不盡，以作充分的討論；經過充分討論後，一定要導出結果，制定決策，並針對結論定具體的執行策略；最後就是檢討成果，成果的檢討包括診斷性、形成性與總結性的檢驗，以作隨時修正實施的策略；此外，安排不定時的時間，不斷地檢驗整個循環，如此一定能獲得刺蝟原則所需的深入瞭解。

## 五、強調紀律的文化

身為第五級領導校長，必須摒除人治的集權心態，要建立起強調紀律的學校文化。包括校務章則的建立、願景的塑立、學校發展計畫的擬定討論、每學期依校務發展計畫而規劃的執行辦法與行事曆、各種委員會的建構依據組織執行與檢討、突發狀況與危機處理的機制等等，都能有所依循的紀律。因為在有紀律的文化之下，教職員能作有紀律的思考、採取有紀律的行動，而結合了強調紀律的文化和創業精神，組織就能得到激發卓越績效的神奇力量。

其具體的措施包括：(一)在既定的系統架構下，建立以自由和責任為基礎的文化；(二)從網羅自律幹部入手，他們將願意盡一切努力，履行自己的責任；(三)避免把強調紀律的文化和執行紀律的強人作風混為一談；(四)堅守刺蝟原則，把重心放在三個圓圈的交集上，列出所有需要「停止做的事情」，並且有系統的淘汰不相干的事業；順著上述的程序經營，自然能建構組織成為有紀律的文化，讓學校持續由優秀到卓越，永續成長。

## 六、以科技為加速器

一位第五級領導校長，除了本身科技素養要夠之外，更要建構完善的科技應用，這包括網頁製作實用與更新、資訊融入教學、資訊科技素養的研習進修及知識管理的探究、獲得、整理、儲存、流通、分享、運用、創新、更新與保護（黃宗顯，2002）等。因為從「優秀到卓越」的學校和表現平平的學校對於科技和科技變遷有不同的想法；前者雖然在科技發展上不喜歡趕時髦，但他們總是能率先應用精挑細選出來的技術，巧妙地進行行銷、及時公告訊息、全面性地縱橫向溝通和適當地提高學生學習的興趣與提升學生學習的成就；對學校而言，科技的應用，恰如渦輪推動器般，可以變成學校發展的動力加速器。

只是在科技的選用上，由於科技技術日新月異，且種類繁多，選擇時切記：該項科技是否直接符合學校組織三個交叉圓圈的刺蝟原則？如果符合，那組織將會是這方面科技應用的先鋒，如果不符合，那組織只需要差不多的科技就可以了，或乾脆不理也無妨。

## 七、飛輪與命運環路

應用飛輪效應與命運環路，第五級領導校長必須瞭解：方向、績效、激勵和持續的事實；亦即醞釀學校組織氣氛團結一致，熱情支持；引導組織遵照刺蝟原則向前邁進，累積看得見的實際績效，然後再以績效激勵人心，促進團結，以求持續的永續卓越。切記避免自以為是的先默默思考需要採取什麼樣的做法，緊接著立即付諸實施，亦即大張旗鼓地不斷推出新計畫，但由於缺少組織一體、全員參與，總以為偉大的計畫和創新構想就能一步登天，如此反反覆覆幾年後，由於缺少動能，學校難免墜入「命運環路」而不自知。

## 八、從優秀到卓越，再到基業長青

身為第五級領導校長，不斷構思發展方向，引領學校不斷追求「從優秀到卓越」，以求學校「基業長青」的永續發展，乃是責無旁貸的責

任。

　　至於其具體的應用則在保存核心價值和刺激進步的陰陽兩極之太極式的不斷迴旋之操作，亦即保存核心價值觀和核心目的，強調學生第一、老師至上、全力提升學校組織之效能與認同；另外不斷因應變革，改變文化習慣、營運方式與目標策略，以求組織彈性運作，進而達成組織目標與成員需求。

## 📖 伍、結語

　　第五級領導是Collins經過實務的研究而提出來的領導理論，其強調謙虛自牧、專業堅持與追求卓越績效的理想，震撼了企業界和相關社會性的組織，所以學校領導的引用恰如其份；而其先找對人再決定做什麼、面對殘酷的現實——史托克戴爾弔詭、刺蝟原則、強調紀律的文化、以科技為加速器、飛輪效應與命運環路和從優秀到卓越，再到基業長青的理念與運作程序，提供學校實際應用的方向，相信不斷持續的追求與運用，一定可以獲致亮麗、長期與持久的成果。只是其領導理論在學校的實際應用上仍得注意：領導者必須長期與無私的投入、領導者無法得到個人的利益、和截自目前仍未被廣泛的討論驗證，且在第四和第五級領導的關鍵性差異不夠清楚（McCrimmon, 2008）等問題，值得後續研究追蹤釐清與驗證的參考。

### 問題與討論

一、試以刺蝟原則的三個交叉圓圈，臚列目前服務學校的動力來源。
二、試以謙虛為懷和專業堅持的理念，分析目前學校領導者實際表現之理想與實際的差距，並提出可以調整的項目與做法。
三、如果你是新上任的首長，你會如何依據Collins的第五級領導的理念，擬定具體可行的策略與實施步驟。

# 參考文獻

## 中文部分

王居恭（1997）。**周易漫談**。北京：中國書店。

王春生編著（1994）。**三字經**。臺南：大千文化出版社。

吳清山和林天佑（2002）。第五級領導。**教育研究月刊**，*104*，147。

呂美女譯（2006）。大前研一著。**專業：你的唯一生存之道**。臺北：天下文化。

岳麓書社（1994）。**曾國藩全集**。長沙：岳麓書社。

張明輝（1997）：學校組織的變革及其因應策略，輯於國立臺灣師大教育系主編：**教育研究集刊**，頁*1-21*。臺北：師大書苑。

黃宗顯（2002）。知識管理在學校行政革新上的應用。**國民教育研究集刊**，*8*，頁*37-66*。臺南：國立臺南師範學院國民教育研究所。

遠流博識網（2008）。**詹姆‧柯林斯**。2008年6月22日，取自http://www.ylib.com/author/jimcollins/index.html

齊若蘭（2002）。Jim Collins著。**從 *A* 到 *A*⁺——向上提升，或向下沉淪？企業從優秀到卓越的奧秘**（*Good to Great: Why some companies make the leap… and others don't*）。臺北市：遠流。

## 西文部分

Collins, J. (2001a). *Level 5 Leadership: The Triumph of Humility and Fierce Resolve*. Retrieved June22, 2008, from: http://www.psychology.org.nz/industrial/level_5%20leadership.pdf

Collins, J. (2001b). *Good to Great: Why some companies make the leap… and others don't*. New York: Harpercollins.

Collins, J. (2008). *Jim Collins*的官方網站。Retrieved June22, 2008, from: http://www.jimcollins.com/index.html#

Jenkins, J. & Visser, G. (2008). *Level 5 Leadership. For the Dutch version*. Retrieved June22, 2008, from:http://www.imaginal.nl/articleLevel5Leadership.htm

Ma, P. J. (2008). *12MANAGE the executive fast track——Level 5 Leadership*. Retrieved June22, 2008, from: http://www.12manage. com/methods_collins_level_5_leadership.html

McCrimmon, M. (2008). *What is level 5 leadership? The real meaning of leadership*. Retrieved June 22, 2008, form: http:// busniessmanagement.suite101.com/article.cfm/what_is_level_5_lead ership

# 第十一章

# 創新領導

# 壹、前言

創新是組織因應變局，提升組織競爭力與經營成效的根本要訣。著名管理學者Peter F. Drucker，在其著作《下一個社會》指出「不創新，就滅亡」（劉真如譯，2002：145），點出了創新在管理學界所受到的重視。

1996年「經濟合作開發組織」（OECD）所發表的《知識經濟報告》（*Knowledge-Based Economy Report*），認為以知識為核心的「新經濟」將改變全球經濟發展的型態，而衡量一個國家開發的程度亦由「未開發」、「開發中」、「已開發」的分類法，蛻變成為該國是否透過知識創新、知識累積、知識分享而至知識擴散，進而形成的知識經濟化高、中、低度國家之分類（余明助，2003）。競爭優勢植基於創新知識及科技的應用，這也是過去四分之一世紀以來，美國經濟成功的關鍵因素（Levin, 2003）。

2005年國內在年初及年中分別翻譯出版了兩本受到熱烈討論的管理鉅作：由當代美國創新學者C. M. Christensen（2004）所領銜出版的《創新者的修練》（*Seeing What's Next*），以及兩位任教於法國最負盛名的歐洲管理學院（INSEAD）W. Chan Kim及R. Mauborgne（2005）所合著的《藍海策略》（*Blue Ocean Strategy*），兩者共同的焦點，都是關注於創新對企業經營的重要性，並強調如何藉由創新領導創造企業差異性的競爭優勢，擺脫對手的糾纏，進而以破壞性的創新理念營造廣闊的藍海。Moore更進一步運用達爾文進化論觀點，認為創新需要不斷進化，才能不被停滯的慣性取代（何霖譯，2007）。

創新議題的重要性受到學界的肯定與積極研究，非營利組織的創新也越來越受到重視（丘昌泰，2007）。面對教育經營環境不斷演變，接踵而來的變革衝擊教育生態，特別是「少子化」趨勢正激烈衝擊中小學經營環境，學校創新經營更形重要（吳佩君，2006）。學校經營實不可忽視創新的重要性，學校領導者更需要有創新的思維和作為，以帶領學

校面對不斷的挑戰與促進學校辦學品質的改進與提升。

# 貳、創新領導的定義與倡導者

## 一、創新的定義

「創新」的定義為何？針對創新的有關論述極多，從創新（innovation）英文字義而言，包含改變（make changes）或引進新事物（introduce new things）。

Ruggles與Holtshouse（1999）從哲學角度知識論的觀點認為「智慧」包含了「知識本體」、「運用知識的能力」、「創造知識的能力」等三面向，而所創造出的知識便是創新。

Mayer（1999）依據心理學的觀點彙整Sternberg所編《創新手冊》（*Handbook of Creativity*）一書中各篇作者的看法，認為大部分作者對於創新的描述用詞雖然不同，但可歸納為兩大類的特徵：獨創性（originality）與實用性（usefulness）；與獨創性有關的用詞包括新穎（new）、新奇（novel）、原創（original）等，與實用性有關的用詞包括具價值（valuable）、恰當（appropriate）、重要（significant）、調適（adaptive）、實用（utility）等。

法國社會學家Tardey在1890年所出版的著作《模仿的定律》中，從社會學的角度指出，發明創造是人類進步和發展的源泉，發明與模仿有關，一切發明創造都要由模仿而傳播、流傳。模仿有適應、重複和對立三個基本社會過程。適應、重複的歷程產生文化、習俗的傳承，利於創新的延續；而對立則是創新的根源（Parsons, 1962）。

Robbins與Coulter（2002）從管理學的觀點將創新界定為：應用創意，將其轉化為實用的產品、服務或工作方法的過程。管理學者Drucker將「創新」定義為一種有目的和規律的活動，並重視創業精神（entrepreneurship）的實踐及創新策略的運用（蕭富峰、李田樹譯，1998）。

　　國內學者許士軍（1974）認為：創新是指任何創造改變的歷程，如新技術、新材料、新產品、新觀念、新制度及帶動新事物所產生的「力量」。

　　張明輝（2003）指出：創新是使創意成為一種有用的商品、服務或生產方法的過程，整合不同的想法、認知及資訊處理與判斷方式結合而產生。

　　吳清山（2004）將創新定義為：運用創意的點子，將其轉化為有用的產品、服務或工作方法的過程，使其促進組織品質的改進與提升。

　　歸納上述學者觀點，本文將「創新」定義為：

　　　　一種有目的和規律地將創意思考實際應用，並展現出獨創性與實用性兩大特徵，藉由改變或引進新事物，轉化為實用的產品、服務或工作方法，進而促進組織的改進與提升的過程。

## 二、創新領導的意涵

　　綜觀所蒐集到有關「創新領導」的學理探究，發現相關的論述多從組織創新經營的角度切入，聚焦「創新領導」論述不多。比較值得注目的是2006年Puccio、Mance及Murdock等三位美國水牛城州立大學學者所合著《創新領導：驅動變革的技術》（*Creative Leadership: Skills That Drive Change*），Puccio等將創新領導簡單定義為：驅動變革的系列技術。其歷程是以創新思維為起點，緊密連結領導及創新、善用創新問題解決模式之技術、以促進深思熟慮創新的產生，進而達成組織創新變革的目標（Mance, Murdock & Puccio, 2006）。

　　此外由德國學者Gottlieb Guntern所主編之《創新領導之挑戰》（*The challenge of creative leadership*），將創新領導定義為：透過創新性的行動引入有助益的架構，進而把行動提升至傑出水準的過程（Guntern, 1997）。

## 三、學校組織創新領導定義

　　「學校組織創新領導」包括了「創新」及「領導」兩項重要概念。黃宗顯（2004）將「學校創新經營」界定爲：經營一所學校時在理念思考、方案規劃、策略實踐等所創造出的有別於學校自己以往或他校已有的各種新作爲。本研究參考黃宗顯（2004）之定義並轉化上述創新學理及創新經營概念，嘗試界定學校組織創新領導爲：校長領導一所學校時、重視創新思考的啓發、創新契機的掌握、創新環境的營造、創新作爲的調整，以及展現獨創性與實用性兩大特徵，所創造出有別於學校自己以往或他校已有的各種新作爲（或措施），藉以促進學校辦學品質的改進與提升。此一定義具有下列四項意涵：

　　(一)學校組織創新領導的啓動者是「校長」，其創新領導主要作爲在於營造學校組織創新思考的啓發、創新契機的掌握、創新環境的營造，以促進創新作爲的觸發及調整。

　　(二)學校組織創新領導需展現獨創性與實用性兩大特徵，獨創性在強調其創新領導作爲具備新穎、新奇、原創等特性；實用性在強調其創新領導作爲具備價値、恰當、重要、調適等特性。

　　(三)學校組織創新領導具體展現爲：創造出有別於學校自己以往或他校已有的各種新作爲或措施。其比較基準可依據學校內在與外在兩個基準進行比較，創造出具有正向差異的各種新作爲或措施。

　　(四)學校組織創新領導效能衡量方式，爲藉由上述具有正向差異的各種新作爲或措施的實踐，看是否能促進學校辦學品質的改進與提升。

## 四、創新領導之倡導者

　　創新議題的重要性受到學界的肯定與積極研究（成步雲，2007；李芳齡譯，2005；林錫金，2005；許文志、楊英賢、吳俊賢等譯，2007；黃秀媛譯，2005；劉真如譯，2002；Christensen, 2004；Kim & Mauborgne, 2005; Levin, 2003; Shavinina, 2006）。在教育領域也越來越受到重視，參與的研究者及論述的學者也與日俱增。

　　鄭明宗（2008）「1995年至2007年臺灣地區學校組織創新議題博碩士論文之分析與展望」一文，針對「中文博碩士論文索引」光碟資料庫進行研究，結果發現整體論文研究數量有逐年增加之趨勢。對照本文所參考的文獻，顯現教育界倡議學校組織創新領導相關議題之研究者與學者，呈現出逐漸增溫的趨勢。但明確以「創新領導」爲題進行論述者，仍屬少數。

# 參、理論內涵

　　國內文獻專文討論「創新領導」相當有限，顯見「創新領導」在國內研究仍在起步階段，相關研究及論述仍相當不足。爲了釐清學校創新領導理論之內涵，礙於文獻的不足，本研究概念主要轉化自學校創新經營學理及相關研究，並參考鄭明宗（2008）所整理「學校組織創新之內涵架構」爲基礎，建構「學校組織創新領導之內涵架構」。以下就國內外學校組織創新領導有關的學理、立論及相關研究加以彙整介紹：

## 一、國內外創新領導內涵有關的立論

　　教育事業可視爲服務業的一環。在服務管理的領域中，Loveluck及Wirtz（2004）將服務創新的面向劃分爲：主要服務創新、主要的流程創新、產品線的延伸、流程的延伸、附屬服務的創新、服務內涵的改善、以及服務風格的改變等七項。

　　國內學者張吉成等（2002）認爲知識創新意指知是由形式化逐步到具象化，進而具體化應用的創新。領導者推動創新其內容可涵括：新產品開發與改良、製程創新、組織創新、策略創新等以及由知識所引發之技術創新。

　　吳清山、林天祐（2003）認爲有效成功的組織，推動創新乃是大勢所趨。未來學校領導者推動創新，可以參考下列面向及項目：技術創新：如教學、評量、工作方式、資源運用……等改變。產品創新：如學生作品、教師教具、教師著作……等生產。服務創新：如行政服務、社

區服務、家長服務……等改變。流程創新：如教務、學生事務、總務、輔導、人事、會計業務處理程序、開會流程……等改變。活動創新：學校開學典禮、畢業典禮、校慶、運動會、體育表演會、開學日、家長日、教學觀摩會、戶外教學活動、城鄉交流活動、畢業旅行……等突破。特色創新：如發展學校特色、型塑學校獨特文化……等。

吳清山（2004）認為學校領導者推動創新的內容可涵括下列八項：觀念創新：如學校人員價值觀、思考模式或意識型態之改變；技術創新：如教學、評量、工作方式及資源運用等改變；產品創新：如學生作品、教師教具及教師著作等改變；服務創新：如行政服務、社區服務以及家長服務等改變；流程創新：如各處室業務處理程序及會議流程之改變；活動創新：如學校重要典禮、節慶活動及教學活動等之改變；環境創新：如建築造型美化與改變、校園環境空間重新配置等；特色創新：如發展學校特色、型塑學校獨特文化等等。

張仁家、林明德（2004）認為知識經濟時代學校領導者推動創新的因應策略可從制度、環境及教師三個層面加以探討，其中制度層面具體策略為：兼顧人文與科技；善用知識管理；重視資訊能力；實施創新教學；營造學習型組織；結合學術產業資源；建立激勵與績效制度。在環境層面具體策略為：鼓勵自我實現，型塑知識創新環境；充實教學設備、資源，建構資訊技術整合；引進社區資源，推廣社區學院。

盧廷根（2004）談到學校領導者推動創新的策略為：勇於突破轉化危機，積極創新再造新局；策定計畫爭取績效，引進民間社區資源；提供發展特色誘因，塑造優質學習環境；打破傳統教學模式，提升學校本位課程；運用科技e化教學，落實教師專業成長；激發創新強化競爭力，建構終身學習環境等。

顏秀如、張明輝（2005）認為學校領導者推動創新的內涵就創新的焦點而言可劃分為：觀念創新、組織運作創新、環境創新；從創新層次分析可劃分為：漸進式創新與突破式創新；就創新型態分析可劃分為：模仿性創新、再造性創新、原發性創新。

張明輝（2006）依據學校組織特性，綜合創新領導有關理論及策

略，提出學校領導者推動創新的思維及具體做法為：型塑學校創新的願景；推動突破性的創新作為；調整能因應創新變革的組織；營造能激發創意的工作環境；培育具有突破性創新能力的主管；加速學校創新管理的流程；強化創新知識的管理；確保學校創新管理的永續發展等八個面向。

鄭崇趁（2006）認為學校領導者推動創新有四大功能：變化、活力、突圍、創新，在此四大功能引導下歸納學校創新經營十二策略。

教育部與國科會指導中華創意發展協會辦理「學校經營創新獎」，其辦理類組劃分為：課程與教學貢獻組、學生活動展能組、校園環境美化組、社會與環境資源應用組、行政管理革新組（社團法人中華創意發展協會，2005）。

綜合而言，從相關學者的論述可見，創新領導對於學校組織經營有其正面意義，對於創新的功能、創新內涵，特別是創新策略有豐富的論述。

## 二、國內外創新領導有關研究

分析國內外校長創新領導相關研究發現：領導者分享領導權、給予成員自主空間、受到成員支持的領導者以及對於組織具有高度忠誠的成員，其組織具有較高的創新性（Basu & Green, 1997）；組織工作環境對於創造力之激勵存在密切相關（Amabile, 1996）；校長的領導行為與學校創新經營具有高度的正相關（徐瑞霞，2006）；校長運用資訊科技促進了創新性領導作為的產生，對學校效能並具有提升作用（Jerry, 2002）；行政管理與學校創新相關較高（濮世緯，2003）；組織創新能力是影響創新績效的重要指標（紀慧如，2003）；創新氣氛與學校效能有顯著關聯性（黃麗美，2004）；學校組織創新的成效與校長積極倡導組織創新有關（吳素菁，2004）；校長轉型領導與學校創新經營成效具有顯著相關（王世璋，2006；林文勝，2006；柯雅欽，2006）；學校行政團隊知識導向文化能有效預測創新經營（林信志，2006）；Elizabeth（2001）研究發現校長領導引進創新的技術，例如「樂高心靈風暴自動

創新系統」（LEGO mind-storms robotic invention system），可以提升中等學校學生問題解決的能力。

　　綜合上述相關研究可知，創新領導實有利於學校效能之提升，特別是實施轉型領導、分享領導權、型塑學校行政團隊知識導向文化、營造能激勵創新的工作氣氛及環境等等，都能有效促進學校組織創新及提升經營成效，上述研究成果值得校長推動創新領導時借鏡。

## 三、學校組織創新領導內涵有關研究

　　有關創新學校組織領導所推動內涵，OECD（1997）將學校經營內涵的創新分為四面向：目標和功能、組織和行政、角色和關係、課程教學。Sharon（1997）所進行「學校組織的創新內涵之研究」，發現組織的創新可從五個層面著手：組織結構、領導、人力資源系統、組織目標與組織價值。蔡純姿（2005）整理出學校創新之三大系統構面與創新項目：技術創新系統（創新項目：校園環境規劃、社會資源應用、行政技術革新、課程教學實施、學生活動展能）；管理創新系統（創新項目：理念創新、人員創新、結構創新、流程創新、策略創新）；文化創新系統（創新項目：學校創新特色、教師創新作為、學生創意表現）。范熾文（2006）將學校領導者所推動之創新歸納為：行政管理創新、學習活動創新、資訊科技創新、課程教學創新、學校環境創新與社區互動創新等內涵。顏秀如（2006）之研究歸納分析學校領導者推動創新的焦點內涵包括：知識創新、教學創新、組織文化創新、行政管理創新、學校活動創新、環境設備創新、社會資源運用創新等七面向。

　　綜合而言，由於學校組織具有「文化傳承」及「教化」的功能，因此其創新領導內涵的分析，除了和一般組織創新同樣具備「技術創新」及「管理創新」的面向外，更須重視「文化」及「價值」層面的創新（吳清山、林天祐，2003；紀慧如，2003；張明輝與顏秀如，2005；張明輝，2006；鄭崇趁，2006；顏秀如，2006；蔡純姿，2005；Hughes & Norris, 2001; OECD, 1997; Sharon, 1997）。本研究整理上述學理及相關研究，並參考鄭明宗（2008）之研究，歸納學校組織創新領導之內涵

架構，將該架構劃分為三個層次及十三項內涵：技術與業務層（課程設計、教學技術、活動規劃創新）、管理實務層（組織架構、流程管理、激勵措施、環境、知識、服務、社會資源運用創新）、文化價值層（願景、價值、學校特色創新）。以利於將各學者專家對於學校組織創新領導內涵觀點，整合其中，整理說明如表11-1：

**表11-1　學校組織創新領導層次、內涵及相關學理、研究成果**

| 層次 | 創新內涵 | 相關學理及研究 |
|---|---|---|
| 技術與業務層 | 課程設計創新 | 吳清山，2004；吳清山、林天祐，2003；社團法人中華創意發展協會，2005；范熾文，2006；蔡純姿，2005；鄭崇趁，2006；盧廷根，2004；濮世緯，2003；OECD, 1997 |
| | 教學技術創新 | 吳清山，2004；吳清山、林天祐，2003；社團法人中華創意發展協會，2005；范熾文，2006；張仁家、林明德，2004；蔡純姿，2005；鄭崇趁，2006；盧廷根，2004；濮世緯，2003；顏秀如，2006；Elizabeth, 2001；OECD, 1997 |
| | 活動規劃創新 | 吳清山，2004；吳清山、林天祐，2003；吳素菁，2004；社團法人中華創意發展協會，2005；范熾文，2006；蔡純姿，2005；鄭崇趁，2006；顏秀如，2006 |
| 管理實務層 | 組織架構創新 | 吳素菁，2004；紀慧如，2003；張明輝，2006；張明輝與顏秀如，2005；蔡純姿，2005；鄭崇趁，2006；OECD, 1997；Sharon, 1997 |
| | 流程管理創新 | 吳清山，2004；吳清山、林天祐，2003；社團法人中華創意發展協會，2005；范熾文，2006；張仁家、林明德，2004；張吉成等，2002；張明輝，2006；蔡純姿，2005；鄭崇趁，2006；顏秀如，2006；Jerry，2002；Loveluck & Wirtz, 2004；OECD, 1997；Sharon, 1997 |
| | 激勵措施創新 | 紀慧如，2003；張仁家、林明德，2004；鄭崇趁，2006；盧廷根，2004；濮世緯，2003 |
| | 環境創新 | 吳清山，2004；吳素菁，2004；社團法人中華創意發展協會，2005；范熾文，2006；張仁家、林明德，2004；張明輝，2006；張明輝、顏秀如，2005；蔡純姿，2005；盧廷根，2004；顏秀如，2006；OECD, 1997 |

| | | |
|---|---|---|
| | 知識<br>創新 | 吳清山，2004；吳清山、林天祐，2003；濮世緯，2003；顏秀如，2006 |
| | 服務<br>創新 | 吳清山，2004；吳清山、林天祐，2003；Loveluck & Wirtz, 2004 |
| | 社會資源運用創新 | 社團法人中華創意發展協會，2005；范熾文，2006；張仁家、林明德，2004；蔡純姿，2005；盧廷根，2004；顏秀如，2006；OECD, 1997 |
| 文化價值層 | 學校特色創新 | 吳清山，2004；吳清山、林天祐，2003；蔡純姿，2005；Loveluck & Wirtz, 2004 |
| | 願景<br>創新 | 張明輝，2006；張明輝、顏秀如，2005；蔡純姿，2005；鄭崇趁，2006；濮世緯，2003；OECD, 1997; Sharon, 1997; Hughes & Norris, 2001 |
| | 價值<br>創新 | 吳清山，2004；張明輝、顏秀如，2005；蔡純姿，2005；Hughes & Norris, 2001; Sharon, 1997 |

註：本表因字數多，為節省篇幅，酌調APA格式。

## 四、學校組織創新領導之內涵架構

綜合而言，「學校組織創新領導之內涵架構」包含三層面及十三項創新內涵。高階及基層人員工作量偏重亦有所不同，基本上組織越高，高階領導者越重視文化價值層之創新，籌畫學校創新之大方向；中階管理者著重於管理實務的創新，而基層人員則著重於技術業務之創新。為進一步呈現學校組織創新內涵架構中上述概念，本研究彙整「學校組織創新領導之內涵架構圖」如圖11-1。

希望本架構的提出，能夠協助學校領導人在進行創新領導時，掌握學校可以推動的創新面向，利於其創新策略的建構。

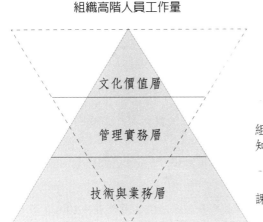

組織高階人員工作量　　　　　　學校組織創新領導內涵

文化價值層

願景、價值創新、
學校特色創新

管理實務層

組織架構、流程管理、激勵、環境、
知識、服務創新、社會資源運用創新

技術與業務層

課程設計、教學技術、活動規劃創新

組織基層人員工作量

**圖11-1　學校組織創新領導之內涵架構圖（鄭明宗，2008：155）**

## 肆、創新領導在學校應用的實踐

　　因應全球經濟型態之改變，迎接知識經濟時代的來臨，教育部於2002年公布《創造力教育政策白皮書》，期能具體實踐創新。白皮書中勾勒理想的創造力國度，在學校層面，即以經營創新的學習環境與創意教學為主體，以提升教育視野，創造多元教育的學習環境。其中教育部（2002）所提出創造力策略，說明如下：一、協助學校結合社區，鼓勵學校發揮創意，與社區建立合作的機制；二、推動創意學校，鼓勵師生和社區共同參與設計學校創意空間與環境；三、推動學校成為學習型組織，建立創意種子教師團隊，提升專業成長。透過教師團隊共同努力，規劃和建立學校願景、理念與價值觀，推動學校組織創新；四、推動以「學校為本」之教師成長計畫，積極協助其教師從事行動研究與教學實驗創新，並提供發表、分享、應用、跨校交流的機會；五、推動各級學校進行合作聯盟，鼓勵學校提出創造力培育方案；六、建立創意經驗

分享論壇，善用網路科技，建立創意教學的資源網站，匯集學校創意表現，使其成為資源整合中心以及創意擴散的平臺。

上述教育部（2002）所建構創造力策略具有啟示作用，為協助校長進一步掌握創新領導之推動策略，以下特整理創新領導具體策略，以及推動過程可能遇到的困境與因應策略進行論述，供中小學校長在推動學校創新領導時參考。

## 一、校長創新領導推動策略

有關校長創新領導推動之策略，在教育行政屬於新興的議題，學者對校長創新領導作為的推動策略之論述不多，研究者認為校長推動創新性領導，所創造出有別於學校自己以往或他校已有的各種新作為，其推動策略在某種程度上與學校創新與組織變革有其共通性，研究者兼容組織變革與創新概念，蒐集國內外學者、專家這方面之相關研究論述（洪榮昭，2003；張明輝，2004；董奇，1995；鄭英耀，2005；謝文全，2000；Hughes & Norris, 2001; Poster, 1999; Sashkin & Egemeire, 1992; Schmuck, 1987），並結合本研究對「學校組織創新領導」之定義及內涵架構，從技術與業務、管理實務、文化價值三大層面出發，歸納學校組織創新領導可推動之十二項創新策略，茲說明如下：

### （一）文化價值層次

#### 1.建構學校組織創新領導的理念與願景

推動學校組織創新領導應分析所處主客觀條件，建構校長創新性領導的理念與願景，注入創新構想，鼓勵嘗試，允許失敗，如此才能放手創新，同時應加強教師對創新之承諾與認同。

#### 2.型塑與激發創新之校園文化、型塑學校特色

推動學校組織創新領導，應透過正式與非正式之管道，以開放、關懷、人文觀點，營造校園創意空間與鼓勵學校透過專題討論、專家演講、創意競賽等活動，型塑具創新性之校園文化及特色。

## （二）管理實務層次

### 1.提升校長創新領導知能

「有什麼樣的校長，就有什麼樣的學校」，校長是否具備創新領導的視野及知能，以及是否能善用及轉化新興管理理論，將決定學校創新領導的成敗。因此如何透過校長專業發展，提升校長創新領導知能，將是協助學校創新並邁向永續發展的重要關鍵。

### 2.妥善規劃學校組織創新領導方案

能集思廣益，結合全球視野與在地精神，周延規劃且適切充分溝通、宣導校長創新性領導方案，並適時化解教師疑慮。

### 3.調整組織結構，激發創新

推動學校組織創新領導，應進行組織結構的彈性調整、決策流程創新，以及簡化工作程序，以促進學校組織創新領導的實踐。

### 4.建構核心團隊

推動學校組織創新領導，應慎選核心團隊成員，賦予更多的專業訓練，深化團隊學習型文化，並能培養種子團隊、建置多元學習平臺、觀摩見習創新策略，進而以策略結盟方式，建立夥伴學習社群，促進創新的激發及創新經驗之傳承。

### 5.建立回饋系統加強創意與創新績效評鑑

建立評鑑回饋系統，落實創意與創新的績效評估，加強行政與教師創意與創新之評鑑。

### 6.善用激勵與誘因

激發教師自我悅納、終身學習、自我超越，以造就更多教師朝向自我實現發展；此外，並設置激勵辦法，提供誘因與獎酬，積極引導師生創新。

### 7.開發運用社會資源

整合與運用社區與社會環境資源，爭取經費資源，帶動學校組織創新。

## （三）技術與業務層次

### 1.善用資訊科技促發創新作為

結合資訊科技，重視資訊流通與分享，並建構完善的資訊管理系統，透過資訊管理系統，用以知識蒐集、分析、分享，以促發創新作為。

### 2.精鍊核心能力與核心技術

教師不斷精鍊、提升教學所需之核心能力與技術，並發揮創意，促進學生有效學習。

### 3.活動具教育意義並兼顧新意及創意

學校活動舉辦除注意其教育意義外，並注重新意及創意，以有別於學校自己以往或他校已有的各種新作為為原則，注入創新的活水。

## 二、校長創新領導作為推動可能遇到的困境與因應策略

校長推動創新性領導作為會遇到困難。從社會學的觀點而言，以新思維、新方法與相關技術顛覆組織慣性，可能會產生組織內部緊張、抗拒和衝突的現象。此外，學校組織之鬆散結合的特質與次級團體、非正式組織間的分化，容易形成組織溝通、協調、競爭與權力不平衡的情形，因而產生校長創新性領導在管理與運作上之衝突。但並非所有的衝突或阻力都是消極的，具有建設性的衝突和阻力，反而是促成創新必要條件。因此，校長在推動創新性領導作為時，應以更積極性態度來面對所衍生之衝突。以下針對推動校長創新性領導作為時，可能遭遇的困難與因應策略加以探討：

### （一）校長推動創新領導作為可能遇到的困難

校長領導學校所推動的有別於學校自己以往或他校已有的各種新作為，涉及組織的變革和創新。綜合相關專家學者之論述（陳伯璋，1997；曾錦泉，2004；盧廷根，2004；謝文全，2000；Hodge & Johnson, 1970; Robbins, 1996），經研究者綜合歸納，認為校長在推動

創新性領導作為時，可能遭遇的困難如下：

### 1.個人因素

係指組織成員對於校長在推動創新領導作為產生抗拒的原因，主要來自於成員個人的身心特質、知識能力及態度。

### 2.組織因素

主要包括人際關係與溝通、組織結構、創新方案新措施不合理，缺乏配套措施、經費、設備，以至於窒礙難行，或是校長創新領導推動無方、缺少支持系統。

### 3.環境因素

係指學校內外部環境因素，包括各項資源（如經費、設備、人力）與技術。

## （二）校長推動創新領導作為過程中因應困難之策略

綜合專家學者之論述（吳定，1984；陳伯璋，1977；曾錦泉，2004；盧廷根，2004；謝文全，2000；Kotter & Schlesinger, 1999），想要獲得學校成員的認同與支持，化解校長創新性領導作為推動時可能遭遇的困難，依據不同階段，可以有不同策略，茲整理說明如下：

### 1.在創新性領導形成與執行之前

須規劃合理可行的創新方案，擬定完善配套措施，並與學校成員充分溝通，以消除成員的不安與疑慮，建立創新的共識與準備。

### 2.在創新性領導方案執行過程中

首先須謀求成員的參與及介入，以確定創新性領導作為的目標與內涵，能符合學校成員的需求；其次亦須透過提供誘因與獎酬，提供技術諮商和協助解決問題，採行漸進方式讓成員逐漸適應，以提升學校成員支持創新的意願，並降低反對者對創新性領導作為方案的阻力，進而促使成員參與革新規劃使其認同創新的學校文化。

### 3.創新性領導方案支援性及後續性策略

必須提供足夠的經費與資源支持創新，並和組織成員分享創新性領導作為方案的績效，以檢視和評估方案的優劣點，作為推動下一波創新

性領導作為方案的準備。

### 4.應避免的策略

應避免採取高壓與壟斷，以免招致成員更大的反彈。

## 伍、結語

誠如秦夢群（1999：11）所言：中小學校長主導了中小學的重大決策，對於教育的成敗，扮演了關鍵的角色，中小學校長的校務經營，自不能在這強調創新領導的時代缺席。面對社會、政治及經濟環境的急遽變遷，教育組織也受到劇烈的衝擊。校長領導一所學校，能否「創造出和推動有別於學校自己以往或他校已有的各種新作為」，以因應變局，亦即能否推動創新性領導作為或措施，關係著學校的經營績效、生存與競爭力。學校組織的變革，基本上亦需要校長推動創新性的領導措施，來引導學校朝向優質的方向改變或引進新事物（introduce new things）促進成長。

本文歸納國內外創新學理，建構「學校組織創新性領導內涵架構」，可供作校長推動創新領導時參考。此外，本文研擬十二項創新策略，以及創新領導作為推動時可能遭遇的困難，依據不同階段，提出不同因應策略，希望對中小學校長推動創新領導，能略盡棉薄之力。

### 問題與討論

一、如何培育校長創新領導的能力與知能？

二、創新領導如何融入學校實際之經營？

三、校長推動創新領導時，可以推動的創新面向為何？

四、創新領導對於學校經營成效如何評估？

# 參考文獻

## 中文部分

王世璋（2006）。**國小校長轉型領導、學校組織學習與學校組織創新關係之研究**。國立政治大學教育研究所博士論文，未出版。

丘昌泰（2007）。**非營利部門研究：治理、部門互動與社會創新**。臺北：智勝。

何霖（譯）（2007）。Geoffrey A. Moore著。**企業達爾文：如何能永遠創新？思科等百家企業印證的14種成功創新類型**。臺北：臉譜。（原著出版年：2005）

余明助等（2003）。**從異業聯盟觀點探討e-Learning之發展經驗—以宏聯電腦與天下趨勢為例**。2003電子商務與數位生活研討會資料。1212-1231。

吳松齡（2005）。**創新管理**。臺北：五南。

吳佩君（2006）。活力北縣，創意無限：從學校創新經營談起－專訪臺北縣政府教育局洪啓昌副局長。**教育研究月刊**，*145*，5-13。

吳素菁（2004）。**學校創新經營之研究以四所國民小學為例**。國立政治大學教育研究所碩士論文，未出版。

吳清山（2004）。學校創新經營理念與策略。**教師天地**，*128*，30-44。

吳清山、林天祐（2003）教育名詞—創新經營。**教育資料與研究**，*53*，134-135。

巫宗融（譯）（2001）。Peter, F. Drucker著。創新的修練。收錄於巫宗融（譯），**突破性思考**（頁145-164）。臺北：天下。

李明軒、邱如美譯（1996）。Michael E. Porter著。**國家競爭優勢**。臺北：天下。（原著出版年：1990）

李芳齡（譯）（2005）。C. M. Christensen, S. D. Anthony & E. A. Roth著。**創新者的修練**。臺北：天下。（原著出版年：2004）

李芳齡、李田樹（譯）（2004）。C. M. Christensen & M. E. Raynor著。**創新者的解答**。臺北：天下。（原著出版年：2003）

林文勝（2006）。**桃園縣國民小學校長轉型領導與學校創新經營關係之研究**。臺北市立教育大學教育行政與評鑑研究所碩士論文，未出版。

林信志（2006）。**國民中學行政團隊知識導向文化、知識分享與創新經營關係之研究**。國立政治大學教育研究所博士論文，未出版。

社團法人中華創意發展協會（2005）。*InnoSchool 2005*全國學校經營創新獎實施辦法。臺北：同作者。

柯雅欽（2006）。**國民小學校長轉型領導、組織創新與教師工作滿意度關係之研究**。國立高雄師範大學教育研究所碩士論文，未出版。

洪榮昭（2003）。**學校環境的創新策略**。臺北：中華創意發展協會。

紀慧如（2003）。**組織創新能力與創新績效之研究**。朝陽科技大學企業管理系碩士論文，未出版。

范熾文（2006）。**創新管理內涵與實施策略**。載於國立花蓮教育大學編，2006年臺灣教育學術研討會會議手冊。花蓮：國立花蓮教育大學。

徐瑞霞（2006）。**臺北縣校長領導行為與學校創新經營之研究**。國立臺北教育大學教育政策與管理研究所碩士論文，未出版。

秦夢群（1999）。校長職前教育之分析與探討。**教育資料與研究**，*29*，11-16。

張仁家、林明德（2004）。因應知識經濟時代學校創新經營的策略。**師說**，*183*，12-16。

張吉成、周談輝、黃文雄（2002）。**組織知識創新—企業與學校營的策略**。臺北：五南。

張明輝、顏秀如（2005）。學校創新經營的意涵與實施計畫。**中等教育**，*56(3)*，28-52。

許文志、楊英賢、吳俊賢（譯）（2007）。百瀨惠夫、篠原勳著。**創業與創新管理**。臺北：五南。

許士軍（1974）。**管理規劃與創新**。臺北：地球。

陳伯璋（1977）。**組織發展理論與其在學校組織革新上的意義**。國立臺

灣師範大學教育研究所碩士論文，未出版。

曾錦泉（2004）。**國民中學組織變革與校長工作壓力及因應策略之研究**。國立彰化師範大學教育研究所碩士論文，未出版。

黃秀媛（譯）（2005）。W. C. Kim & R. Mauborgne著。**藍海策略**。臺北：天下。（原著出版年：2005）

黃宗顯（2004）。平衡計分卡的基本觀念在學校創新經營上的應用。**教育研究月刊**，*124*，52-58。

黃麗美（2004）。**國中小組織創新氣氛與學校效能關係之研究**。國立臺灣師範大學工業科技教育研究所博士論文，未出版。

黃麗美（2004）。**國中小組織創新氣氛與學校效能關係之研究**。國立臺灣師範大學工業科技教育研究所博士論文，未出版。

楊子江、王美江譯（1997）。Nonaka, I. & Takeuchi, H著。**創新求勝**。臺北：源流。（原著出版年：1995）

董奇（1995）。創意學習新樂園。**教育資料文摘**，*41*(6)，101-124。

齊若蘭譯（2004）。Peter Drucker著。**彼得杜拉克的管理聖經**。臺北：遠流。（原著出版年：1954）

劉真如譯（2002）。Peter Drucker著。**下一個社會**。臺北：商周。（原著出版年：2002）

蔡純姿（2005）。**學校創新模式與衡量指標建構之研究**。國立臺南大學教育經營與管理研究所博士論文，未出版。

鄭明宗（2008）。1995年至2007年臺灣地區學校組織創新議題博碩士論文之分析與展望。**國立臺南大學教育經營與管理研究集刊**，*4*，147-175。

鄭英耀（2005）。**超越時空的驚艷：高雄市創造力教育願景與推動策略**。高雄：高雄市政府教育局。

盧廷根（2004）。國民教育階段學校創新經營的限制因素與解決策略之研究。**人文及社會科學教學通訊**，*15*(2)，76-87。

蕭富峰、李田樹（譯）（1998）。Peter Drucker著。**創新與創業精神—管理大師談創新實務與策略**。臺北：臉譜。（原著出版年：1985）

謝文全（2000）。學校行政。臺北：五南。

濮世緯（2003）。國小校長轉型領導、學校文化取向與學校創新經營關係之研究。國立政治大學教育研究所博士論文，未出版。

## 西文部分

Amabile, T. M.(1996). Assessing the work environment for creativity. *Academy of Management Journal, 39*(5), 1159-1162.

Basu, R. & Green, S.G.(1997). Leader-member exchange and transformational leadership: An empirical examination of innovative behaviors in leader-member dyads. *Journal of Applied Social Psychology.27*(6). 477-499.

Clayton M. Christensen(2004). *Seeing what's next: Using the theories of innovation to predict industry change*. Boston: Harvard Business School Press.

Elizabeth, M.(2001). Using technological innovation to improve the problem-solving skills of middle school students. *Clearing House, 74*(4), 211.

Guntern, G. (Ed.).(1997). *The challenge of creative leadership*. London: Shepheard-Walwyn.

Hughes, J. E. & Norris, K.(2001). *Creativity, innovation and strategy: The innovation challenge*. London: John Wiley & Sons Ltd.

Jerry ,G. (2002). Using ICT for innovation in schools. *Education Review, 16*(1), 68-71.

Kim, W. C. & Mauborgne, R. (2005). *Blue ocean strategy : How to create uncontested market space and make the competition irrelevant*. Boston: Harvard Business School Press.

Kotter, J. R. & Schlesinger, B.(1999). *What leadership really do*. Boston: Harvard Business School Press.

Mance, M., Murdock, M.C., & Puccio, G. J. (2006）. *Creative Leadership: Skills That Drive Change*. London:Sage Publications.

Mayer, R. E. (1999). Fifty years of creativity research. In R. J. Sternberg (Ed), Handbook of Creativity, 449-460. Cambridge: Cambridge University Press.

Nonaka, I., & Takeuchi, H.(1995). *The Knowledge-Creating Company.* New York: Oxford University Press.

Paige, R., Rees, N. S., Petrilli, M. J., & Gore, P.(2004). *Innovations in education :Innovative pathways to school leadership.* Washington, DC: Department of Education.

Poster, C. (Ed.). (1999). *Restructuring: The key effective school management.* London: Routledge.

Robbins, S. P.(1996). *Organization behavior: concepts, controversies and applications.* Englewood Cliffs, N. J. Prentice-Hall.

Ruggles, R., & Holtshouse, D.(1999). *The knowledge advantage.* Ernst & Young LLp, Capstone, U.S.A.

Sashkin, S. J. & Egermeire, J. D.(1992).Deterministic chaos in models of human behavior: Methodological issues and experimental results. *System Dynamics Review, 4,* 148-178.

Schmuck, M.(1987). *Mass communication research: Contemporary methods and applications.* New York: Longman.

Sharon, P.C.(1997). Innovation-resistance and innovation-producing organizations. *Journal of Business, 4,* 470-477.

Shavinina, L. V. (Eds.)(2006). *The international handbook on innovation.* Oxford, UK: Elsevier Limited.

Tarde, G. (1962) *The laws of imitation,* translated by E.C. Parsons with introduction by F. Giddings. Gloucester, MA: Peter Smith.

# 第十二章

# 道德領導

# 壹、前言

　　睽諸西方民主社會之教育行政領導，長久以來一直都是接受泰勒科學管理、專家系統分析、科技理性等思潮的影響（謝美慧，2000）。然而，由於時代潮流的更迭，後現代主義對現代主義強調工具理性的不滿、與現代主義哲學的對立、反權威基礎主義，以及對多元文化的重視，促使教育行政領導學者有感於領導的內涵中道德思維與倫理訴求的不足，加上對領導藝術與權力美學的追求，使得道德領導的理念因此產生（黃文三，2003）。

　　林純雯（2001）分析後現代思潮孕育道德領導的脈絡，有下列三項：一、人性尊嚴的注重更甚於行政效能的強調；二、領導者與被領導者間的角色不斷的轉換；三、重視脈絡決策過程應多元開放倫理對話。有鑑於此，美國教育學者Sergiovanni（1992）認為過去的領導太重視領導行為與技術，而忽略了領導者的信念、價值觀與個人願景等道德層面，無法使領導發揮最大的功能，因而提出道德領導（moral leadership）一詞。

　　謝文全（1998）指出教育是一種道德事業，學校是一個道德機構。R.S. Peters亦認為教育應兼顧合價值性（worthwhileness）、合認知性（cognitiveness）與合志願性（voluntariness）等三大規準（歐陽教，1992），而其中所謂合價值性即指教育是一種價值傳遞與創造的活動，故一切教育活動必須是有價值的，至少應合於道德的可欲性。是以，一所能善盡道德倫理教育之學校，方能享受倫理學校（ethical school）之美譽（謝文全，1998）。校長身為學校的領導者，應以身作則成為師生的楷模，發揮道德領導的特性，從追求共善的責任感與義務感出發，促進學校成員實踐正義倫理與道德勇氣，建立學校行政的專業倫理準則或規範，使學校成員能共同為學校教育的革新而努力（張明輝，1999）。

　　綜上所述，道德領導實為進入學校改革核心之關鍵領導型式。是以，本文茲就道德領導意涵與倡導者、道德領導理論分別作析述，最後

提出道德領導在學校的實踐與應用之要點，以作爲道德領導在學校經營
與管理上的建議。

## ▓ 貳、道德領導意涵與倡導者

　　美國教育學者Sergiovanni（1992）於其所著之《道德領導─進入
學校改革之核心》一書中曾提出道德領導的重要概念包括：道德領導
處於領導之心（the heart of leadership）的層次，是學校領導者根據
道德權威（moral authority），利用各種領導替代物（substitutes for
leadership），以激發人性潛力，使部屬成爲追隨者（followership），
進而共同建立德性學校（virtuous school）的一種領導方式。此外，
Sergiovanni （1992）亦指出，領導是一種態度，而不只是運用技術、
象徵地位。因此，領導者必須跳脫傳統的思考模式，發掘領導技術背後
之理論體系，喚醒領導者與組織成員對道德倫理之思考，以重新思索與
定義領導內涵。對照Burns（1978）所提出轉型領導之精神，是希望透
過引起從屬者的潛在動機，來滿足從屬者較高的需求，並且促使從屬者
能夠全心全意的投入。Sergiovanni所謂之道德領導便是使用轉型領導的
概念對學校改革提出批評及建議（林明地、江芳盛、楊振昇等，2000；
Owens, 1988）。由此可知，道德領導是由轉型領導的概念所延伸出來
的，Sergiovanni希望將轉型領導的概念更進一步推展到更高精神層次的
領導方式──道德領導。

　　Hudson（1997）認爲，道德領導係指領導者確立倫理的價值觀念，
以爲成員遵循的準則，其所發布的指示或命令都涉及道德價值，不同於
只講求角色任務發揮的領導方式。而且，包括：關懷夢想的實現、勇於
接受錯誤、鼓勵回饋所帶來的正面效應、歡迎不同的聲音及樂觀進取忠
誠希望的領導面向，皆是道德領導的精髓所在。

　　謝文全（1998）認爲，道德領導係指以道德權威爲基礎的領導，領
導者本著爲正義與善的責任感與義務感而行動，因而也獲得成員爲正義
與善而做事的回應。

　　林純雯（2001）認為，道德領導又稱倫理領導（ethical leadership），係指領導者在正當信念的基礎之上，先對自我作高度要求，致力於提升本身的道德修為，展現道德勇氣，再以自身高尚的道德修養與使人追隨的道德魅力，發揮對成員潛移默化之影響力，來引領組織成員，使其心悅誠服並自然而然地受其影響，進而建立起自身的義務感、責任心與正確的價值觀，以自動自發地完成任務，為組織目標而奉獻，共謀組織的永續發展。

　　顏童文（2002）認為，道德領導係指以倫理道德為基礎的領導方式，它擺脫了傳統科層體制中以權力為導向新型態的領導方式，強調領導者道德權威與影響力的建立，利用本身的世界觀與價值觀來引導組織成員，使得他人有感於領導者的道德魅力，而追隨者也心悅誠服的受其影響，在潛移默化中對其成員發揮影響力，進而使成員因本身的義務感而完成組織所交辦的使命，因義務心行使而建立領導者的道德權威。

　　綜合各學者專家所言，本文將道德領導意涵歸納要點如下：一、道德領導係建立在倫理道德權威的基礎上。二、道德領導乃以領導者的品德修養與個人魅力引領組織成員。三、道德領導可促使組織成員心悅誠服並自然而然地成為追隨者。四、道德領導是在培養組織成員義務感、責任心與正確的價值觀。五、道德領導的學校教育夢想是為學生建立德性學校。

## 參、道德領導理論

　　道德領導理論可由領導的權威來源、成員之工作動機、領導著重的層次等三大面向來論述之。首先，就領導的權威來源而言，依其來源（source）之不同，分為科層、心理、技術理性、專業、道德等五種權威，分述其要點如下（林純雯，2001；黃錦樟，2000；謝文全，1998；Sergiovanni, 1992）：

　　一、科層權威（bureaucratic authority）：來自職位，領導者本著層級節制與依法行事之原則控制成員，結果成員流於消極被動，表現平

平。

　　二、心理權威（psychological authority）：來自激勵與人際關係技術，領導者提供一些報酬，並發展和諧的氣氛，以滿足成員需求，易導致成員「得多少報酬就做多少事」的功利心理，表現不高。

　　三、技術理性權威（technical-rational authority）：來自邏輯與科學的驗證，建基於科學方法與科學精神，重視研究、標準化、訓練與監督，過度強調將使科學知識凌駕經驗，使成員易流為技匠，並且表現亦普通。

　　四、專業權威（professional authority）：來自專業知識，尊重成員的專業自主，領導者依專業實踐替代規則、技術，使其成為行事之標準，並且使專業規範成為處事之理由，因此成員的表現較能有所提升。

　　五、道德權威（moral authority）：來自責任與義務感，係基於康德關於義務論之論述，指出義務信念，是為義務而行動，非為個人的興趣、報酬與喜愛而為，因而成員能承擔責任與義務，作出超乎個人利益之考慮，具備團隊精神並能自治自律，表現優秀而且持久。

　　其次，就成員之工作動機來分析，大致可自三個方向思考，分述其要點如下（林純雯，2001；謝文全，1998；Sergiovanni, 1992）：

　　一、領導者若運用物質報酬來激勵成員，則此動機屬於外鑠，為「拿多少做多少」（what gets rewarded gets done）的態度，對於熱情、奉獻的鼓舞相當有限，此外，若將付出視為工作，人們便開始計算兩者間之對應關係。

　　二、領導者若運用工作的挑戰性與成就感來激勵成員，則此動機屬於內發，為「值得的就去做」（what is rewarding gets done）的心態，此時工作的本質或道德被外在成就感等所取代。

　　三、領導者若運用責任感與義務感以激勵成員，則此動機屬道德的，蘊含在工作當中，不需經嚴密監督便可表現良好，是為「善的就去做」（what is good gets done）的心態，此乃道德領導之範疇。

　　最後，就領導著重的層次而言，Sergiovanni（1992）認為過去對領導行為與技術之探討，只瞭解了領導之手（hand of leadership），而道

德領導所重視的價值觀與信念，是屬於領導之心（heart of leadership）的探究，手必須靠心來指揮，才能發揮其功能，而領導者心中所存的理念與價值觀會在其腦中產生心象（mindscapes），此心象稱為領導之腦（head of leadership）。因此，道德領導可分為三層次，分述其要點如下（林純雯，2001；謝文全，1998；Sergiovanni, 1992）：

一、領導之心（heart of leadership）：指領導者心中所存的信念、價值、夢想、願景等層面的特質，涉及領導者所相信、所珍視、所嚮往以及所承諾的願景，除了願景，領導之心更是內在世界實體的基礎，而道德領導所強調的，正是屬於領導之心的層級。

二、領導之腦（head of leadership）：指領導者心中所存的信念、價值、夢想、願景在其腦中產生的心象（mindscapes），係關於世界如何運作的心靈地圖，引導現實世界的領導該如何去作，此心象則屬於領導之腦。

三、領導之手（hand of leadership）：指領導的行為與技術，屬領導的實際運用方面，亦即傳統領導所重視的成員滿足、領導類型（獨裁或民主、任務或人際、倡導或關懷、指導或參與）等，亦是領導者所從事的行動、所作的決定，以及運用領導與管理策略所形成的學校方案、政策或工作程序。

任何一位領導者離開了領導之心或領導之腦，領導之手難以發揮功能；沒有領導之手，領導之心或領導之腦亦起不了作用。準此，吾人可知領導之心、領導之腦、領導之手三者乃息息相關、密不可分。

綜合上述，林純雯（2001）歸納其關係，從需求層次論、領導權威論、領導過程、領導層次、領導模式等面向，針對道德領導的性質做出說明，大體而言，道德領導相較於其他的領導方式，更為強調自我實現、道德權威、義務、領導之心，如表12-1所示：

**表12-1** 需求層次論、領導權威論、領導過程、領導層次與領導模式綜合表（林純雯，2001：43）

| | 需求層次論 | 領導權威論 | 領導過程 | 領導層次 | 領導模式 |
|---|---|---|---|---|---|
| 高層次需求 | 自我實現 | 道德權威 | 義務 | 領導之心 | |
| | （正義感、責任感） | | | | 「轉化」型 |
| | 自尊 | 專業權威 | 結合 | 領導之腦 | |
| 低層次需求 | 愛與隸屬 | 技術理性權威 | 建造 | 領導之手 | 「互易」型 |
| | 安全感 | 心理權威 | | | |
| | 生理需求 | 科層權威 | 交換 | | |

　　綜上觀之，茲歸納道德領導的理念有下列五項（林純雯，2001；顏童文，2002）：1.道德領導以道德權威爲基礎：領導者視成員爲專家，尊重其專業素養，利用自身具有道德權威的吸引力，使成員產生價值的追尋，使成員的表現優秀而持久。2.道德領導重視人的自我實現：領導者要與成員們分享自身的價值觀與信念，培養成員的道德心與義務感，以善爲行爲處事的準則，並期自我實現；3.道德領導屬於「領導之心」的層級：其所觸及的價值觀與信念，正是領導的核心動力。4.道德領導強調相互轉化的關係：領導者與成員間，彼此之間相互尊重與肯定，超然於利益互換與條件交換的現實層面，以維繫組織順利運作。5.道德領導以義務心爲領導的依據：有感於領導者獨特的道德影響力，使成員在行事中受義務心的驅使而自動行事。

　　吳清山、林天祐（2002）即指出，道德領導超越了科層領導，可以產生附加價值的領導（value-added leadership）效果，使組織成員願意投入與奉獻，爲達成組織之目標而奮鬥不懈。Judith（2003）認爲，道德領導可聯合人類的潛力與提高人類的潛能，以及創造有效的道德問題

解決能力，因此學校應幫助學生獲得自覺、實踐倫理行爲與發展服務精神與全球化意識。Jacob（2006）亦認爲道德領導有利於影響教師聘僱及存留之潛能；Robert（2002）指出，美國在歷經911恐怖攻擊後，學校內的教職員工與學生都渴望校長的道德領導及支持。因此，一位學校領導者如果能夠善用道德領導的理念，並將理念化爲實際，將有助於提升學校成員的表現，進而創造學校的希望與活力、追求卓越之教育願景。Sergiovanni（2000）認爲，要落實道德領導，學校文化乃爲重要的一環，學校文化提供學校欲建立其特質的架構，學校特質從本質上就關聯到學校效能之優劣。Sergiovanni（1994）指出，提升學校效能的主因來自於組織整體能力，而組織整體能力就是組織中每位成員所有能力的整合。是以，Sergiovanni（2000；2002；2004）主張透過道德領導，建立學校社群（building community in schools），也就是將社群的概念建立於學校中，透過學校成員對於組織共享價值、理念、信仰、承諾，型塑合作性的文化，讓組織的社群文化和成員的專業承諾替代直接領導行爲。Sergiovanni（1995）指出，道德領導所觸及之共享價值、信念，正可發揮領導替代物（substitutes for leadership）之功效。Sergiovanni（2005）更進一步指出，欲「增強學校心跳」，領導與學習必須同時實行，學校領導者必須與其他人分享領導的責任，創造合作性的文化，並成爲持續的學習者，以賦能教師、建立社群、提供利益，產生附加價值的領導效果，無論校長、教師、家長與學生都共同爲建立學校品質而努力以赴。綜合而言，道德領導的目的，乃在於提升學校效能，促進學校之進步與發展（林俊傑，2007）。

## ▨▨ 肆、道德領導在學校的實踐與應用

黃錦樟（2000）認爲西方目前的有效能學校研究（effective school studies）正致力於尋找出促成學校長久維持高效能之因素。但長期以來，此類研究傾向追隨科學的分析方法，集中於對學校管理制度或文化、結構與運作，甚至是課堂教學的研究，甚少留意領導者的價值觀與

道德水平。此一缺憾，正是高效能學校研究一直未能有所突破的主因。林明地（1999）亦認為，重建學校道德領導有其必須性理由如下：一、學校領導者的核心工作具有道德意義；二、品格與德性之塑造任務有道德上考量；三、學校相關的標準取捨涉及價值的判斷；四、學校中權力的不平等現象有道德意義；五、學校領導者自由裁量行為有道德意義。由上所述，學校領導者若能體認道德領導的重要性與必須性，貫徹道德領導之理念與作法，用心經營、努力以赴，將可在學校經營與管理上，開創出另一番新風貌。

本文歸納道德領導的主要作法有下列五項（黃文三，2003；謝文全，1998；Sergiovanni, 1992）：一、要具有批判倫理（ethic of critique）的精神：批判倫理的精神就是要符合後現代的潮流，要具有批判的精神，對於不合理的地方，能勇敢地作理性的檢討改進，身為一個領導者應隨時接受新知識，時時反省自己；二、要落實正義倫理（ethic of justice）的基礎：正義倫理是落實後現代思潮批判精神的重心，唯有領導者的行為合乎倫理正義，才稱得上是符合道德領導；三、要發揮人我的關懷倫理（ethic of care）：對於從屬者的需要與福祉，必須予以尊重、鼓勵和支持，發揮「吾—汝」（I-Thou）的關懷倫理；四、基於倫理道德做好選擇：領導者在遇到各方觀點與要求相互衝突、對錯之間模糊不明時，必須秉持著倫理道德的規準，作出獨立的判斷，做好最佳的選擇；五、重建道德與專業的權威：經由個人之所好與社會利益相互結合，以保障個人與社會的共同發展，共同培養部屬具有工作的熱誠與使命感。

綜合以上道德領導的理念與作法，茲羅列道德領導在學校的實踐與應用要點，詳述如下：

# 一、學校應積極推動道德領導理念，以進入學校改革核心

Greenfield（1993）曾指出：(一)學校是一個道德的機構，負責道德社會化的重要功能。(二)學校所服務的對象多為未成年，且多數沒有就學與否的自我選擇機會，學校行政人員乃成為道德的代理人（moral

agents），是道德的行動者，有責任從事有意識的道德行動。(三)學校領
導的倫理學觀念已被列入美國學校行政人員的倫理宣言（the Statement
of Ethics for School Administration）之規準中。(四)事實上學校領導者每
天的工作幾乎都面對數量不一、程度高低不同的道德價值衝突。所謂：
「十年樹木，百年樹人」，教育是國家百年大業，正因學校組織較其他
行政組織而言，益加任重而道遠，是以運用道德領導於學校組織，將助
益學校充分發揮教育功能，為其他領導方式所無可取代。因此，學校教
育應善盡其道德教育的責任、扛起道德教育工作的重擔，於教授知識與
技能之餘，亦應教授道德倫理，方可造就才德兼備之後進。而且，除了
學生須接受倫理、道德教育的薰陶之外，教師、行政人員與校長，也必
須對道德教育與道德領導的內涵有所認知與認同，學校全體同仁都應具
備道德信念，進而實踐道德之行為，從事道德教育工作，真正進入學校
改革核心。

## 二、校長須培養道德價值並以身作則，以成為同仁的楷模

　　林純雯（2001）認為道德領導注重領導者「以德服人」、「以理服
人」，而不是「以力服人」。校長身為一校之長，擔負起興辦教育以振
興社會風氣的重責大任，就必須自培養本身道德價值與提升人品修養做
起，才能以身作則，成為學校同仁的楷模，發揮潛移默化之影響力至整
個學校、社區，甚至於社會。茲提出具體作法如下（林純雯，2001）：
(一)做好道德選擇：校長應以學校整體利益為優先考量，不因私而忘
公。(二)落實正義倫理：校長宜明示學校成員在處理校務時，應秉持正
義倫理原則。(三)遵守道德規約：校長應遵守道德規約與堅持道德理
想，不接受賄賂、招待與關說，杜絕不當外力干預校務。(四)具有批判
倫理：校長應勇於反省、批判及改善學校內外不合理規範與作為。(五)
發揮關懷倫理：校長應在學校成員有困難時，表達誠摯的關懷，將師生
視為生命共同體。因此，校長若能以道德領導深自期許，則校長的治校
理念與作為更易獲得同仁的支持與認同，校長的人格素養將獲得敬佩與
愛戴，其與同仁彼此之間，進一步得以互相信任、支援、提攜、鼓勵，

自共事中培養感情、發展默契,使得學校中的每一個成員都心悅誠服地
爲教育志業而努力,型塑學校成爲一個充滿道德倫理的美好園地。

## 三、建構學校正義與善的倫理環境,以改善不合理之規範及作爲

吳清山、林天祐(2002)指出,道德領導就是領導者基於正義與善
來領導部屬,而部屬亦因領導者的正義與善而勇於任事,進而發揮領導
的效能。正如同Enomoto(1997)所言,道德與正義乃一體的兩面,領
導者應確實落實正義倫理(ethic of justice),秉持公正理性的原則,
來從事行政決定或處理行政問題(謝文全,2005)。茲提出具體作法如
下(馮丰儀,2007):(一)尊重個人權利:對於師生的權利都應予以公
平的對待與尊重,如尊重學生的受教權與教師的教學自主性,不因追求
效率而損害少數人的權益。(二)履行專業義務:從專業義務的角度去思
考,不受外在利益和誘惑的影響。(三)遵循專業律則:除了遵守一般的
道德規則外,與學校行政有關之法律、倫理守則,都應予以遵守,以之
爲行事依據。(四)重視公平程序:秉持公平、公正、公開的原則,確保
師生的權利都能夠受到保障,不受任何利益或特權的影響。因此,學校
應積極建構正義與善的倫理環境,並配合道德教育、法制教育等研習或
活動,促使學校行政運作均能符應正義倫理之理念,進而修正學校中不
合理規範,勇於爲師生全體爭取權益,避免不道德之壓迫或對待。

## 四、鼓勵師生進行批判性倫理思辨,以訓練理性思考能力

學校組織中道德倫理的問題無所不在,尤其在教育工作當中,更無
法避免面對道德兩難困境或衝突。所謂道德兩難或衝突係指同時面對兩
個或兩個以上的道德原則,且只能選擇其中一個時,不知該如何加以選
擇(黃文三,2003)。茲提出具體作法如下(馮丰儀,2007):(一)建
立批判意識:重視個人的批判反省,即批判地檢視理所當然的現象,避
免事先預設立場,以既有的框架來看待所有的事物。(二)關注不合理或
不公平的現象且勇於行動促使轉化:對於學校組織中的權力、知識及資

源或利益分配進行檢視，以對學校或社會中所存在的不合理、不公平的
現象，和自己在不平等關係所處之地位有所知覺與加以批判，並能勇於
採取行動，促進學校組織的轉化或改變。(三)知覺學校與社會脈絡間關
係及個人社會責任：建立學校成為自由民主的論壇，使得學生得以透過
民主的參與，自由的發言來學習自由民主的論述，致力於社會正義的維
持。(四)鼓勵開放真誠的對話：尊重學校組織成員的主體性，致力建構
理想的言談情境，以平等、開放、真誠的對話來與師生同仁進行溝通，
談論的內容具有正確性與真實性，並且運用與成員相同背景的言語溝
通，促使共識的達成，進而產生共同的願景來轉化學校。因此，校長應
帶頭實行批判倫理，鼓勵師生進行批判性倫理思辨，帶領師生共同建構
道德問題的解決模式，以訓練師生培養理性思考、冷靜分析、勇於批判
之能力。

## 五、關懷教師同仁與學校弱勢團體，以增強義務心與認同感

　　道德關懷極重視人與人間之關係，因此實施道德領導之校長應視人
如己，化小愛為大愛，推己及人，對部屬或同仁衷心關懷，給予教師充
分的尊重與授權，保障其專業自主權，並對學校弱勢團體多所關懷、
提供協助，以建立一個溫馨、和諧與友善的學校社群。茲提出具體作
法如下（林純雯，2001）：(一)真誠關懷教師需求：除了瞭解教師之教
學情況，還須真誠地關心其健康情形、生活概況，並考慮個別差異，在
合理公道的原則下，盡可能為其提供適當的協助與服務，此外，亦可藉
正式或非正式的溝通機會，與同仁分享對於教育事務之看法，增進彼此
的情誼。(二)落實教師增權益能（empowerment）：認同教師專業，肯
定教師之教育熱忱，且信任教師的教學能力，並願意適當放下權力，
允諾教師專業自主，提倡班級本位，並視教師為工作夥伴，鼓勵教師共
同參與校務，以激發其自我價值感，增強其義務心與認同感。(三)善待
學校弱勢團體：善待、關懷、體恤學校中社經地位、種族、族群處於
劣勢或身、心障礙的學生，以及學校中的女性教師，並暢通溝通的管

道，學習以包容的態度和同理心來積極傾聽不同的意見，尊重他者（the others）、瞭解差異，保障學校弱勢團體其人權與尊嚴。(四)構築「理想的溝通言談情境」（ideal speech situation）：秉持著溝通理性的原則，以構築校園中「理想的溝通言談情境」，耐心傾聽來自底層的聲音，使師生同仁都願意將自己的想法誠實說出來，使學校確實掌握其需求，採取適當的關懷，營造充滿信任、支持與關懷的校園氛圍。

## 六、充分運用校外團體、家長及社區資源，以累積師生之道德經驗

學校組織的設計目的之一，乃為促進社會規範之建立，因此透過校長、教師、學生、家長與社區人士之努力，藉由校內與校外資源共享、同心協力，將可把善行義舉推廣到學校與社區，並將此良風美俗導引至社會，逐漸改善社會風氣、確立社會倫理。茲提出具體作法如下（林純雯，2001）：(一)與校外相關團體合作：學校可借用校外各種相關團體之人力資源，或是軟硬體設備之支援，亦可與宗教團體或社會公益合作，提供師生擔任義工、服務社會之機會，使其能知福、惜福、再造福，不僅有助學校公共關係之建立，更可進而提升師生之道德修養。(二)結合家長及社區資源：學校可邀請家長參與母親節的感恩會，或是舉辦道德體驗營，亦可安排社區服務活動，使師生實地參與服務，體會勞動行善之樂，拉近學校與社區之距離。(三)與成功實施道德領導之學校進行雙向互動：安排教教師同仁參觀、訪視成功實施道德領導之案例學校，透過聽取簡報、檔案閱讀、實地觀察，以及與該校師生同仁，甚至家長，進行雙向且面對面的溝通討論，深入瞭解道德領導的實質內涵與具體行動，以作為標竿學習之典範。(四)敦請專家學者指導並從事道德領導行動研究：主動敦請、延攬於道德領導領域學有專精之專家學者，蒞校作專題演講，或長期指導，或擔任顧問，以提供意見、釐清迷思，亦可協助校長或教師從事道德領導行動研究，並於研究完成之後，發表於研討會或期刊、學報之中，有助於研究成果上進一步累積。(五)將道德領導納入校長遴選儲訓機制與師資培育課程之中：教育行政當局

可將道德領導納入校長遴選儲訓機制當中，不僅於校長遴選過程中，延請深具道德領導理念之學者專家擔任評審，亦可將道德領導列入校長的遴選指標之一；此外，在儲訓校長或培育師資的課程中，應安排專業倫理與道德領導之相關課程或主題，藉由角色扮演、價值澄清與兩難辯論的教學，促進其道德領導之專業成長。

# 伍、結語

　　孔子又被稱作「東方的蘇格拉底」，而蘇格拉底則有「西方的孔子」之美譽，兩人的思想均強調「德」與「善」的重要性。但不可諱言地，現今人們的道德意識已日漸薄弱，1989年聯合國教科文組織在「面向21世紀研討會」中即明白揭示，道德、倫理、價值觀將是21世紀人類面臨的首要挑戰（周慧菁，2004）。《天下》雜誌於2004年更選擇「品格」作為當年度教育特刊主軸，標題為「品格決勝負—未來人才的秘密」，旋即引發國人的諸多迴響，品格甚至成為社會大眾熱門探討的議題，而品德教育亦逐獲各界的重視（李琪明，2007）。

　　因此，道德（或稱品德、品格）乃是決勝未來的關鍵，道德領導的概念實為今日與未來領導者提供了一盞明燈。尤其教育是一種道德事業，學校是一個道德機構（謝文全，1998），其內涵當然必須包括道德教育，教師皆應扮演道德「催化者」的角色，校長作為學校的領導者，更應以身作則成為全校師生之楷模，透過校長施行道德領導及道德教育的實施，培養學校成員重視道德倫理、公平正義之價值觀，營造校園關懷、和諧氣氛，增進師生同仁關係，建立校園之倫理規範，進而風行草偃至全校教師、行政人員、學生，甚至是家長，都能以符合道德規準之行為規範來行事，並視道德品格之養成為首要學校教育目標。由此可知，道德領導乃是「進入學校改革核心」之關鍵所在，亦是「學校行政領導的另一扇窗」（謝文全，1998；Sergiovanni, 1992），更是學校經營與管理的最高行動指引。

　　然而，依據林明地（1999）的分析和歸納，學校實施道德領導可能

的限制如下：一、學校問題具有模糊不確定性；二、傳統道德兩難問題不易解決；三、忽略了責任和義務激勵力量；四、領導者深受傳統權力的桎梏；五、同僚間缺乏專業的互享氣氛。是以，面對以上可能的限制，若要保有生機，則必須促使校長與教師均能從追求共善的責任感與義務感出發，藉此引起師生同仁的共鳴，使學校成員在為組織奉獻心力的過程當中，也能體驗高峰經驗，達成自我實現，以活出生命的價值和意義。

綜上所述，本文建議學校行政人員實施並落實本研究所歸納多項道德領導在學校實踐與應用之要點：學校應積極推動道德領導理念，以進入學校改革核心；校長須培養道德價值並以身作則，以成為同仁的楷模；建構學校正義與善的倫理環境，以改善不合理之規範及作為；鼓勵師生進行批判性倫理思辨，以訓練理性思考能力；關懷教師同仁與學校弱勢團體，以增強義務心與認同感；充分運用校外團體、家長及社區資源，以累積師生之道德經驗。質言之，若能從以上六大途徑入手，則可臻至道德學校之目標，實現道德社會之理想亦將指日可待。

## 問題與討論

一、何謂道德領導？道德領導之理論內涵為何？

二、道德領導與轉型領導有何異同？道德領導在學校實踐與應用之作法為何？

三、學校實施道德領導可能的限制及生機為何？

四、學校校長該如何發揮道德領導之理念，成為卓越的學校領導人？

# 參考文獻

## 中文部分

吳清山、林天佑（2002）。道德領導。**教育研究月刊**，*98*，144。

李琪明（2007）。**學校品德教育推動策略及評鑑指標**。教育部委託專案研究。

周慧菁（2004）。品格：新世紀的第一堂課。載於何琦瑜、鄭一菁等著：**品格決勝負：未來人才的秘密**。臺北：天下雜誌。

林明地（1999）。重建學校領導的倫理學觀念。**教育政策論壇**，*2*(2)，129-156。

林明地、楊振昇、江芳盛等譯（2000）。R. G. Owens（1998）原著。**教育組織行為**（*Organizational behavior in education*）。臺北：揚智文化公司。

林俊傑（2007）。道德領導與學校經營。**學校行政雙月刊**，*48*，210-224。

林純雯（2001）。**國民中學校長道德領導之研究**。國立臺灣師範大學教育研究所碩士論文，未出版，臺北市。

馮丰儀（2007）。學校行政倫理理論內涵及實踐之探究。**教育研究與發展期刊**，*3*(3)，219-248。

黃文三（2003）。**建構主義的教育思想及其在21世紀道德領導上的啟示**。第一屆德行教育與軍事專業倫理學術研討會論文。高雄市：海軍軍官學校。

黃錦樟（2000）。**傳統文化與道德領導：傳統道德領導能否取代西方理論成為東亞地區學校領導的範式？**新世紀教育發展與規劃學術研討會論文。臺北：國立臺灣師範大學教育學系。

歐陽教（1992）。**德育原理**。臺北：文景。

謝文全（1998）。道德領導—學校行政領導的另一扇窗。輯於林玉体主編：**跨世紀的教育演變**，頁237-253。臺北：文景。

謝文全（2005）。**教育行政學**。臺北：高等教育。

謝美慧（2000）。新世紀教育行政領導理念—後現代領導。**學校行政雙月刊**，9，64-75。

顏童文（2002）。**中部四縣市國民小學校長道德領導之研究**。暨南國際大學教育政策與行政研究所碩士論文，未出版，南投縣。

## 西文部分

Burns, J. M. (1978). *Leadership*. N.Y.：Harper & Row.

Greenfield, W. D. (1993). Articulating values and ethics in administrator preparation. In Colleen, A. C. (ed), *Educational administration in a pluralistic society* (pp.267-287). Albany, New York: SUNY.

Hudson, J. (1997). Ethical leadership: The soul of policy making. *Journal of school leadership, 7*(5), 506-520.

Jacob, E. (2006). Alternative route urban teacher retention and implications for principals' moral leadership. *Educational Studies, 32*(3), 241-250.

Judith, A. J. (2003). Education-The journey to moral leadership and moral citizenship. *Centre for Development of Teaching and Learning, 6*(4), 10-12.

Owens, R. G. (1998). *Organization behavior in education* (6th ed.). Boston: Allyn and Bacon.

Robert, A. C. (2002). Presidential leadership—moral leadership in the new millennium. *Liberal Education, 88*(4), 6-13.

Sergiovanni, T. J. (1994). *Building community in schools*. San Francisco: Jossey-Bass Publishers.

Sergiovanni, T. J. (1992). *Moral leadership: Getting to the heart of school improvement*. San Francisco: Jossey-Bass Publish.

Sergiovanni, T. J. (1995). *The principalship: A reflective practice perspective*. Boston: Allyn and Bacon.

Sergiovanni, T. J. (2000). The Lifeworld of Leadership—Creating culture, community, and personal meaning in our schools. San Francisco:

Jossey-Bass Publishers.

Sergiovanni, T. J. (2002). *Leadership: What's in it for schools?*. New York: Routledge.

Sergiovanni, T. J. (2004). Collaborative cultures & communities of practice. *Principle Leadership, 5*(1), 48-52.

Sergiovanni, T. J. (2005). *Strengthening the Heartbeat: Leading and Learning Together in Schools*. San Francisco, CA: Jossey-Bass Books.

第十三章

# 教學領導與
# 課程領導

# 壹、前言

　　「追求卓越，提升教育品質」是教育追求的目標，也是教育改革的核心工作，更是學校經營的具體方針。要達成此目標，校長的領導正是關鍵所在；所謂「一個學校的歷史，可以顯現出歷任校長的作為」、「有怎樣的校長，就有怎樣的學校」，校長是學校的靈魂人物，攸關學校的發展與進步。

　　隨著近十年來國內教育改革的各種主張：「以學校為中心管理」、「校長定位為首席教師兼行政主管」（教育改革諮詢總報告書，1996）；特別是在教育基本法和教師法的公布後，學校權力生態，呈現行政、教師、家長鼎足而三的態勢（張明輝，2001）；且由於強調開放、績效、民主與自主，不但需成立課程發展委員會，發展學校本位課程之外，尚要推行九年一貫課程；再者，國民教育法的修訂公布，擴大了彈性課程與設備，確定了教科書編審的制度，明定了教師參與教科書審定的機制及領域提出教學計畫的事實（教育部，1999），而這些繁重的教學與課程的實務工作要能成功，必須建立在有效的領導之上。

　　從學校核心任務——「高品質的教與學」達成的角度（林明地，2000）和學校主要的要務在提供學生妥當、適性的課程，安排有效的教學，讓學生能夠快樂無憂的學習成長來看，課程與教學常被視為學校教育過程的核心（黃嘉雄，2002）。而好的課程內容，有賴於教育工作同仁縝密而完善的規劃設計；充實活潑的設計課程，必須透過有效的教學歷程，才能達到目的。因此學校行政領導者需將課程管理、教學領導，列為研究的重心，亦即將行政重點放在課程與教學的領導；塑造專業、參與、分享和開放的學校文化氣氛，發揮課程領導的力量，促進課程的發展（蔡清田，2001）。

　　根據學者專家的研究，教學領導指的是領導者如何巧妙地運用士氣與願景帶領老師們在教學上發揮所長（Blase & Blase, 2000；Jantzi & Leithwood, 1996；Quinn, 2002；Southworth, 2002）；而課程領導

的意涵則是領導者如何統合課程事務以協助老師們竭盡全力進行教學（Henderson & Hawthorn, 1995；McGee, 1997）；另外，吳清山與林天祐（2001）認爲課程領導（curriculum leadership）與教學領導（instructional leadership）是密不可分的，教學領導不能孤立於課程之外，課程領導也不能自外於教學，教學領導有助於課程的持續發展與改進，課程領導能夠強化教師教學行爲效果的提升。

　　所以本文擬採教學領導與課程領導併立的模式來探討其意涵、理論與在學校行政上的實踐，只是詳細分析時，會先採分開說明，如意義、發展過程、內涵的分析，進而統合性地探討其研究趨勢和在學校行政上的實踐。

# 貳、教學領導與課程領導的意義

## 一、教學領導的意義

教學領導可以有狹義與廣義兩層面之分（Sheppard, 1993）：

### （一）狹義的教學領導

　　就狹義的觀點而言，教學領導係指校長所從事與教師教學、或與學生學習有直接關係的行爲或活動（Edmonds, 1979; Firestone & Harriot, 1982）。亦即將校長教學領導界定在教室教學（Edmonds, 1979; Pantelides, 1991; Hallinger, 1992）、輔導教師教學（Edmonds, 1979; Pantelides, 1991; Hallinger, 1992）、教學與課程設計之直接參與等與教學直接有關的層面上（Pantelides, 1991; Hallinger, 1992），較不涵蓋學校整體領導對於教學之間接功能。

### （二）廣義的教學領導

　　晚近的教學領導觀點則趨近於廣義的看法；這種廣義的教學領導不侷限於教室的教學層面，而以校長角色爲出發點，涵蓋校長所有的行

政作為，界定在校內所有與教學直接或間接相關的事宜上（Bullard & Taylor, 1993; De Bevoise, 1984; Greenfield, 1987; Hallinger, 1992; Keefe & Jenkins, 1991; Marsh, 1992; Reitzug, 1997; Smith & Andrews, 1989）。包含所有能提升教師教學成效與學生學習成果之相關活動，舉凡教學品質、課程安排、教師專業發展、學生學習、環境安排、塑造合作的學校文化以及支持教學與學習的各項措施等皆屬於校長教學領導的範疇。所以校長教學領導是一種透過領導行為、行政措施或授權下屬，以落實發展學校教學任務與目標、確保課程品質、確保教學品質、促進教師專業成長、增進學生學習氣氛及發展支持性的工作環境等領導作為之歷程（楊振昇；1997；林俊杰，2005）。而國內研究者對於校長教學領導的發展，時值美國對於教學領導研究的晚期，對於校長教學領導的定義是屬於廣義的觀點（林俊杰，2005）。

## 二、課程領導的意義

　　吳清山和林天祐（2001）認為課程領導係指在課程發展過程中，對於教學方法、課程設計、課程實施和課程評鑑提供支援與引導，以幫助教師有效教學和提升學生學習效果；高新建（2001）表示：課程領導是教育人員對學校的課程相關事務所表現的領導行為。舉凡教育人員從事能使學校的課程、教師的教學及學生的學習，更為理想有效的各項作為，都可視為是課程領導的行為；蘇美麗（2002）將課程領導定義為：校長考量整體情境脈絡，配合對課程專業、同僚的認知，提供相關資源，使教師依其專業發展，共同從事課程選擇、組織、實施與評鑑，以提升學生問題解決的能力；而許惠茹（2005）歸納多位學者（王霄燕，2001；邱惜玄，2001；徐超聖，1999；黃旭鈞，2003；龔素丹，2002；Glatthorn, 2000）的觀點加以分析整理，提出五項校長課程領導的要義，包括：(一)課程領導者應以積極參與的態度，依據目標導向，為學生的未來提供適切的學習計畫；(二)課程領導者必須協助學校學生課程的發展及成員的專業成長，並且應積極且具創造性回應社會各方面的需求；(三)校長的課程領導應具備課程專業知識為基礎，才能協助教師提

升課程品質，提升學生學習成效，達成教育目標；(四)校長應具備課程哲學與課程知識觀，並配合領導行為的運用，領導學校成員積極進行課程發展；(五)校長的課程領導應認清自己角色，整合資源，塑造合作的學校文化。總之，課程領導即是領導者基於課程專業知能，為提升學校整體課程、教學與學習情境，結合相關人員，經由各種領導行為，整合各項資源，進行課程規劃、發展、設計、實施、評鑑，以求發揮實際的影響力，進而達成學校教育目標之歷程。

# 參、教學領導與課程領導的發展與內涵

## 一、教學領導的發展

　　教學領導的概念源自美國（李安民，1997），李明芸（2004）將其區分為1960年代、1970年代、1980年代及1990年代等四個階段。第一階段：1960年代，受到1957年在蘇俄史普尼克（Sputnik）人造衛星及1966年柯爾曼（Coleman）報告書的影響，強調聯邦政府積極致力於學校課程的革新及「有效能學校運動」（effective school movement），強調校長教學領導的角色與功能；第二階段：1970年代，此時期幾乎很少有校長能夠避免掉實施方案和課程管理的責任，相對於他們以前維持現狀的角色，已隱約可見校長角色朝向學校改革邁進。而由於聯邦方案的增加，校長已然成為「方案代理人」（李安明，1997）；第三階段：1980年代，有鑑於課程與教學改革期間，學校雖然投入了大量的人力和物力，但達成的目標有限，因此已不能接受校長只扮演維持學校平順和方案管理的角色，甚至進一步建議校長要去扮演教育改革的中心角色（Edmonds, 1979）；第四階段：1990年代以後，強調校長轉型領導者的角色，但並沒有放棄校長教學領導的重要性（李新寶，2001）。

　　至於國內「教學領導」一詞在民國75年鄭進丁已引用（鄭進丁，1986）；而校長教學領導概念的形成，應該是由「教育視導」及「教學視導」逐漸發展而成「教學領導」，藉著內容的突破與方式的轉變等歷

程，以期能建立領導者與被領導者間友善與合作關係，進而達成改善教學的目標（蔡美姿，2006）。而教育視導：意含視察與輔導，指的是中央或地方教育主管機關之教育行政人員以視察及輔導的方式，督導學校依照既定的計畫和目標來完成工作，因此重點在行政事務（蔡美姿，2006）；而教學視導：可追溯到民國75年臺灣省政府教育廳訂頒的「臺灣省加強國民中小學改進教學方法實施要項」，不只對各科教學目標與方法等有詳盡的規定外，也明確規定行政人員如校長、教務處、訓導處等之教學視導的職責；此時強調教學視導要確保所有教學的各項活動，能依一定的程序與規準來順利進行（蔡美姿，2006）；進入教學領導：是近年來，由於民主思潮的影響，一般教師對於「視導」一詞，總有被上級監督的感覺，因此排斥多於接受，為了改變大家的觀念，使教學視導能切實執行，以提升教學效果，於是「教學視導」轉化成「教學領導」，強化輔導的態度與方法；再加上學者們（魯先華，1994；趙廣林，1996；楊振昇，1997；李安民，1997）對教學領導的推波助瀾，終致形成。

## 二、課程領導的發展

黃旭鈞（2003）認為課程領導的發展可追溯到1970年代，其發展可分四個時期，包括要素確立期、概念發展期、模式建立期及實際應用期。

### （一）要素確立期

此時期最主要的發展在確立課程領導的要素及其特徵；包括了課程要素與領導要素，而其中課程要素主要在課程發展與管理，領導要素則有支持課程發展的團隊合作、激勵、溝通等行政領導要素。

### （二）概念發展期

此時期最主要的發展在確立課程領導的功能與任務，其中包括Bradley（1985）的課程領導者的六項任務研究、Glatthorn（2000）的課

程領導者的十一項職責研究、Hatfield（1989）的實施同儕課程領導者的六項組織要素研究、Fielding（1990）的課程領導者的四項任務研究及Bailey（1990）的十二項課程領導守則研究，是此階段較具代表性的論述。

### （三）模式建立期

此時期主要是指課程領導的概念發展已漸趨完整，而逐漸建立一些課程領導模式。黃旭鈞（2003）舉美國的課程領導中心「CLI模式」及加拿大的「DIME模式」為例來說明。其中的「CLI模式」指美國Kansas州的Emporia州立大學和幾所公立中小學所組成的團隊所成立的「課程領導中心」（Curriculum Leadership Institute-CLI）；而「DIME模式」指加拿大薩克其萬省教育廳所發展的模式，重點在新課程發展經過的四個時期：發展（Development）、實施（Implementation）、維護（Maintenance）和評鑑（Evaluation）。

### （四）實際應用期

此時期指透過「CLI」和「DIME」課程領導模式的實際應用，不只指引課程領導實務的進行，驗證與修訂，同時縮短課程領導理論與實踐之間的差距。

另外，黃旭鈞（2003）進一步指出國內的校長課程領導研究，主要是隨著九年一貫課程的實施後逐漸受到重視，除一些學者（林明地，2000；徐超聖，1999；高新建，2001；單文經，2001；黃旭鈞，2001；黃政傑，1999；黃嘉雄，1999）陸續發表過相關的文章外，也陸續有研究生的論文（王月美，2001；王霄燕，2001；李隆盛，2003；潘慧貞，2001；陳榮昌，2004；陳世修，2004；陳美如，2004；張志豪，2004；楊美惠，2005）以此主題做研究，亦即課程領導的研究主角由校長開始，接著轉入校長、教務主任和領域召集人等。

## 三、教學領導與課程領導的近期發展

有關教學領導與課程領導的近期發展，徐超聖和李明芸（2005）分兩方面來討論。

### （一）教學領導與課程領導研究和行政領導研究同樣受重視

自九年一貫課程實施後，學校面臨科目的整併、課程的統整、教學時數的調整，以及與其他教師進行協同合作等問題。因此，對今日的校長而言，教學領導與課程領導和行政領導一樣重要（徐超聖和李明芸，2005）。游家政（2002）也指出當前的教育改革倡導學校本位課程發展之際，學校的領導者不能畫地自限在狹隘的「課程行政」和「教學領導」，而必須擴大爲「課程領導」。

### （二）教學領導與課程領導研究對象兼及校長以外人員

有關教學領導與課程領導者的研究，基於教學領導與課程領導人人有責的理念，目前均有從過去以校長爲主的研究轉到兼及校長以外人員的研究趨勢。

在課程領導方面，課程領導對象除校長外，學校其他成員如教務主任、領域召集人、教師、家長或社區人士都可以是課程領導的執行者，而研究議題包括敘說研究、道德意蘊等（歐用生，2004a、2004b、2004c）。而在教學領導方面，領導者擴及到院轄市及縣市教育局長、督學、輔導團輔導員、大專院校有關教授、學校校長、主任以及各校教學上之資深優良教師。甚至逐漸重視「教師領導」（teacher leadership）（Frost & Durrant, 2003; Harris, 2003; Muils & Harris, 2003; Poetter & Badiali, 2001; York-Barr & Duke, 2004）和分散式領導（徐吉春，2008；Harrison, 2006；Spillane, 2006）的議題，亦即從任務分組、專業導向和教師是領導者的觀點來看學校的領導。

# 四、教學領導與課程領導的內涵

## （一）教學領導的內涵

　　教學領導的內涵，國內外專家學者研究的甚多，分析相關文獻，校長教學領導的內涵可從特質與才能、角色、工作項目、活動與作為等四個層面加以探討（林俊杰，2005）；而筆者依據國內各專家學者從2000年之後對教學領導的研究，製作教學領導內涵的表如表13-1：

表13-1　教學領導的內涵（國內2000年後之研究）（研究者自行整理）

| | 發展學校教學目標 | 確保課程品質 | 提升教師專業成長 | 增進學生學習氣氛 | 發展支持性環境 | 發展學校教學任務 | 確保教學品質 | 凝塑學校願景 | 激勵學習成就 | 激勵教師成領導教師 | 溝通教學理念 | 建立優質教學環境 | 落實教學視導評鑑 |
|---|---|---|---|---|---|---|---|---|---|---|---|---|---|
| 李玉林（2001） | V | V | V | V | V | | V | | | | | | |
| 李新寶（2001） | V | V | V | V | V | V | V | | | | | | |
| 歐曉玟（2001） | | | V | | V | | | V | V | | | | |
| 鮑世青（2001） | V | V | V | V | V | | V | | | | | | |
| 謝建成（2000） | V | V | | V | V | V | V | | | | V | | |
| 吳雨錫（2002） | V | | V | V | V | V | | | V | | | | |
| 王有煌（2003） | V | V | V | | | | V | | | | | V | V |

| 吳國榮<br>(2002) | | V | V | V | V | | V | V | | | | |
| 曾增福<br>(2003) | V | V | V | V | V | | V | | | | V | |
| 黃錫隆<br>(2004) | | V | V | | V | V | V | V | V | | | V |
| 黃惠屏<br>(2004) | V | V | V | V | V | V | V | | | | | |
| 張碧娟<br>(2007) | V | V | V | | V | | V | | V | | V | V |

由表13-1分析可知教學領導的內涵有：1.願景方面：凝塑學校願景；2.教學方面：發展學校教學目標、溝通教學理念、發展學校教學任務、建立優質教學環境、確保教學品質和落實教學視導評鑑；3.課程方面：確保課程品質；4.學生方面：增進學生學習氣氛、激勵學習成就；5.教師方面：提升教師專業成長、激勵教師成為領導教師；6.環境方面：發展支持性環境等。

## （二）課程領導的內涵

課程領導的內涵可分為兩個層面，一個是課程事務的領導，舉凡課程規劃、設計、決定、實施與評鑑等與課程有關的專業知識與技能，另一層面則屬行政事務領導，以行政來支援課程，最終目的在幫助教師有效教學和提升學生學習效果（謝鴻志，2006）。依陳敏哲（2007）針對2000年後各家專家學者的研究分析表示：課程領導的內涵包括塑造學校願景、組織課程團隊、提升教師專業、發展課程專業、督導課程實施、落實課程評鑑、社區資源整合運用和發揮轉型課程領導；而筆者也以學者專家們在2000年後對課程領導內涵的研究作出分析表如表13-2。

由表13-2分析可知，課程領導的內涵有：1.願景方面：塑造學校願景；2.課程方面：組織課程團隊、發展課程專業、分析新課程內涵及精

神、規劃及設計學校的特色課程、督導課程實施、落實課程評鑑；3.學生方面：確保學生的學習品質；4.教師方面：提升教師專業；5.領導方面：發揮轉型的課程領導；6.環境方面：提供支持性環境；7.社區方面：社區資源整合與運用等。

所以不管是教學領導或課程領導，其內涵總不失願景的塑造；課程與教學的規劃、設計、決定、實施、評鑑與追蹤；教師專業的成長；學生成就的精進；支持性環境的發展；乃至與時俱進的領導模式和社會資源的有效規劃、應用、評鑑與追蹤。

表13-2 校長課程領導的內涵（研究者自行整理）

| | 塑造學校願景 | 組織課程團隊 | 提升教師專業 | 發展課程專業 | 督導課程實施 | 落實課程評鑑 | 提供支持性環境 | 分析新課程內涵及精神 | 社區資源整合運用 | 發揮轉型課程領導 | 規劃設計學校特色課程 | 確保學生學習品質 |
|---|---|---|---|---|---|---|---|---|---|---|---|---|
| 林明地（2000） | V | | V | V | | | | | V | | | V |
| 龔素丹（2001） | | | V | | V | V | V | V | | | V | |
| 邱惜玄（2002） | V | V | V | V | V | V | | V | | | | V |
| 許惠茹（2005） | V | V | V | V | | | V | V | V | V | V | |
| 吳慧真（2006） | V | V | V | V | | | V | V | V | | V | |
| 謝鴻志（2006） | V | V | V | V | V | V | | | | | | |
| 陳敏哲（2007） | V | V | V | V | V | | V | | V | V | | |

# 肆、教學領導與課程領導在學校的實踐

　　從以上對教學領導與課程領導意義、概念的形成、內涵和近期發展的研究分析，我們可以發現教學領導與課程領導意義的相似性，甚至是一體兩面（丁一顧和張德銳，2002；吳清山和林天祐，2001；高新建，2002；徐超聖，1997；徐超聖和李明芸，2005；陳世修，2003；彭富源，2003；游家政，2002；魯先華，2002；謝鴻志，2006；Lunenburg & Ornstein, 2000；York-Barr & Duke, 2004），所以以下探討到他們在學校行政上的實踐，研究者擬採合併的方式論述。

## 一、影響教學領導與課程領導的相關因素

　　陳偉茹（2006）表示影響校長教學領導的因素係綜合性的，如校長本身的特質及學校內、外的環境背景等皆是；因此，要瞭解校長教學領導的影響因素，就必須從校長個人因素及學校、社會整體情境去考量。而楊振昇（1999）認為影響校長教學領導的有校長本身、學校內部、學校外部等三部分的因素，而校長本身方面有校長個人的信念與價值觀、校長所接受的專業訓練、校長的性別、校長的人格特質、校長所能投注的時間；學校內部因素則包括學校的組織氣氛、學校的傳統作風、教師因素、學校規模等；至於學校外部因素包含社區因素，舉凡社區的文化環境、家長的教育價值觀、家長會的支持程度、一般社會人士、學區的社經水準、學區都市化程度，乃至於少數利益團體等（歐曉玫，2001；蔡美姿，2006），此外，上級主管教育行政機關等也都是影響教學領導的因素（歐曉玫，2001）。

　　至於課程領導的困境因素，根據學者專家的研究分析可分為課程、校長、教師、組織、環境、學校文化和教育政策等因素，詳細說明則：課程因素——意即指課程計畫本身的特性、交流與合作（王月美，2001；許惠茹，2005；黃旭鈞，2001）；校長因素——包含缺乏對課程領導的明確瞭解及指引、課程領導者角色定義和期望不明確、領導者的

風格行為和行為傾向、領導的態度和能力、充分的權力與伴隨的責任、領導者的內心衝突、時間問題等（王月美，2001；許惠茹，2005；葉興華，2001）；教師因素——包括學校教育生態的影響、教師的認同與意願、教師的時間與負荷、教師的合作性、教師的知能與專業訓練（王月美，2001；許惠茹，2005）；組織因素——學校組織結構與氣氛、學校組織的發展、經費資源、諮詢服務等支援系統、教師流動、學校規模（王月美，2001；許惠茹，2005；黃旭鈞，2001）；環境脈絡因素——學校組織的扁平特性、課程決定系統的鬆散特性、成員參與課程發展的意願不足、部分缺乏正確教育理念的家長介入校務（葉興華，2001；黃旭鈞，2001；許惠茹，2005）；學校文化因素——校長課程領導時對學校成員間的互動方式、風氣、成員屬性、社區參與的方式與風氣等面向的瞭解，以充分掌握學校的組織文化（黃旭鈞，2001）；教育政策因素——校長遴選制度與教師甄選制度，教育處的課程政策，教育行政機關急功近利追求表面績效，教育處相關課程活動的配合（許惠茹，2005；黃旭鈞，2001）。

總之影響教學領導與課程領導的因素可以統合出：

## （一）領導者因素

如領導者角色定義和期望不明確、個人的信念與價值觀、所接受的專業訓練、性別、人格特質、能投注的時間、領導者的風格和行為傾向。

## （二）課程與教學因素

如課程與教學內容、組織、規劃、執行、評鑑和追蹤等計畫的特性、交流與合作。

## （三）教師因素

包括學校教育生態的影響、教師的認同與意願、教師的時間與負荷、教師的合作性、在職進修、教師的知能與專業訓練。

### （四）組織因素

學校組織結構與氣氛、學校組織的發展、學校的傳統作風、經費資源、諮詢服務等支援系統、教師流動及學校規模。

### （五）教育政策因素

校長遴選制度與教師甄選制度、教育處的課程政策、教育處相關課程活動的配合。

### （六）社區因素

舉凡社區的文化環境、家長的教育價值觀、家長會的支持程度、一般社會人士、學區的社經水準、學區都市化程度，乃至於少數利益團體等。

## 二、教學領導與課程領導在學校的實踐策略

在校園之中，教學領導與課程領導在學校行政的實踐策略主要是在以校長為代表的行政人員，而近年來由於專業與趨勢的發展，教師的角色從「官定課程的執行者」轉換為「課程的設計者」、從「被動的學習者」轉換成「主動的研究者」、從「教師進修研習」轉換成「教師專業發展」和從「知識的傳授者」轉換成「能力的引發者」（饒見維，2007），而且有效的課程與教學領導更強調教師之間的協同合作。因此校長、教務主任、領域召集人、「領導教師」、學者專家及家長等相關的教學與課程領導或執行者在學校行政的過程中都可以隨時扮演引領者的角色，以推動教學領導與課程領導實務，而其實際策略有：

### （一）在領導者方面

領導者要能因應社會的變遷，擺脫過去重行政輕教學的刻板印象；領導者能自我改善，加強課程與教學的領導知能，促進持續性的專業發展，以較高的專家權及參照權來引領發展；領導者能不分性別身先士

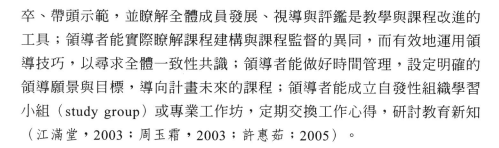

卒、帶頭示範，並瞭解全體成員發展、視導與評鑑是教學與課程改進的工具；領導者能實際瞭解課程建構與課程監督的異同，而有效地運用領導技巧，以尋求全體一致性共識；領導者能做好時間管理，設定明確的領導願景與目標，導向計畫未來的課程；領導者能成立自發性組織學習小組（study group）或專業工作坊，定期交換工作心得，研討教育新知（江滿堂，2003；周玉霜，2003；許惠茹；2005）。

### （二）在課程與教學因素方面

應與成員共同建構學校教學與課程願景，以求其整體規劃與永續經營；運用課發會與檔案管理來監控課程的建構以及瞭解課程關係人的定位、角色與責任；能透徹瞭解新課程的精神、目標與內涵，並從事新課程的轉化，設計學校本位的實施計畫；推動課程試驗實施，並規劃課程綱要的宣導與實習；能實施校內課程評鑑，瞭解課程實施的困難與問題，確認實施成效與改進方向，並規劃改進方案；能持續地進行課程與教學之回饋與改進，進行課程聯結；運用行動研究策略，進一步做課程研究發展（江滿堂，2003；黃錫隆，2004；許惠茹；2005；Ministry of Education, 1999）。

### （三）在教師因素方面

領導者能於教學與課程建構過程中賦權增能給其他成員；鼓勵教師進修、研究等專業成長，並提供必要的諮詢服務與支持性環境；檢討教師可運用的專業對話時間，強調不斷反省批判，促進成員間的合作與對話，使成員間形成一種同僚合作的專業社群；組織行動研究團隊，鼓勵發表研究成果並推動學習型之組織，塑造組織學習氣氛；安排校內外實施課程觀摩，拓展教師視野；鼓勵教師活絡各種教學方法，應用資訊科技輔助，創造生動活潑的學習情境（江滿堂，2003；許惠茹，2005；黃錫隆，2004；Ministry of Education, 1999）。

## （四）在組織因素方面

組織教學領導團隊，研擬教學領導計畫，營造和諧學校氣氛，創造優質的學校文化；重視協同合作的團隊組織，強調可進一步於團隊組織中培育「領導促進者」；成立校內課程發展團隊，如學校課程發展委員會、學習領域課程小組，並研擬課程相關執行要點；克服時間問題，定期召開學校課程發展委員會議，並掌握討論題綱；落實教學視導評鑑，健全評鑑準則、模式、過程、結果之解釋及獎懲與輔導；整合校內外資源，提供師生支持性環境，包括激勵學生學習動機、適當學習期望、多元學習潛能開發、經費、設備和人力資源之專業支持；結合師資培育機構之學者形成專業社群；注意學校次文化的善用及教師異動的妥善因應（江滿堂，2003；周玉霜，2003；許惠茹，2005；黃錫隆，2004）。

## （五）在教育政策因素方面

領導者應審視並回應縣市層級乃至中央層級對教學與課程政策的有無缺失，及其在學校層次執行的計畫；對官方不斷改變的政策要決定出輕重緩急的議題；關心中央各種教學與課程政策變化、校長遴選制度、教師甄選制度、地方教育處的課程政策與相關教學與課程活動的配合（許惠茹，2005；Ministry of Education, 1999）。

## （六）在社區因素方面

注意、關心，甚至研究與瞭解社區的文化環境、家長的教育價值觀、家長會的支持程度、一般社會人士、學區的社經水準、學區都市化程度，乃至於相關利益團體等之特性；規劃並結合教師和家長系統辦理，由淺到深的進修活動，以獲得系統化的專業知能；舉辦家長新教學與課程理念與政策的宣導活動，並邀請家長參與學校教學與課程發展工作；建立信賴的親師合作關係，厚植學校各類改革的支持力量；運用家長會的組織力量，引進社區資源，包括財力、物力、人力等；參與社區活動，瞭解社區文化特色，作為學校教學與課程發展之參考；整合學校

團隊，設計學校本位課程，主動與社區互動，或與社區相關活動相配合（江滿堂，2003；周玉霜，2003；許惠茹，2005；Ministry of Education, 1999）。

## ■ 伍、結語

總之，教學與課程是學校教育過程的核心，亦即學校主要的要務在提供學生妥當、適性的課程，安排有效的教學，讓學生能夠快樂無憂的學習成長。因此學校行政領導者需將課程管理、教學領導，列為研究的重心。

而教學領導概念的發展在國外源自1960年代，從強調校長教學領導的角色與功能、「方案代理人」、扮演教育改革的中心角色到強調轉型領導；而國內的教學領導概念從「教育視導」、「教學視導」逐漸發展而成「教學領導」；至於課程領導可以追溯到1970年代，其發展分為四個時期，包括要素確立期、概念發展期、模式建立期及實際應用期。

至於有關教學領導與課程領導的內涵可歸納出願景的塑造；課程與教學的規劃、設計、決定、實施、評鑑與追蹤；教師專業的成長；學生成就的精進；支持性環境的發展；乃至與時俱進的領導模式和社會資源的有效規劃、應用、評鑑與追蹤。只是很重要的是，近年來教學與課程領導的發展似已進入：一、教學領導與課程領導研究和行政領導研究同樣受重視；二、教學領導與課程領導研究對象兼及校長以外人員的趨勢。

談到教學領導與課程領導在學校行政的實踐，除了瞭解如領導者、課程與教學、教師、組織、教育政策、社區等因素會影響其實際的執行外，進而更須針對其影響因素，提出具體的實踐策略如：

在領導者方面：領導者要擺脫過去重行政輕教學的刻板印象；作好持續性的專業發展、身先士卒、瞭解成員發展；並能做好時間管理、設定明確的領導願景與目標，讓成員有努力的方向。

在課程與教學因素方面：能運用課發會與檔案管理來監控課程的建

構以及瞭解課程關係人的定位、角色與責任；能從事課程與教學的轉化、設計、說明、實施、宣導、評鑑與追蹤；並能持續地進行課程與教學之回饋與改進。

在教師因素方面：在教學與課程建構過程中賦權增能給教師；鼓勵教師進修、研究等專業成長，並提供必要的諮詢服務與支持性環境；促進教師間的合作與對話，使其形成一種同僚合作的專業社群；協助組織行動研究團隊，塑造組織學習氣氛；並鼓勵教師活絡各種教學方法，應用資訊科技輔助，創造生動活潑的學習情境。

在組織因素方面：重視協同合作的團隊組織；落實教學視導評鑑，健全評鑑準則、模式、過程、結果之解釋及獎懲與輔導；整合校內外資源，協助組織行動研究團隊，塑造組織學習氣氛。

在教育政策因素方面：領導者應審視並回應縣市層級乃至中央層級對教學與課程政策的有無缺失，及其在學校層次執行的計畫；以求政策方針、地方特色與學校本位具體策略能謀合與可行。

在社區因素方面：注意、關心，甚至研究與瞭解社區的文化環境、家長的教育價值觀、家長會的支持程度、一般社會人士、學區的社經水準、學區都市化程度，乃至於相關利益團體等之特性；運用家長會的組織力量，引進社區資源，以獲得系統化的協助。

總之，從領導者、組織、教師、課程與教學、社區和教育政策入手，結合校長、教務主任、領域召集人和專長教師與社區等專家學者的教學與課程領導經營模式，一定能創造有效益、有特色和氣氛和諧的優質學校。

## 問題與討論

一、如何讓校長接受教學與課程領導的理念，並能賦權增能給校內所有教職員工生？

二、如何預防因應教學與課程領導的負擔與壓力而產生的意見紛雜與衝突？

三、如何將教學與課程領導導入實際學校經營實務中？

四、教學與課程領導的成效如何評估？

# 參考文獻

## 中文部分

丁一顧、張德銳（2002）。開啓學校行政專業之窗—中小學校長專業檔案的基本概念及其應用。初等教育學刊，12，19-40。

王月美（2001）。**國小校長課程領導之個案研究—以九年一貫試辦學校爲例**。國立臺北師範學院課程與教學研究所碩士論文（未出版）。

王有煌（2003）。**彰化縣校教學領導行爲與教師專業成長關係之研究**。國立暨南國際大學教育政策與行政研究所碩士論文，未出版。

王霄燕（2001）。**國小校長課程領導實際之研究—以九年一貫課程試辦學校校長爲例**。國立中正大學教育研究所碩士論文（未出版）。

江滿堂（2003）。**從九年一貫課程談校長教學領導**。現代教育論壇：成功的教改策略（92年6月11日）。檢索日期：20070704。取自 http://w3.nioerar.edu.tw/newtalk/0611/0611文字/江滿堂.pdf

吳雨錫（2002）。**國民小學校長教學領導與教師專業成長關係之研究**。國立臺中師範學院國民教育研究所碩士論文，未出版。

吳國榮（2002）。**國民小學校長教學領導行爲指標建構之研究**。國立暨南國際大學教育政策與行政研究所碩士論文，未出版。

吳清山和林天祐（2001）。**教育名詞**。檢索日期：20070704，取自 http://www.nioerar.edu.tw

吳慧眞（2006）。**臺中縣市國小校長課程領導角色知覺與踐行關係之研究**。國立新竹教育大學職業繼續教育研究所，碩士論文，未出版。

李玉林（2001）。桃園縣國小校長教學領導角色知覺與實踐之研究。國立臺北師範學院國民教育研究所碩士論文，未出版。

李安明（1997）。我國國小校長教學領導之研究（NSC86-2413-H134-006）。臺北：中華民國行政院國家科學委員會。

李明芸（2004）。**校長教學領導之研究——以桃園縣一所國民小學為例**。國立臺北師範學院課程與教學研究所碩士論文，未出版。

李隆盛（2003）。學習領域召集人的教學領導。**師友**，*427*，1-3。

李新寶（2001）。**國民小學校長教學領導行為與教師教學效能之研究**。國立新竹師範學院國民教育研究所學校行政碩士班碩士論文，未出版。

周玉霜（2003）。**課程與教學領導策略**。現代教育論壇：成功的教改策略（92年6月11日）。檢索日期：20070704。取自http://w3.nioerar.edu.tw/newtalk/0611/0611文字/周玉霜.pdf

林明地（2000）。校長教學領導實際：一所國小的參與觀察。**教育研究集刊**，（*44*），*143-172*。

林俊杰（2005）。**桃、竹、苗四縣市國民中學校長教學領導與教師知識管理相關之研究**。國立新竹教育大學／教育研究所碩士論文，未出版。

邱惜玄（2001）。學校革新之要務—落實校長教學領導。**國立教育研究院，研習資訊**，*18*(6)。

邱惜玄（2002）。**一所國民小學校長「協同教學」領導之研究**。國立臺北師範學院課程與教學研究所碩士論文，未出版。

徐吉春（出版中）。分散式領導。

徐超聖（1997）。**校長的課程與教學領導與教師專業自主性之發展**。載於國立臺北師範學院主編，「開放社會中的學校教育」研討會（第三場）手冊（頁17-26）。臺北：國立臺北師範學院。

徐超聖（1999）。**發揮校長的課程領導落實九年一貫課程的實施**。載於國立臺北師範學院主編，自主與卓越—九年一貫課程的變革與展望（頁27-56）。臺北：國立臺北師範學院。

徐超聖和李明芸（2005）。課程領導與教學領導關係之研究。**教育研究與發展期刊**，*1*(1)。

高新建（2002）。學校課程領導者的任務與角色探析。**臺北市立師範學院學報**，*33*，*113-128*。

高新建（2001）。**課程領導者的任務與角色探析**。北區九年一貫課程試辦學校校長課程領導理念與實務工作坊，臺北縣秀朗國小。

張志豪（2004）。**國中自然與生活科技學習領域召集人角色與職責之研究**。國立臺灣師範大學工業科技教育研究所碩士論文（未出版）。

張明輝（2001）。**知識經濟與學校經營**。現代教育論壇。臺北：國立教育資料館。

張碧娟（2007）。**校長教學領導之理論與實施**。檢索日期：20070704，取自 http://www.edpl.tku.edu.tw/2-07.doc

**教育改革總諮議報告書**（*1996*）。檢索日期：20070704，取自http://www.sinica.edu.tw/info/edu-reform/farea2/

教育部（1999）。**國民教育法**。檢索日期：20070707，取自http://law.moj.gov.tw/Scripts/Query4A.asp?FullDoc=all&Fcode=H0070001

許惠茹（2005）。**國小校長鄉土教育課程領導之個案研究**。國立中正大學教育學研究所碩士論文，未出版。

陳世修（2003）。課程領導的理論與實踐。**教育研究月刊**，*113*，5-13.

陳世修（2004）。**國民小學學習領域召集人課程領導運作現況之研究**。國立臺北師範學院課程與教學研究所碩士論文，未出版。

陳美如（2004）。教師專業的發展與深化：教師課程領導之為何？如何？與限制。**教育研究月刊**，*126*，19-32。

陳偉茹（2006）。**校長之思：透視國民小學校長教學領導之思考研究**。國立中正大學教育學研究所碩士論文，未出版。

陳敏哲（2007）。**國民中學校長課程領導行為之研究**。國立中山大學教育研究所碩士專班碩士論文，未出版。

陳榮昌（2004）。**國民小學教務主任課程領導行為之調查研究**。臺中師範學院國民教育研究所碩士論文，未出版。

單文經（2001）。**初探革新課程領導者的特色**。課程改革的反省與前瞻學術研討會，國立臺北師範學院。

彭富源（2003）。國內「課程領導」學位論文之分析——現況與前瞻。
　　**教育研究月刊**，*113*，*45-60*。

曾增福（2003）。**桃園縣國民中學校長教學領導與學校效能關係之研**
　　**究**。國立臺灣師範大學教育研究所碩士論文，未出版。

游家政（2002）。國民中學的課程領導。**課程與教學季刊**，*5(2)*，頁
　　*1-20*。

黃旭鈞（2001）。中小學校長實施課程領導的重要課題與策略。**初等教**
　　**育學刊**，*10*，*107-128*。

黃旭鈞（2003）。**課程領導：理論與實務**。臺北：心理。

黃政傑（1999）。**課程改革（三版增訂）**。臺北：漢文。

黃惠屏（2004）。**桃竹苗國民小學校長教學領導與教師協同教學之調查**
　　**研究**。國立新竹師範學院國民教育研究所碩士論文，未出版。

黃嘉雄（2002）。**九年一貫課程改革的省思與實踐**。臺北市：心理出版
　　社。

黃嘉雄（1999）。落實學校本位課程發展的行政領導策略。**國民教育**，
　　*40(1)*，19-25頁。

黃錫隆（2004）。**臺北縣國民小學校長教學領導策略之研究**。國立臺灣
　　師範大學教育研究所碩士論文，未出版。

楊振昇（1997）。**教學領導理念之探討**。載於臺灣師範大學主編。學校
　　教育革新專輯，（頁236-263）。臺北：國立臺灣師範大學。

楊振昇（1999）。我國國小校長從事教學領導概況困境及其因應策略之
　　分析研究。**暨大學報**，*3(1)*，*183-236*。

葉興華（2001）。**從課程領導者的角色期望談我國國小校長課程領導之**
　　**困境與展望**。發表於市立臺北師範學院舉辦之課程領導理論與實務
　　國際學術研討會。

歐用生（2004a）。**敘說研究與課程領導**。載於中華民國課程與教學學會
　　主編，課程與教學研究之發展與前瞻（頁89-108）。臺北：高等教
　　育。

歐用生（2004b）。**課程領導的道德蘊義**。載於中華民國教材研究發展學

會主編，邁向課程新紀元（十六）：第六屆「兩岸三地課程理論研討會」—課程改革的再概念化論文集（上）。臺北：中華民國教材研究發展學會。

歐用生（2004c）。**教課程領導—議題與展望**。臺北：高等教育。

歐曉玟（2001）。**彰化縣國民小學校長教學領導之研究**。國立臺中師範學院國民教育研究所碩士論文，未出版。

潘慧貞（2001）。**國民小學校長課程領導角色與任務之研究—以盛世國小為例**。國立臺北師範學院課程與教學研究所碩士論文，未出版。

蔡美姿（2006）。**澎湖縣國民小學校長教學領導與教師教學效能關係之研究**。國立臺南大學教育經營與管理研究所碩士論文，未出版。

蔡清田（2001）。**課程改革實驗**。臺北市：五南。

鄭進丁（1986）。**國民小學校長角色之分析**。高雄：復文。

魯先華（1994）。**國民中學校長教學領導之研究**。國立臺灣師範大學教育研究所碩士論文，未出版。

魯先華（2002）。從教學領導到課程領導——相關問題之探討。**課程與教學季刊**，*5(2)*，*55-64*。

鮑世青（2001）。**國民小學校長與教師對「校長教學領導」行為知覺度之研究**。國立新竹師範學院學校行政碩士班碩士論文，未出版。

謝鴻志（2006）。**國民中小學校長時間管理策略運用與課程領導之研究**。國立中正大學教育學研究所，碩士論文，未出版。

謝建成（2000）。**臺北縣國民小學校長教學領導與教師專業成長之調查研究**。國立臺北師範學院國民教育研究所碩士論文，未出版。

蘇美麗（2002）。**國小校長課程領導角色與策略之研究**。國立中正大學教育研究所碩士論文，未出版。

饒見維（2007）。九年一貫課程與教師專業發展之配套實施策略。邁向課程紀元論文集（上）。20070704http://www.trd.org.tw/

龔素丹（2001）。**臺北縣國民小學校長課程領導行為及困難之調查研究**。國立臺北師範學院課程與教學研究所碩士論文（未出版）。

## 西文部分

Bailey, G. D. (1990). *How to improve curriculum leadership-twelve tenets tips for principals from NASSP*. Reston, VA.: National Association of Secondary School Principals. ERIC NO : ED315905.

Blase, J. and Blase, J.(2000). Effective instructional leadership: Teachers' perspectives on how principals promote teaching and learning in schools. *Journal of Educational Administration, 38(2)*, 130-141.

Bradley, L. H. (1985). *Curriculum leadership and development handbook*. Englewood Cliffs, NJ: Prentice-Hall,

Bullard, P. & Taylor, B. O. (1993). *Making school reform happen*. Boston: Allyn and Bacon.

De Bevoise, W. (1984). Synthesis of research on the principal as instructional leader. *Educational Leadership, 41(5),* 14-20.

Fielding, G. (1990). *Curriculum leader's handbook*. (ERIC Ducument Reproduction Service No. ED 329009).

Firestone, W. A. & Harriott, R. (1982). Prescriptions for effective elementary schools don't fit secondary schools. *Educational Leadership, 40(3), 51-53.*

Frost, D. & Durrant, J.(2003). Teacher leadership: Rational, strategy and impact. *School Leadership & Management, 23*(2), 173-186.

Glatthorn, A. A. (2000) (2nd Ed.). *The principal as curriculum leadership*. Thousand Oaks, CA: Cowin Press.

Greenfield, W.(1987). *Moral imagination and interpersonal competence: Antecedents to instructional leadership*. In W. Greenfield (Ed.), Instructional leadership: Concepts, issues, and controversies (pp. 56-73). Boston: Allyn & Bacon.

Hallinger, P.(1992). The evolving role of American principal: From managerial to instructional to transformational leaders. *Journal of Educational Administration, 30 (3), 35-48*

Harris, A. (2003). Teacher leadership as distributed leadership: Heresy, fantasy or possibility. *School Leadership & Management, 23*(3), 313-324.

Harrison, N. L. T.(2006). *The impact of distributed leadership on teachers.* ProQuest.

Hatfield, R. C. (1989). Designing facult curriculum leader roles. （ERIC Document Reproduction Service No. ED 319667）

Henderson, J. G. & Hawthorne, R. D.(1995). *Transformative curriculum leadership.* New Jersey: Prentice-Hall.

Hendriks, P.(1999). *Why share knowledge?* The influence of ICT on Motivation for knowledge sharing, Knowledge and Process Management, 6(2), 91-100.

Jantzi, D. and Leithwood, K. (1996). Towards an explanation of variation in teachers' perceptions of transformational school leadership. *Educational Administration Quarterly, 32(4), 512-538.*

Keefe, J. W. & Jenkins, J. M. (Eds.).(1991). *Instructional leadership handbook.* Reston,VA : NASSP.

Lunenburg, F. C. & Ornstein, A. C. (3rd Ed.)(2000) . *Educational administration: Concepts and practices.* Belmont, CA: Wadsworth/ Thomson Learning.

Marsh, D. D. (1992). Enhancing instructional leadership lessons from theCalifornia school leadership academy. *Education and Urban Society, 25(3) , 386-409.*

McGee, C. (1997). *Teachers and curriculum decision-making.* Palmerston North: Dunmore Press.

Ministry of Education.(1999). *Principal performance management.* Wellington: Ministry of Education.

Muils, D. & Harris, A.(2003). Teacher leadership-Improvement through empowerment. *Educational Management & Administration, 31*(4),

437-448.

Pantelides, J. R.(1991). *An exploration of the relationship between specific instructional leadership behaviors of elementary principals and student achievement* [Abstracts]. Dissertation Abstracts International, 52(03), 768A.（University Microfilm No.AA9123746）

Poetter, T. & Badiali, B.(2001). *Teacher leader. Larchmont.* NY: Eye on Education.

Quinn, D. M. (2002). The impact of principal leadership behaviours on instructional practice and student engagement. *Journal of Educational Administration, 40(5), 447-467.*

Reitzug, U. C. (1997). Images of principal instructional leadership: From super-vision to collaborative inquiry. *Journal of Curriculem and Supervision, 12 (4), 324-343.*

Sheppard, L. B. (1993). *A study of the relationship among instructional leadership behaviors of the school principal and selected school-level characteristics.* Doctoral dissertation, University of Ottawa, Canada.

Smith, W. F. & Andrews, R. L. (1989). *Instructional leadership: How principals make a difference.* Association for Supervision and Curriculum Development.

Southworth, G. (2002). Instructional leadership in schools: Reflections and empirical evidence. *School Leadership & Management, 22(1), 73 - 91.*

Spillane, J. P.(2006), *Distributed leadership,* Jossey-Bass, A Wiley Imprint.

York-Barr, J. & Duke, K. (2004). What do we know about teacher leadership? Findings from two decades of scholarship. *Review of Educational Research , 74(3),* 255-316.

# 第十四章

# 賦權領導

# 壹、前言

　　大環境變遷不斷加劇,影響了政治、經濟、社會、文化及教育等不同領域的運作。在教育界中,為因應時代所需,教育改革成為世界潮流,也是臺灣重要的施政方向。特別是隨著民主化腳步的加快,臺灣教育也歷經許多重大的變革。各項變革所涉及教師專業發展、學校組織研究或是教育領導新趨勢等議題,所受到關注不斷提升。特別是教師專業自主及學生意識的覺醒,擴大了教師及學生校務參與層面的同時,「賦權」(empowerment)的論述,也成為學界及實務界討論的焦點之一。誠如王麗雲和潘慧玲(2000)所指出:如果無法掌握「教師彰權益能」的概念,形式化的改革將多於實質性的改革。Short與Johnson(1994)也指出:教師賦權(teacher empowerment)已成為教育改革、領導模式以及教學效能的焦點。

　　回顧「賦權」相關研究的歷史,最早運用於1960年代社會運動的意識型態研究中(Inglis, 1997),自1970年代開始運用在成人教育的討論(Freire, 1973)。近年來,「賦權」的概念則逐漸被應用在組織經營與管理領域(Inglis, 1997)。新興的網際網路興起後,也有研究者探究網際網路及科技運用所產生「賦權」之可能性及其關係(李承翰,2000;林明璇,2000)。

　　早期談到「賦權」很自然地聯想到各種激進的社會運動,Kieffer(1984)認為現在談「賦權」則已經跟一些觀念,如:個人能力(individual competence)、個人效能(personal efficacy)、個人自尊(self-esteem)、適應技巧(coping skill)、相互支持(mutual support)、自然支援系統(natural support systems)、社區的組織(community organization)及鄰里參與(neighborhood)等觀念連結為相關詞了。Perkins與Zimmerman(1995)則認為透過「賦權」的探究,主要是希望在變動的社會及政治大環境中,透過個體內在提升及互相扶持,進而創造積極良善的社群。

　　由於「賦權」議題逐漸受到教育領域的重視，本文將探究、釐清賦權領導的定義、倡導者與理論內涵，並提供學校應用的實踐。希望協助學校領導者能善用賦權領導的概念、理論及研究成果，來提升其領導成效。

## 貳、賦權領導的定義與倡導者

　　為釐清「賦權領導」的概念及定義，本文首先整理「empowerment」相關論述，再嘗試對「賦權領導」下一定義。

### 一、「賦權」的意涵

　　「empower」並不是一個新的辭彙，早在17世紀時已被定義為：合法地或正式地賦予權力或權威；允許、許可；或是為某個目的傳授或給予權利；使其賦有能力（吳建興，2002）。「empower」一字是「em」為字首，加上「power」而成的，在語法中「em」為「en」之異體，加在名詞之前表示「使成……」的意思，帶有強勢語的力量（梁實秋編，1988）。而「empowerment」則是「empower」之名詞，根據Random House 辭典論述，「empowerment」有兩種意義：(一)授予權力或權威；(二)增能（enable）或允許（permit）。而梁實秋（1988）則認為empower 的解釋有兩種：一是「授權與……」；二是「使能」。

　　分析國內外相關研究，大致上也是從「授權」以及「增能」等面向進行論述（王麗雲和潘慧玲，2000；吳美雲，2001；莊錦堂，2004；廖運楨，2002；Anit, 2005; Bill, 2004; Christopher & Elizabeth, 2006; Cramer, 1995; Daniel & Alma, 2006; Freire, 1994; Inglis, 1997; Perkins & Zimmerman, 1995; Sirkin, 1993; Swift & Levin, 1987; Thompson & Earline, 2007; Willis, 1999）。此外，王永琳（2001）分析國外學者對「empowerment」的定義，提出了權力、激勵及訓練等三面向觀點；吳建興（2002）則分析歸納「empowerment」有：權力（power）、能力（ability or competency）、精神（spirit）及解放（emancipation）等四

種不同層次的意涵。

　　由於研究者對於「empowerment」詮釋的差異，國內有關「empowerment」的譯法相當分歧，包含：「灌能」（陳育美譯，1996）、「授權」（鄭宏財，1998；蔡進雄，1998）、「授能」（王永琳；2001；吳正成，1999；林秀聰，1998）、「授權增能」（林志成，1998）、「授權賦能」（黃乃熒，2000）、「擴權增能」（許籐繼，2001）、「彰權益能」（王麗雲和潘慧玲，2000；周淑卿，2001）等。

　　考量「empowerment」字義上的詮釋，是以傳授或給予權利為基礎，而運作過程中增加被賦權成員效能感及提升能力則為其產出或附加價值，因此本文認為「empowerment」譯為「賦權」一詞較為貼近原文意涵。

　　綜合上述研究觀點，本文認為「賦權」主要具有二種意涵：「授權」以及「增能」。換言之，「賦權」包含組織成員消極被動的接受權力的授予，同時也強調其積極主動的提升能力的意涵。本研究從「賦權」深層的字義理解，及綜合各家看法，詮釋「賦權」意涵如下：

　　　　賦權是組織領導者，對組織成員，透過授予及分享權力，進而促進被賦權者自我效能及能力提升的歷程。

## 二、「賦權領導」的定義

　　從社會運動、成人教育到管理學界，論述研究「賦權」的學者很多，所涵蓋領域也很廣。「賦權」的研究，儼然已成為一門顯學。然而對於「領導」與「賦權」的界定，往往視「賦權」為「領導」的策略、內涵或層面之一（Anit, 2005; Bill, 2004; Christopher & Elizabeth, 2006; Daniel & Alma, 2006; Thompson & Earline, 2007）。將「領導」與「賦權」兩者結合，進行「賦權領導」論述的學者極少。為對「賦權領導」有較清晰的界定，本研究綜合「賦權」及「領導」的概念，嘗試為「賦權領導」定義如下：

賦權領導是組織領導者，在組織中發揮其影響力，透過對組織成員授予及分享權力，促進被賦權者自我效能及能力提升，進而達成組織目標的歷程。

## 三、「賦權領導」的倡導者

近年來，「賦權」的概念逐漸廣泛應用在組織的經營與管理領域，從強調彈性、應變所發展出「平行結構」（parallel structure）的組織設計、重視決策參與之「高參與組織」（high involvement organization）、「全面品質管理」（TQM：total quality management）、以及「員工參與」（EI：employee involvement）等等，其核心論述都涉及「賦權」的概念（Cummings & Worley, 2001）。特別是1980年代以後所產生之「新興領導理論」，包括附加價值領導（value-added leadership）、道德領導（moral leadership）、及轉換型與交易型領導（transformational 與transactional leadership）等等，均重視及倡導「賦權」在領導上的應用與實踐（Bryman,1999; Hunt等，1988; Sergiovanni,1990,1992; Yukl,1998）。在教育組織引用「賦權」的概念進行的研究也逐漸增多（Anit, 2005; Bill, 2004; Christopher & Elizabeth, 2006; Daniel & Alma, 2006; Thompson & Earline, 2007）。

綜合而言，在組織的經營與管理領域，倡導「賦權」作為領導策略、內涵或層面者，實處於百家爭鳴的狀況。特別是在後現代尊重多元及強調主體性的價值取向下，探討領導的策略、內涵或層面之相關研究，「賦權」已成為符應後現代價值的重要概念。

## 🕮 參、理論內涵

檢視「賦權」理論的發展，主要是源自1960年代社會運動的意識型態研究，1970年代則運用於成人教育的討論中。近年來，「賦權」的概念則大規模被應用在企業的經營管理領域。Judge（1996）認為「賦權」

的概念在組織管理產生一連串廣泛的影響，例如學習型組織、彈性的組織、授權的組織、開放式的公司（the open company）等等（轉引自吳建興，2002）。

分析過去有關研究，歸納「賦權」理論與實踐，將之劃分為二種不同層次的意涵：第一、關於權力（power）的範疇：例如權力的授予，常見於政治自由主義、企業管理、或是社會運動。第二、關於能力（ability or competency）的範疇：包含具體或抽象能力的訓練、激發心靈動能（mental energy）、自我效能感提升、以及意識覺醒（conscientization）等等。

依據本文所歸納「賦權領導」之定義：「賦權領導是組織領導者，在組織中發揮其影響力，透過對組織成員授予及分享權力，促進被賦權者自我效能及能力提升，進而達成組織目標的歷程。」分析其內涵可劃分為「權力」範疇及「能力」範疇兩個面向，茲整理說明如下：

# 一、權力（power）的範疇

依據本文「賦權領導」之定義中「賦權領導是組織領導者，……透過對組織成員授予及分享權力……」，此部分定義屬於「賦權領導」中權力運用的範疇。分析相關文獻，整理具代表性的論述說明如下：

從社會學角度出發，在成人教育界享有盛名的Paulo Freire，對成人教育、教育改革、及社會運動，提供許多影響深遠的思想，並曾獲頒聯合國教科文和平獎（王世哲等譯，2002；方永泉，2003）。Freire（1994）認為「賦權」是一種社會行動（Empowerment is a social act.）。Freire闡述：「賦權」並非個人或社區的，也不僅僅只是社會賦權，「賦權」其實是一種「社會階級的賦權」。Freire進一步說明：「社會階級賦權」的問題包括勞動階級如何透過本身的經驗和文化的建立，去讓自己獲得政治實力。

另一位在成人教育界亦享有盛名的Inglis（1997）也抱持類似的看法，認為「賦權」是讓人們去發展一種能力，能夠在一個既定的系統及權力結構中運作，並且具有批判性的分析，以及抗拒、挑戰權力的結

構。

在組織經營與管理領域，從權力範疇的角度出發，視「賦權」是一種權力和責任的分享，凝聚組織成員一起為集體同意的目標而努力（Darling, 1990）。Blanchard等（1996）認為「賦權」主要是透過「資訊權的分享」，增進員工與組織彼此的信任（陳育美譯，1996）。Sirkin（1993）認為「賦權」就是授予基層員工不必透過層級節制的官僚體系便能處理顧客抱怨的權威。Cramer（1995）以為「賦權」最簡單的解釋就是給予權力（giving power），意即提供人員不同程度的機會，使之能夠積極行動而影響其生活。Willis（1999）認為「賦權」是指組織中的所有人員在制定決策與解決問題時共享權力，其也意味著管理階層轉移、分配、甚至放棄其原有的權力，以創造一個更具力量的組織。

綜合而言，Freire 和Inglis 以批判的角度，從階級革命的觀點出發，將「賦權」與整體社會結構改革的行動做了連結。在管理學界，Blanchard、Cramer、Darling與Willis等學者則將「賦權」視為透過員工參與決策、公開資訊等權力的分享，促進員工組織承諾與工作滿足，進而提升組織工作績效與服務品質之重要策略。

## 二、能力（ability or competency）的範疇

「賦權」不只是增加組織成員的權力而已，更要協助組織成員在工作上將能力表現出來（Rothstein, 1995）。「賦權」之心理學立論基礎係來自Maslow需求滿足的激勵理論。Maslow認為個體一旦獲得權力，達到心理需求的滿足，就成為個體繼續向上提升的動力，亦將成為爾後自我實現的泉源。因此不論在企業界或是教育界都相當重視「賦權」的運用，漸漸已揚棄使用權威式領導，強調讓成員都能分享權力，並從權力運用中發展其責任感。

Lightfoot（1986）認為賦權就是給人自主、責任、選擇和權威的機會。「賦權」使組織成員更有能力、活力與創造力，而不只授予必要權力而已。

Thomas與Velthouse（1990）提出了「賦權」概念化程序的模型。

強調「賦權」是一種內在的動機，該動機反映出個人在所處的工作環境中，所選擇之立場，並協助其得以適應環境。Thomas等將「賦權」分成四個構面：工作的意義（meaning）、能力（competence）、自我決策（self-determination）、影響（impact）。這四個構面從心理層面出發，反映出組織成員在工作角色上積極導向的態度及認知（轉引自陳瑞芬，2003）。

　　Wilson與Coolican（1996）將教師賦權益能的概念分成兩部分：一是外部權力（extrinsic power）；另一是內部權力（intrinsic power）。所謂「外部權力」的觀點屬於權力的範疇。「內部權力」則是指老師自決（self-determination）與自我效能感（sense of self-efficacy）等能力範疇。

　　綜合而言，Wilson與Coolican（1996）所重視之「內部權力」及Lightfoot、Thomas與Velthouse等學者均將焦點放在「賦權」歷程中，探討部屬心理的感受及意義，亦即強調部屬知覺「賦權」的部分（psychological empowerment），從能力的角度出發，強調「賦權」是一種提升成員工能力之「增能」歷程。「增能」與「授權」的主要區別：「增能」增加了員工的能力與創造力；「授權」增加的則是成員的控制幅度。「增能」是內在的，係釋放原先屬於個人的能力，此種能力是不能被剝奪也不是從外面賦予增加的。

## 三、學校組織「賦權領導」相關研究

　　受到大環境的變革日益加速以及民主化的潮流衝擊，不論國內或國外的教育改革歷程，可以看出改革的趨勢是從「中央集權」（centralization）走向「去集權化」（de-centralization）、從「權力掌控」（power over）走向「權力共享」（power with）、從強調中央政策執行的「科層體制管理」走向重視學校特色發展的「學校本位管理」。高強華（1994）指出教育自由化已成為勢之所趨的主流，教師無論在教育目標、課程設計、教學方式與評量等，均宜積極自由發揮和行使其具專業自主權的角色，所以教師不再僅是受僱於學校機構的「組織人」，

更應強調其獨立自主的「專業人」角色。分析學校組織「賦權領導」相關研究，或許因為長期以來，「教學」被視為學校活動的主體，而「教學」的成敗，是由教師所主宰。因此欲提升學校效能，便需從提升教學著手。如何透過「教師賦權」，賦予教師更多權力，並提升其效能感及促進教師自我實現，成為研究者關注的焦點。然而，隨著後現代意識的興起，學校活動的主體已由重視「教學」漸漸轉為重視「學習」，隨著主體性的位移，希望透過「學生賦權」提升「學習」成效亦漸漸受到重視，國內外相關研究也漸漸觸及。

　　此外，由於民主化的風潮，尊重家長的教育參與權，是我國近十年來教育改革過程的重要方針，而且陸續以國家法律（教育基本法、國民教育法）加以保障。在九年一貫課程實施綱要中，也賦予家長參與學校教育的權力。家長參與學校教育的層面與深度有長足發展，家長組織的數量與層級的增長也幾乎與教師會組織同步並行，不論是在學校、縣市或是全國性的教育決策方面，家長、教師與教育行政人員的三權鼎立局面已然形成（蘇惠玉，2006）。家長參與相關研究也顯示家長參與對子女教育有正面性的效能（林明地，1999；蔣金菊，2005；Edel, 2008; Knopf & Swick, 2008; Rashmi, Stella, & Elizabeth, 2007）。因此，如何透過「家長賦權」，賦予家長更多參與學校事務的權力，並彰顯其正功能，成為學校辦學重要後盾，協助學校發展，亦是值得關心的議題。

　　值得關注的是，「賦權領導」在學校組織中居關鍵地位者，應是校長一職。不少研究者將校長視為「賦權者」，探討校長賦權行為與學校效能的關係（黃哲彬，2004），或探討校長領導行為與教師賦權增能的關係（郭逸瑄，2003）。但將校長視為「被賦權者」，探討在今日教育環境劇烈改變下，日益「有責無權」的校長，如何賦予權、責相稱的職權，提升其效能感及自我實現，以利學校經營成效，似乎是被忽略的議題。

　　以下將從「教師賦權」、「學生賦權」及「校長賦權」等三個面向蒐集相關研究，進行論述，希望理解學校組織「賦權領導」相關研究的現況及成果，並作為歸納學校實踐「賦權領導」策略之依據。

## （一）教師賦權

　　「教師賦權」的研究已累積相當豐富的文獻，綜合相關研究（洪嘉鴻，2003；郭逸瑄，2003；莊錦堂，2004；Bill, 2004；Ellsworth, 1994；Rinehart & Short, 1993；Short & Johnson, 1993），本文認為「教師賦權」應具有以下目的：1.兼顧學校組織目標與教師個人目標的達成；2.激發教師的潛能與創造力；3.提升教師的專業自主與自律能力；4.提升教師的自我效能感；5.提高教師的組織承諾；6.增進學校組織效能及提升競爭力。

　　「教師賦權」的具體措施如授予教師參與學校決策、分享各項資訊、以及任何能夠增加教師專業效能的活動或手段。不過，「教師賦權」應被視為是一種過程，而非結果。也就是說，這是一種具意向性的、持續的過程，涉及共同的尊重、批判反省精神、關懷以及團體參與。經由此一歷程，缺少均等資源者，皆可獲得接觸控制這些資源的機會。亦即，在學校組織中，教師與校長將成為合作的夥伴關係，在互相尊重的態度及基礎上，共同行使權力。

　　教育場域中權力下放已是一個必然的趨勢，這代表教師賦權後，教師能有追求專業成長、充實自我的機會；具有教學自主、參與決策，並能發揮其專業地位及影響力。Rinehart與Short（1993）指出教師賦權是學校重建和改造的重要部分，認為擴展教師參與的角色是需要的，它能使教師變成有效能的決策者。當教師被賦予更多的自主及權力後，不但擴大了教師參與的程度，也形成學校組織內的分權。教師不再只是依命行事，而是開始發聲，參與決策，並擁有決定權。Short等也認為教師賦權已變成教育改革、領導模式及教學效能的焦點。教師賦權在國外實證研究發現，教師擁有愈多參與決策、專業自主和發揮影響力的機會，愈有助於教師工作滿意、提升學校效能、增進學生學習、引導組織興革。各項因素中以「校長領導」和「組織文化」，對教師賦權的影響力最大。

　　有關「教師賦權」的內涵，Wilson與Coolican（1996）將教師賦權

的概念分成兩部分：一是外部權力（extrinsic power）；另一是內部權力（intrinsic power）。所謂「外部權力」的觀點被認為是提升其教師專業地位的途徑，亦即教師享有受肯定的地位，能獲得所需專業知識，也能獲得參與決策的過程。近年來強調學校本位管理趨勢，便是重視外部權力的例子。此外，「內部權力」則是指老師自決（self-determination）與自我效能感（sense of self-efficacy）。重視教師個人的態度，而不是支使他人的力量，教師能有信心展現自己的技能，並對其自身工作產生影響。

Klecker與Loadman（1996）檢視了所有的學校改革文獻歸納出十四項「教師賦權」的內涵：權威、自主、課程設計、同儕合作、參與決策、影響力、領導、諮詢、專業成長、專業知識、責任、自我效能、自尊、地位。此外，Klecker等亦從ERIC蒐集有關「教師賦權」的文獻加以整理和歸納。

潘慧玲與王麗雲（2000）針對於Wilson與Collican的研究進行評論，認為「內部權力」與「外部權力」都是賦權重要的部分。就權力的觀點來看，「教師賦權」的觀點所強調的是學校中權力的共享（power with）與教師權力的內發（power from within），也就是學校成員不僅共享權力，作出專業決定，而且這種權力不是等待被賦予，而是老師主動展現的、爭取的。準此，學校成員的權能感的研究應該比權力共享程度的研究要重要。

莊錦堂（2004）以Klecker與Loadman（1996）研究為基礎，整理和歸納相關研究，將「教師賦權」的內涵分別為：1.參與決定；2.同僚關係；3.自我效力；4.專業自主；5.道德領導等五項。

有關教師賦權的具體實施策略，王麗雲和潘慧玲（2000）則從較全面的角度來闡述，認為應就教師組織、校長、師資培育機構、學校外部環境與研究者五方面著手，才能完備妥善。王永琳（2001）參考相關文獻認為組織在發展成員賦權時應該是管理階層與成員雙方面共同努力，建議組織可以採取以下四項作法來嘗試：1.明確的願景與挑戰；2.開放的組織文化與團隊合作；3.適當的紀律與控制；4.支持與安全感。

綜合而言，要使教師賦權可以具體實施於學校，一些共通的原則是應該注意的。本文歸納上述研究，認爲在「授予權力」之面向上，在教育組織現場可推動的策略是：參與決策、資訊分享、專業自主等策略；在「提升能力」之面向上，在教育組織現場可推動的策略是：專業成長、專業地位、自我效能、團隊效能等內在心理層面之提升。從實徵研究可以發現「賦權」的實施對於教師內在能力及外部績效的提升具有正向關聯，「教師賦權」應成爲學校管理的核心價值。

### （二）學生賦權

相較於教師賦權的研究，學生賦權的研究是被忽略的議題。或許因爲長期以來「教學」被視爲學校活動的主體，因而關注焦點集中在「教師」角色，忽略了「學習」主體——「學生」角色。然而，隨著後現代思潮的興起，學校活動的主體已由重視「教學」漸漸轉爲重視「學習」，隨著主體性的位移，希望透過「學生賦權」提升「學習」成效漸漸受到重視，國內外相關研究也漸漸觸及。

黃心怡（2005）採用德國社會學者F. Schutze所發展的敘述訪談，進行青少年學習經驗的資料採集，資料分析是採Moustakas所建構的現象學研究法，以臺北市自主學習實驗計畫學生爲例，探究自主學習與學生自我賦權之關係；溫典寰（2006）探究身心障礙學生網路使用對賦權的影響。

Jay（2006）探討在小學運用學生團隊學習的策略，透過一系列的學習，協助學生團隊成員提升其領導能力、團隊合作能力及創造性問題解決能力。透過上述歷程，學生團隊選擇一項主題，發展改善方案，並賦予權力，將所發展改善方案帶回學校執行，並透過持續的網路合作，掌握評估該方案的執行成效。在此一歷程中，學生不僅被賦予參與學校的改善決策，甚至成爲某項議題的主導者，特別是學生在領導能力、問題解決能力及合作能力的提升，更有助於其適應未來社會。

Keith（2006）以位於New Jersey的Millburn高中爲研究對象，論述該校學生團體如何透過「學生賦權」的推動，學習、提升學生團體之領

導能力，每年針對重要的教育議題進行調查及研究，並向學區教育委員會提出改善建言。

綜合而言，國內有關學生賦權的研究，似乎仍在起步階段，研究對象仍屬於小眾族群，對於理解學校組織學生賦權的整體面貌及作為參照價值有限。國外的研究其實也很有限，不過重視決策參與以及運用團隊來提升學生內在效能的概念和教師賦權的概念差異不大。教改風潮下，被要求學校提高民主化的程度，提供更多學生、教師、家長乃至社區人士參與校務決策的機會。Keith（2006）認為應將學生也視為學校經營的夥伴，並重視學生對於教育改革的參與。提供學生參與提升其教育品質發聲的機會，應是教育改革的核心價值。Keith進一步提出透過學生參與決策、學生領袖諮詢會議、學生參與獨立研究課程等等手段，來提升學校效能，這樣的概念值得我們參考。不過，Keith也憂心的指出，上述概念大多仍停留在論述階段，並未真正落實在教育經營的場域中，國內也面臨相同困境。學生賦權的研究，未來實需要更多研究者的參與投入。

### （三）家長賦權

民主化潮流促進學校邁向分權化的發展，對教師及家長賦權的趨勢，重構了學校系統的權力關係（Addi-Raccah & Arviv-Elyashiv, 2008）。本文分析相關研究發現，「家長參與」（parental involvement）研究已累積豐富文獻，然聚焦「家長賦權」（parent empowerment）的概念進行研究者仍在起步階段，有關研究仍非常有限（Cooper & Christie, 2005; Dempsey & Dunst, 2004）。特別是相關文獻對「家長賦權」與「家長參與」概念並未清楚界定，往往兩者混用（Addi-Raccah & Arviv-Elyashiv, 2008; Cooper & Christie, 2005; Dempsey & Dunst, 2004），顯示「家長賦權」與「家長參與」界線仍處於模糊狀態。值得注意的是，美國政府近年來所推動重大教育法案中，重視「家長賦權」的實踐，並成立「家長賦權網」（Parent Empowerment Network; PEN），該網站中針對家長賦權政策的推動，進行說明及宣導，希望藉此提升公立教育的品質。

　　分析國內研究，尚未發現以專文進行「家長賦權」探究者，探討「家長參與」之研究則與國外一樣，已累積豐富的文獻。本文彙整「家長賦權」相關文獻，並轉化「家長參與」之有關研究，希望歸納「家長賦權」之可行策略，作為校長推動賦權領導之參考。

　　Addi-Raccah與Arviv-Elyashiv（2008）之研究發現教師認同家長參與方案的功能，但也為家長不斷擴增其影響力及介入教師教學專業所苦。該研究建議教師應以透明、開放的溝通，來取得家長信賴，同時發展政治性知能來因應家長賦權所衍生的過度介入教師教學專業的問題。

　　Cooper與Christie（2005）之研究指出：家長賦權，將是教育工作者的重大挑戰。該研究建議，未來教師與家長應建立夥伴關係，家長賦權要考量家長的價值觀、文化背景、對教育的期望、評價等因素，以發展最佳的參與模式。

　　Epstein（2007）將家長參與內容區分為六種型態：1.在家善盡家庭教養子女的責任；2.學校與家庭間的良好溝通；3.家長到校擔任義工；4.家長在家指導孩子學習；5.在校參與決定；6.與社區成員合作。

　　郭明科（1996）綜合國內外學者的觀點，將家長參與的角色歸納為五種類型：1.資訊接受者；2.家庭教師與監督者；3.學校活動支持者；4.倡導者；5.決策者。

　　林明地（1999）分析家長參與的類型，共可分為以下六種：1.親職教育；2.溝通；3.擔任義工；4.支持學校；5.在家教導自己小孩；6.代表他人作決定。

　　戴國璋（2005）綜合國內外文獻，將家長參與的類型分為：1.學校行政性的家長參與類型（係指參加家長委員會議、協助籌措學校教育基金、參與學校校務會議、參加學校決策會議及提供可利用之社會資源等）；2.一般性的家長參與類型（包括協助班級事務、參加班親會、親師座談會、擔任學校各項義工及參加學校各項活動等）；3.家庭性的家長參與類型（係指家長之最基本責任，包括指導學生作作業、瞭解孩子在學校學習情況、瞭解孩子身心發展情形、參加有關提升家長教養子女知能的親職教育活動等）。

綜合而言，國內有關家長賦權的研究，似乎仍在萌芽階段，國外的研究也相當有限，整體而言對於家長賦權多抱持肯定態度。家長雖屬於學校外部人員，然民主化趨勢下，應將家長也視為學校經營的夥伴，並重視家長對於學校事務各層面參與。不過家長賦權及擴大家長參與校務的程度，仍對傳統封閉的學校教育生態產生一定衝擊，不過這部分的研究仍相當缺乏。

## （四）校長賦權

隨著大環境的急遽變遷，教育組織也受到民主化之劇烈衝擊。在中小學裡，由於教師法的公布，各校紛紛成立教師會、設置教評會、提升家長會的功能；很明顯的，傳統的科層組織已無法因應組織變革的張力。在學校行政人員、教師會、家長會，乃至學生團體逐漸參與決策、分享權力與責任的同時，似乎忽略「校長」此一角色並未同步提升其權能，造成今日中小校長心理的不安定感及經營的困境。

如前所述，「賦權領導」在學校組織中居關鍵地位者，應是校長一職。不少研究者將校長視為「賦權者」，探討校長賦權行為與學校效能的關係（黃哲彬，2004），或探討校長領導行為與教師賦權增能的關係（郭逸瑄，2003）。但將校長視為「被賦權者」，探討在今日教育環境劇烈改變下，日益「有責無權」的校長，如何賦予權、責相稱的職權，提升其效能感及自我實現，以利學校經營成效，似乎是被忽略的議題。

以本研究對「賦權領導」的界定，應包含「權利賦予」及「能力提升」等兩個面向，以此概念來探討「校長賦權」，首先從「權利賦予」面向分析：似乎在目前強調「賦權領導」的風潮下，「校長」成為權力「被掠奪者」角色，所擁有的權力不斷被分享，但職責卻也不斷被提升，權責的平衡不斷失調，這是值得正視的問題。在權力不斷被分享、稀釋，漸漸走向「有責無權」、「赤手空拳」甚至「委曲求全」的校長角色，如何指望學校效能的提升？

其次從「能力提升」面向分析：校長專業地位長期以來備受質疑，依據鄭明宗（2008）之研究，訪問六位中小學校長有關校長專業發展現

況問題，受訪者對於校長專業發展現況均抱持負面的看法，其所面臨的困難指向政策制度面的輕忽，缺乏整體性、系統性規劃；對於校長自主性的進修，主管機關則採取不認同或限制的措施，在在都對校長專業發展設下重重障礙，造成今日校長專業地位不彰的困境。林明地（2002）指出希望校長以過去的養成經驗來面對今日乃至未來的遽變環境，無異緣木求魚。再紮實的職前培育或儲訓，當校長面對持續變動的外在環境，其適用性將逐漸降低。特別是傳統零碎、無計畫、以及急就章式的在職訓練的概念，必須由持續專業發展所取代。校長專業發展受困的現況，對於校長能力的提升更是雪上加霜。

　　綜合而言，不論從「權力賦予」或「能力提升」等面向來探討「校長賦權」，都出現令人憂心的結論，更顯現「校長賦權」研究的重要性。如何賦予校長權責相稱的權力，並進而提升校長能力，協助其運用經營理論，善用溝通技巧，活化校務運作機制，營造校園民主、開放的氣氛及塑造良性互動之環境，實在是教育主管機關應正視的問題，也是未來研究應努力之道。

## 肆、賦權領導在學校的實踐

　　本研究界定學校組織「賦權領導」應涵蓋四個面向：「教師賦權」、「學生賦權」、「家長賦權」及「校長賦權」。但是由於相關研究及論述多從「教師賦權」的構面切入，有關該面向在學校運用的實踐，也累積最多文獻。為呈現「賦權領導」在學校運用實踐之完整面貌，提供學校經營者參照及借鏡，本研究除蒐集彙整上述四面向之文獻，並轉化教育經營管理相關文獻及提出研究者觀點，建構「學校組織賦權領導構面圖」希望能提供學校經營者參考。

　　王麗雲和潘慧玲（2000）從較全面的角度來提出「教師賦權」的具體實施策略，認為應該從教師組織、校長、師資培育機構、學校外部環境與研究者五方面著手，才能完備妥善，相關策略整理如下：

一、教師組織：(一)鼓勵勇於嘗試的氣氛；(二)使用抗拒的方式；

(三)發展同僚關係與互助合作關係；(四)追求共同領導；(五)設立學程，培養領導者。

二、校長：(一)支持：支持教師參與決定、鼓勵教師勇於嘗試新措施；(二)協助：激發教師的反省、提供切合的批評、提供另類思考架構、平衡學校中權力關係；(三)提供可能性：在物質和非物質方面願意支持教師促使改革的發生。

三、師資培育機構：在師資培育階段養成對自己有關事項作決定的習慣、與他人合作經驗。

四、學校外部環境：教育行政機關與教育法令的改進。

五、研究者：教師經驗與意見受到重視、培養教師自行研究能力，解決自己面臨的問題。

參考郭逸瑄（2003）所提出推動賦權領導策略，轉化歸納如下：

一、就賦予權力策略：(一)調整校務領導角色和領導方式；(二)校長應授權給教師；(三)校長應多採用參與決定；(四)去集權化以及減少正式化。

二、就增進能力策略：(一)校長與教師、同仁共創學校願景；(二)營造信任分享的學校文化；(三)應鼓勵成員自我管理；(四)建立各類型工作團隊；(五)重視人力資源管理；(六)激發成員的組織承諾感。

Bill（2004）提出校長推動同儕賦權的十項策略：一、分享資訊；二、分享決策權；三、落實決策；四、發展預算共識；五、創造分享願景；六、發展分享信念；七、允許教師主導其專業發展；八、學生及家長賦權；九、瞭解學生需求；十、發展賦權的象徵。

Jay（2006）及Keith（2006）有關「學生賦權」的研究，歸納其策略主要有：一、運用學生團隊學習；二、提升學生領導能力、團隊合作能力及創造性問題解決能力；三、分享學校決策權，如每年針對重要的教育議題進行調查及研究，並向學區教育委員會提出改善建言。

針對「家長賦權」，Addi-Raccah 與 Arviv-Elyashiv（2008）建議教師應以透明、開放的溝通，來取得家長信賴。Cooper 與 Christie（2005）建議未來教師與家長應建立夥伴關係，家長賦權要考量家長的

價值觀、文化背景、對教育的期望、評價等因素,以發展最佳的參與模式。Epstein(2007)將家長參與內容區分為六種型態:在家善盡教養子女的責任、學校與家庭間的良好溝通、到校擔任義工、在家指導孩子學習、在校參與決定、與社區成員合作。國內學者(郭明科,1996;林明地,1999;戴國璋,2005)對家長參與型態探討大致可涵蓋在上述六個層面中。綜合學者論述及參酌本文對賦權領導的界定,學校組織對於家長的賦權可自:參與決策、資訊分享、親職教育、提升合作能力等面向著手。

綜合學校組織賦權領導相關研究論述及研究者觀點,本文整理歸納「學校組織賦權領導構面圖」,其中涵蓋「賦權領導」四個面向(教師賦權、學生賦權、家長賦權、校長賦權)的策略,及校長推動「賦權領導」之可行策略,希望能具體呈現「賦權領導」之圖像,並供學校領導者參考,相關構面圖呈現如圖14-1。

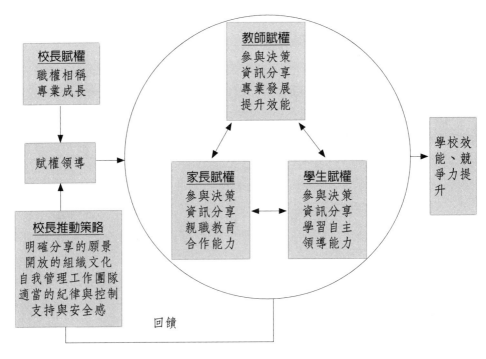

圖14-1　學校組織賦權領導構面圖

　　本文歸納相關學理，建構「學校組織賦權領導構面」，從「授權」及「增能」兩個面向出發，希望透過對組織成員授予及分享權力，促進被賦權者自我效能及能力提升，以實踐「賦權領導」。其內容涵蓋「賦權領導」四個面向（教師賦權、學生賦權、家長賦權、校長賦權）的策略，說明如下：

　　一、校長賦權：校長領導的良窳關係學校經營的成敗，本文研擬內外環境兩個面向的策略，希望提升校長賦權的成效。

　　(一)外在環境：要建立職權相稱的校長權威，改善目前校長有責無權的窘境，其次要建立校長專業成長的機制，提升校長的專業影響力。這部分有賴上級主管機關的努力。

　　(二)內部環境：校長可推動以下具體策略，以實踐賦權領導的精神：明確分享的願景、營造開放的組織文化、推動自我管理工作團隊、建構適當的紀律與控制、型塑支持與安全感的校園氣氛。

　　(三)回饋機制：校長針對所推動賦權領導各面向策略（教師賦權、學生賦權、家長賦權），應建立評量指標，做好計畫評核的工作，隨時檢討改進，並調整相關推動策略。

　　二、教師賦權：可推動策略包含：教師參與決策、校務資訊分享、促進教師專業發展、提升教師教學效能。

　　三、學生賦權：可推動策略包含：學生參與決策、校務資訊分享、促進學習自主、提升學生領導能力。

　　四、家長賦權：可推動策略包含：家長參與決策、校務資訊分享、落實親職教育（提升家長教養子女知能）、合作能力（擔任學校各項義工及協助社區服務）。

# 伍、結語

　　從社會運動、成人教育到管理學界，「賦權」的議題受到相當的重視，有關研究及論述很多。在教育領域，「賦權」的研究，也逐漸受到重視。本文從「授權」及「增能」兩個層面分析「賦權領導」的相關內

涵，並歸納相關研究研究成果及提出本文觀點，認爲「賦權領導」在學校組織中的實踐應涵蓋：教師賦權、學生賦權、家長賦權及校長賦權等四個面向。本文並建構「學校組織賦權領導構面圖」，其中涵蓋上述學校組織「賦權領導」四個面向的具體策略，及校長推動之建議，希望能呈現「賦權領導」較完整之圖像，以供學校領導者實踐之參考。

## 問題與討論

一、如何培育校長「賦權領導」的能力與知能？

二、假設您是一位校長，如何運用「賦權領導」的理念來領導學校？

三、校長在學校組織中推動「賦權領導」，應涵蓋哪些內涵？

四、在現今教育經營環境中，推動「賦權領導」的主要障礙及困難爲何？

## 參考文獻

### 中文部分

方永泉（2003）。弗萊勒（*Paulo Freire*）的《受壓迫者教育學》與批判教育學。92年3月11日取自http://www.ncnu.edu.tw/~ycfang/Freire.htm。

王世哲等譯（2002），Mattias Finger & Jose Manuel Asun著。面臨十字路口的成人教育—學尋出口。臺北：巨流。

王永琳（2001）。臺北市政府公務人員授能認知之研究。國立政治大學公共行政研究所碩士論文，未出版。

王麗雲、潘慧玲（2000）。教師彰權益能的概念與實施策略。教育研究集刊，*44*，173-199。

吳建興（2002）。*Empowerment*理論的實踐及反思——以九年一貫教育改革能力教育教師工作坊爲例。世新大學社會發展研究所碩士論

文，未出版。

吳美雲（2001）。**識字教育作為一個「賦權」運動：以「外籍新娘生活適應輔導班」為例探討**。世新大學社會發展研究所碩士論文，未出版。

李承翰（2000）。**網際網路與社會運動團體及個人增權（empowerment）關係之研究**。元智大學碩士論文，未出版。

林秀聰（1998）。**賦能策略應用於機關組織之研究**。國立政治大學公共行政研究所碩士論文，未出版。

林明地（1999）。家長參與學校教育的研究與實際：對教育改革的啓示。**教育研究資訊**，7(2)，61-79。

林明地（2002）。校長專業發展課程設計理念與教學方法之探討。**現代教育論壇**，6，482-489。

林明璇（2000）。**科技賦權之可能性：以清華大學女性主義BBS站為例**。元智大學碩士論文，未出版。

洪嘉鴻（2003）。**國民小學教師增權與教師自我效能關係之研究**。臺中師範學院國民教育研究所碩士論文，未出版。

洪嘉鴻（2003）。**國民小學教師增權與教師自我效能關係之研究**。臺中師範學院國民教育研究所碩士論文，未出版。

梁實秋編（1988）。**遠東實用英漢辭典**。臺北市：遠東。

莊錦堂（2004）。**國民中學教師參與決定方式與彰權益能之研究——以桃竹苗地區為例**。國立臺灣師範大學教育研究所碩士論文，未出版。

郭逸瑄（2003）。**高級中學校長領導行為與教師賦權增能關係之研究**。淡江大學教育政策與領導研究所碩士論文，未出版。

陳育美譯（1996）。Blanchard, K. & Carlos, J. P. & Randolph, A.等著。**灌能**。臺北：哈佛企業管理顧問。（原著出版年：1996）

陳瑞芬（2003）。**賦權、信任與社會賦閒之研究**。中國文化大學國際企業管理研究所碩士論文，未出版。

黃心怡（2005）。**自主學習與學生自我賦權：以臺北市自主學習實驗計**

畫學生為例之研究。中正教育研究，4(2)，81-113。

黃哲彬（2004）。**國民小學校長賦權增能行為與學校效能關係之研究**。國立臺南大學教育經營管理研究所碩士論文，未出版。

廖運楨（2002）。**臺灣地區公立國民小學教師賦權增能**。國立新竹師範學院學校行政碩士論文，未出版。

溫典寰（2006）。**身心障礙者的網路使用對賦權影響之研究—以肢體障礙者為例**。中華傳播協會2006年年會論文。2007年10月30日，取自：http://ccs.nccu.edu.tw/history_paper_content.php?P_ID=50&P_YEAR=2006

潘安堂（2002）。**國民小學教師授能與工作滿意關係之研究**。國立暨南國際大學教育政策與行政研究所碩士論文，未出版。

潘慧玲、王麗雲（2000）。**我國國民中小學學校成員權能感現況與成因調查研究—以教師會作為研究焦點**。2008年5月15日，取自：http://web.ed.ntnu.edu.tw/~panhu/empowerment%20feeling%202000.pdf.

蔣金菊（2005）。**新移民女性家長參與及其子女學校生活適應之研究：以屏東縣曙光國小為例**。國立屏東教育大學教育行政研究所碩士論文，未出版。

鄭明宗（2008）。校長專業發展創新思維：校長分級檢定制度。載於國立臺中教育大學教育學系暨課程與教學研究所（主編），**校長專業成長：培育、領導與在職進修**（143-165頁）。臺北縣：冠學文化。

戴國璋（2005）。**屏東縣國小家長與教師對家長參與學校教育態度、動機之研究**。屏東師範學院教育行政研究所碩士論文，未出版。

蘇惠玉（2006）。**高雄縣國民小學家長參與學校教育與學校效能關係之研究**。國立屏東教育大學教育行政研究所碩士論文，未出版。

## 西文部分

Addi-Raccah, A. & Arviv-Elyashiv, R.(2008). Parent empowerment and teacher professionalism: Teachers' perspective. *Urban Education, 43*(3), 394-415.

Anit, S.(2005). Directive Versus Participative Leadership: Two complementary approaches to managing school effectiveness. *Educational Administration Quarterly, 41* (5),777-800 .(EJ723345)

Bill, L.(2004). 10 strategies for staff empowerment. *Principal Leadership, 4*(6), 32-37. (EJ766822)

Bryman, A.(1999).*Leadership in organizations.* In Clegg, S. R., C. Hardy and W. R. Nord eds., Managing organizations, London：Sage Publications, 26-42.

Christopher, S. & Elizabeth, C.(2006). Reworking industrial models, exploring contemporary ideas, and fostering teacher leadership. *Phi Delta Kappan, 87*(9), 676-680. (EJ774506)

Cooper, C W. & Christie, C. A.(2005). Evaluating parent empowerment: A look at the potential of social justice evaluation in education. *Teachers College Record, 107*(10),2248-2274.

Cramer, R. (1995). Level-headed about empowerment. *Hospital Materiel Management Quarterly, l*(16),1-5.

Cummings, T. G. & Worley, C. G.(2005). *Organization development and change(8th ed).* Mason: South-Western Thomson.

Daniel, M. & Alma, H.(2006). Teacher led school improvement: Teacher leadership in the UK. Teaching & Teacher Education. *An International Journal of Research and Studies, 22* (8), 961-972. (EJ744988)

Dempsey, I. & Dunst, C.(2004). Help giving styles and parent empowerment in families with a young child with a disability. *Journal of Intellectual and Developmental Disability, 29*(1),40-51.

Edel, R.(2008). Parental involvement through better communication. *Middle School Journal, 39*(3), 40-47.

Epstein, J. L. (2007). Improving family and community involvement in secondary schools. *Principal Leadership, 8*(2),6-22.

Ettorre, B. (1999).What constitutes a good board?. *Management Review,*

*88*(6), 7.

Freire, P. (1973).By learning they can teach. *Convergence, 6*(1). 78-84.

Freire, P. (1994). *Pedagogy of the oppressed.* New York: Continuum.

Hunt, J. G. et al.(1988). *Emerging leadership vistas.* Massachusetts: Lexington Books.

Inglis, T. (1997). Empowerment and emancipation. *Adult education Quarterly, 48*(1), 3-17.

Jay, B. J.(2006). Every child is leader. *Leadership, 35*(3),34-36.

Keith, N.(2006). Building leadership capacity in students. *Principal Leadership, 7*(4), 20-24.

Kieffer, C. H. (1984). Citizen empowerment: A developmental perspective. *Prevention in Human Services*, 3, 9-35.

Klecker, B. M. & Loadman, W. E. (1996). *Dimensions of teacher empowerment: Identifying new roles for classroom teachers in restructuring schools.* (Report No. MSERA-SCP-96-11). Tuscaloosa, AL : Mid-South Educational Research Association, AL. (ERIC Document Reproduction Service No. ED405304)

Knopf, H. T. & Swick, K. J.(2008). Using our understanding of families to strengthen family involvement. *Early Childhood Education Journal, 35*(5),419-427.

Lightfoot, S. L. (1986). On goodness in schools: Themes of empowerment. *Peabody Journal of Education, 63*, 9-28.

Perkins, D. D. & Zimmerman, M.A.(1995). Empowerment theory, research, and application. *American Journal of Community Psychology, 23*(5), 569-5778.

Rappaport, J. (1987). Terms of empowerment/exemplars of prevention: Toward a theory for community psychology. *American Journal of Community Psychology, 15*, 121-148.

Rashmi,G., Stella, M. & Elizabeth,L.(2007). Educational aspirations of male and female adolescents from single-parent and two biological parent families: A comparison of influential factors. *Journal of Youth and Adolescence, 36*(8). 1010-1023.

Rinehart, J. S. & Short, P. M. (1993). *Job satisfaction and empowerment among teacher leaders, reading recovery teachers, and regular classroom teachers*. (ERIC Document Reproduction Service No.ED362940)

Robbins, S. P.(2000). *Organization behavior.* Prentic-Hall Inc.

Sergiovanni, T. J. (1990). *Value-added leadership: How to get extraordinary performance in school.* New York: HBJ. SI059.

Sergiovanni, T. J. (1992). *Moral leadership : Getting to the heart of school improvement.* San Francisco : Jossey-Bass Publishers.

Short, P. M. (1998). Empowering leadership. *Contemporary Education, 69*(2), 70-72.

Short, P. M.; Johnson, P. E.(1994). Exploring the links among teacher empowerment, leader Power, and conflict. (ED372044)

Sirkin, H. L. (1993). The Employee Empowerment Scam. *Industry Week, October*, 58.

Swift, C. & Levin, G.(1987). Empowerment: An emerging mental health technology. *Journal of Primary Prevention, 8*, 71-94.

Thompson, S. C. & Earline, M.(2007). Shared vision, team learning and professional learning communities. *National Middle School Association, Middle Ground, 10*(3),12-14. (ED497108)

Willis, A. K. (1999). Breaking through barriers to successful empowerment. *Hospital Materiel Management Quarterly, May*, 69-80.

Wilson, S. M. & Coolican, M.J. (1996). How high and low self-empowered teachers work with colleagues and school principals. *Journal of Educational Thoughts, 30*(2), 99-117.

Yukl, G. A.(1998). *Leadership in organization.* Emglewood Cliffs, N. J.: Prentice Hall.

# 第十五章

# 轉型領導

# 壹、前言

西諺有云：「有怎樣的校長，就有怎樣的學校」（As is the principal, so the school）。此句話說明了組織經營者的領導行為，攸關組織的成效。尤其在組織面臨內外部環境變遷迅速的同時，更有不少的文獻皆指出，要創造組織的新價值與高度的效能，領導者皆是重要的內部因素。換言之，良好的管理，可以控制組織運作的複雜性，達成以簡御繁的效果；而有效率的領導，則可以帶動組織的革新、創造有建設性及適應性的變遷。

現今傳統的領導由於有下列三點的缺失，造成某些不足之處，因此遭到非議（蔡進雄，2000）：

一、傳統領導理論重點集中於領導效能的各種影響因素，因此忽略領導者在變遷中所扮演的積極性角色。

二、採二分法區分成領導者與被領導者，忽略成員的自我成長與引導的可能性。

三、混淆領導者與管理者的定位，而領導者的真正任務在於創造，是一種引導組織變革方向的積極性角色。

而轉型領導（transformational leadership）由於其論述內涵包含組織成員的態度、信念、價值與需求等新觀念要素，逐漸受到重視。至於在相關研究方面，許多國內外研究皆認同轉型領導對學校效能與改革有關鍵性的影響力（張明輝，1997；秦夢群，1997；Silins, 1994）。因此有必要對轉型領導做一深入之瞭解，以便在學校經營管理實務上加以運用。以下分為轉型領導之意涵、理論基礎、相關研究與經營管理上啟示等部分加以論述。

# 貳、定義與內涵

在轉型領導理論的源起方面，可溯及Downton的研究，當時將領導者對成員影響方式的焦點放在探討成員的心理層面上。而Burns在其有關政治領導者之研究中，開始將轉型領導與互易型領導的概念做了明確的區分。至於系統性的研究轉型領導在教育組織中的意義及其運用的情形，則是近十多年的事，相關學者包括有Sergiovanni、Leithwood 和 Jantzi 等人（Sergiovanni, 1990; Leithwood, 1992），因此目前探討轉型領導的文獻可說是頗多，以下將援引相關學者對轉型領導之論述，以利瞭解其基本內涵：

## 一、定義

張慶勳（1997）認為轉型領導是一種附加價值的領導，並將轉型領導定義為領導者以前瞻性的遠景及個人的魅力，運用各種激勵的策略，激勵部屬提升工作機動及工作滿足感，以使部屬更加努力的一種領導。

吳清山、林天祐（1998）提出轉型領導是指組織領導人應用其過人的影響力，轉化組織成員的觀念與態度，使其齊心一致，願意為組織的最大利益付出心力。

Burns（1978）認為轉型領導是領導者與部屬間彼此提高道德與動機層次的歷程。Bass（1985）更進一步將轉型領導更具體化說明，認為領導者引導部屬超越個人的利益，提升需求層次與對工作預期結果的價值觀，透過激勵提升工作動機與熱忱，以完成預期結果，並超越期望的表現。

Sergiovanni（1992）認為轉型領導含價值驅力，是一種加價值的領導（Value-added leadership），其目的在轉化理念與價值之道德權威，提升高層次的價值與需求，超越其原有的動機與期望。

Yukl（1994）則認為轉型領導是指影響組織成員，使其在態度與假設上產生改變，並建立對組織使命與目標的承諾。是一種強調領導者要

賦予成員自主性以完成目標、改變組織文化與結構，並與管理策略相配合，進而完成組織目標的歷程。

至於蔡進雄（2003a）則進一步提出轉型領導的主要內涵爲建立遠景、魅力影響、激勵鼓舞、啓發才智與個別關懷等五個行爲層面。他將轉型領導定義擴張至團隊，認爲轉型領導是領導者透過共創願景、個人魅力、賦權增能及團隊建立等方式，激發團隊成員努力工作，提升成員工作動機層次，以達成組織目標的一種領導過程。

綜合以上各家所述，對學校經營管理而言，轉型領導是一種組織領導者運用各種激勵的策略，以達成轉化組織與提升成員價值層次的領導歷程與行爲。

而在領導理論的發展上，轉型領導究竟位居何種角色，與前期的理論有何差異，亦是需要加以瞭解之處，以下採取Bryman（1992）的分類做爲說明，如下表15-1：

**表15-1　領導理論時期的演進**（Bryman, 1992：1）

| 時期 | 取向 | 核心主題 |
|------|------|---------|
| 1940年代 | 特質取向 | 領導能力是天生的 |
| 1940至1960年代 | 方式取向 | 領導效能在於處理領導者的行爲如何 |
| 1960至1980年代 | 權變取向 | 有效的領導是受情境所影響 |
| 1980年代 | 新型領導取向（包括魅力取向） | 領導者需要願景 |

從表15-1可以得知，1980年代所興的新型領導取向，不再將焦點鎖定在重視領導者應該採取何種方式領導才是最有效的行爲。秦夢群（1997）即認爲轉型領導的提出，對於相關領導行爲的研究，有一定的衝擊，其理由是以往傳統的領導多限於技術上與人際上的追求，忽略了更上層的理念。換言之，轉型領導強調理念的更新與推展，而不僅是斤斤計較於各種領導「秘訣」的提出。

　　至於在新型領導所關注的主題方面，根據Bryman（1992）的觀點認為新型領導所強調的主題與以往有諸多不同之處，其差異如表15-2所示：

表15-2　新型領導主題差異表（Bryman, 1992：111）

| 較不強調 | 較強調 |
|---|---|
| 計畫 | 遠景／使命 |
| 分配責任 | 傳達願景 |
| 控制和問題解決 | 引起動機和激發鼓舞 |
| 創造例行事項和均衡 | 創造變革和革新 |
| 權力的維持 | 賦予成員自主性 |
| 順從 | 承諾 |
| 強調契約責任 | 刺激額外的努力 |
| 重視理性、減少領導者對成員的依附 | 對成員感興趣並靠直覺 |
| 對環境的回應 | 對環境有前瞻作法 |

　　由上述差異對照可得知，傳統的領導比較偏向例行性事務的計畫，企圖解決組織所可能產生的問題，雖然已有對環境進行回應，但仍屬於消極性的被動式反應。而新型領導則是會透過願景與鼓舞策略，賦予成員自主性，同時刺激成員更加付出，並積極地回應外在環境的影響，以達成組織變革與革新的目標。而Leithwood、Jantzi和Fernandez（1994：81）即認為：轉型領導者會設法去強調組織內特定的、顯著的價值，增進能代表此價值和認同特質的組織任務與目標，透過這樣的領導行為去重建成員的自我觀念，最後增進成員對組織的認同，此種領導方式可說是符合新型領導的特徵。

## 二、相關理論

有關轉型領導之相關理論，綜合張慶勳（1997）與蔡進雄（2004）的看法，將其分為下列六項：特質論、社會權力理論、社會交換理論、需求層次理論、道德發展論和新興領導相關理論等。

### （一）特質論

由於特質論指出成功的領導者往往具有成功人格特質，而大部分的研究大多同意轉型領導的源頭之一是從魅力領導（Charisma Leadership）的概念發展而來，是屬於特質論中的個人魅力特質。

### （二）社會權力理論

從轉型領導的定義觀之，轉型領導者是具有個人魅力，並透過各種象徵性行為以說服部屬與帶領部屬，符合社會權力理論中領導者運用影響力以達成組織的目標。

### （三）社會交換理論

社會互換理論（Social Exchange Theory）係指利益的互換，包含有形與無形的交換形式，亦即指物質上的利益，以及尊敬、自尊、情感等心理上利益的互換。並逐漸發展出有關互惠關係與公平性。從領導層面而言，社會交換理論強調領導者和成員間相互影響和互惠的關係，故領導並非是單向的、片面的。就轉型領導而言，轉化組織成員的觀念與態度即是此種交換形式所產生的影響。

### （四）需求層次理論

以Maslow 的需求層次理論來界定轉型領導的意義，認為轉型領導是領導者與成員相互提升道德及動機至較高層次的歷程。轉型領導重視提升成員內發性的動機，促使其能自我實現，且超越原先工作期望。因此，需求層次論裡的「重視動機需求」與「自我實現」概念與轉型有相

關聯，且是轉型領導之重要理論基礎（張慶勳，1997；蔡進雄，2000；蔡進雄，2004）。

### （五）道德發展論

從轉型領導的定義可發現，其目的之一是轉化成員觀念使其自發自律，此與Kohlberg 的道德發展論所強調的主張不謀而和，並有助部屬能更進一步的自我實現。由此足見，道德發展論亦是奠定轉型領導的良好基石。

### （六）新興領導相關理論

包含催化領導、願景領導與道德領導等，皆與轉型領導所強調的主張皆有密切之關聯性。

## 三、相關領導概念之釐析

由於轉型領導在特徵上有與其他概念相似之處，因此若欲深入理解其特殊性，有其必要將相關觀念加以釐析，分別說明如下：

### （一）魅力與轉型領導的差異

在相同點方面，Michael（2001）指出魅力領導與轉型領導就是要協助部屬創造願景，這二種領導模式在於強調要求部屬發現組織願景，領導者協助部屬瞭解並建構組織願景、意向以及型塑部屬之價值觀，亦即要引發部屬建立願景之動機、引發部屬的競爭力和尋求自我價值。蔡進雄（2000）亦認為魅力領導與轉型領導的相同處在於在概念上有部分重疊。例如：均強調領導者的魅力與自信、願景的建立與傳遞等，由此足見兩者在概念上確有共通點。

在差異點方面，廖裕月（1998）曾指出魅力領導與轉型領導的相異處在於魅力僅是轉型領導的重要特質之一，卻不足以解釋轉型領導的整個過程。Bass 也提到認為魅力領導雖是轉型領導的必要成分，但轉型領導存在於組織的每一層級，魅力領導通常是在組織正式權力無法應付環

境危機時才會出現（林合懋，1995）。

　　換言之，兩者最大的不同點在於轉型領導者利用魅力特質讓成員對其產生情感依附，以激勵部屬超越本身的利益，追求組織更高的目標；相反的，魅力型領導者不會去提升成員的需求與動機，反而易使部屬依賴領導者的施為，部屬因此喪失了自主性。甚至魅力型領導所強調個別領導者扮演發展「願景」而將其強加注給組織成員，而非「共享的領導過程」（陳譓森，1996）。

### （二）交易領導與轉型領導的差異

　　張慶勳（1998）於《學校教育與行政》中提及交易領導為「以物易物」的領導，而轉型領導為一種「附加價值」的領導，且經由建立式、結合式、儲存式的領導三個階段而運用在改進學校教育上。

　　在需求層次的層級方面，交易領導係指以部屬外在需求與動機作為其影響的機制，而轉型領導則以部屬的內在需求與動機作為其影響的機制（吳清山、林天祐，1998；張慶勳，2001）。轉型領導者關心的是部屬的自尊、自主及自我實現等高層次的心理需求及涉及道德的公平、責任與義務等問題。

　　在彼此的關係上，雖然兩者的概念有所差異，但並非截然不同，如Bass（1985）於《領導與超越期待表現》（*Leadership and performance beyond expectations*）中提及，轉型領導係藉由增加部屬的信心，提升工作成果的價值，導引部屬做額外的努力。轉型領導與交易領導並非一分為二的領導，也非用轉型領導來代替交易領導，而是運用轉型領導來擴大交易領導的效果；其後，Bass和Avolio（1990）也以下圖說明轉型領導者在理論上，雖然屬於相對概念，但兩者關係是密切的，可以說轉型領導是互易領導的擴充形式，在轉型領導的表現中，領導者也會應用到互易領導的行為，其關係如圖15-1所示。

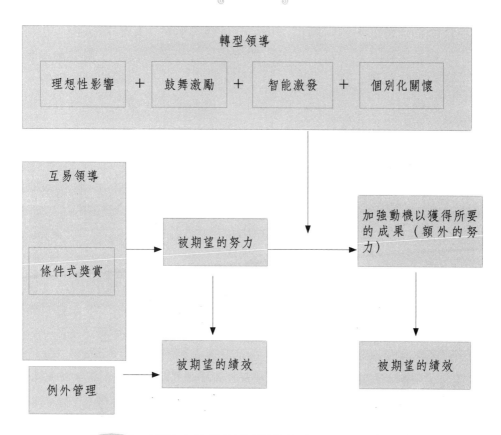

**圖15-1 轉型與互易領導關係圖**（Bass, 1990：12）

　　Yukl（2002）就曾針對兩者的關係作為說明，認為自1980年代以來有關領導的廣泛研究中，多數離不開以轉型領導（transformational leadership）與互易領導（transactionalleadership）的核心概念，以Maslow的需求層次分析，在領導行為中，互易領導以滿足成員需求，偏重於「基本需求」與「利益互惠」；而轉型領導則偏重於「成長需求」與「道德與動機層次的提升」。此外，由上述關係圖可得知，交易與轉型領導是由五個主要的要素所構成：條件酬賞、例外管理、魅力領導、智性激發、個人化關懷等，而其中條件酬賞與例外管理是交易領導的要素，而魅力領導、智性激發以及個人化關懷是轉型領導的要素。至於在歷程中，轉型領導會透過提升成就動機，使成員付出額外的努力，

以完成共同目標的歷程。轉型領導可以視爲微觀的人際影響歷程，也可視爲改變社會體系和改造制度的巨觀歷程。在巨觀歷程中，轉型領導者不僅激發個人動機，同時還涉及塑造組織文化、表達和調解團隊衝突。以下以組織目標、領導行爲、動機類型、成員需求與權力基礎等五個向度作爲差異點之說明，其內容如表15-3所述：

**表15-3　轉型領導與互易領導比較差異表（研究者自行整理）**

| 領導模式<br>比較項目 | 轉型領導 | 互易領導 |
| --- | --- | --- |
| 組織目標 | 領導者與成員建立共識，訂定目標，且成員都能知覺達成目標的重要性 | 組織的目標是由領導者個人所設定，成員並不一定能知覺到組織目標存在的重要性 |
| 領導行爲 | 較爲積極 | 較爲消極 |
| 動機類型 | 內在動機 | 外在動機 |
| 成員需求 | 以提升成員的需求層次及預期結果爲目標（成長需求） | 以滿足成員需求爲目標（基本需求） |
| 權力基礎 | 象徵權 | 利酬權 |

## 四、轉型領導之測量向度、工具與分類情形

### （一）國外部分

MLQ 量表（Multifactor Leadership Questionnaire）：

　1.量表緣起

該量表是由Bass（1985）透過文獻分析探討及訪談資深主管的方式，來瞭解與測量轉型領導、交易領導各層面的行爲，而後Bass 和Avolio亦不斷加以修正其內容。

2.測量工具與方法

共有七十三個題目，使用五點量表的方式來測量，並分成兩種形式，分別為領導者的自我評量（MLQ-5S）和部屬的評量（MLQ-5F），並透過因素分析分類出七種因素。

3.分析成果

七種因素分別是魅力、智性的刺激、個別化的關懷、啓發、權變的獎勵（contingent reward）、偏差管理、放任式；以及三種影響組織的項目：部屬額外的努力、效能及對領導者的風格和方法滿足。這七種因素可說明共同變異量89.5%，表示MLQ很適合測量領導者使用轉型領導的程度（何淑妃，1996：36）。

其實，在一開始Bass（1985）的轉型領導理論中，最初只包含三個行為層面，即：(1)領導魅力，(2)智能啓發，(3)個別化關懷。之後，Bass和Avolio又加上第四個行為層面為激勵（Bass & Avolio, 1994），並根據他們的觀點，認為轉型領導目前所發展之向度有四類：

(1)**魅力**（charisma）**或理想性影響**（idealized influence）：指領導者具有吸引成員信服的特質或行為，以激勵成員對組織參與感。

(2)**個別化關懷**（individualized consideration）：領導者除了以尊重每一位成員的心態與充分授權的方法，激發部屬潛能之外，尚能兼顧關懷與滿足成員個人的需求，促使其成長並達自我實現之境界。

領導者透過願景的溝通、象徵符號的使用及楷模行為的樹立等方式使成員致力於工作。

(3)**智能啓發**（intellectual stimulation）：係指領導者透過新觀念的引入，提供成員新的思維向度，以強化成員的能力，俾便使部屬有效的處理舊有的問題。

(4)**激勵鼓舞**（inspirational）：指領導者透過願景的溝通、象徵符號的使用及楷模行為的樹立等方式使成員致力於工作。

除了ＭＬＱ之外，Ｒｏｕｅｃｈｅ 等人的「多因子學院領導量表」（Multifactor College Leadership Questionnaire，簡稱MCLQ）、Sashkin的「領導行為問卷」（Leadership Behavior Questionnaire，簡稱LBQ）

及Kouzes等人的「領導實務問卷」（Leadership Practice Inventory，簡稱LPI）等，與Bass等人的「多因子領導問卷」皆為國外針對轉型領導所發展之量表。

## （二）國內部分

以林合懋、張慶勳、蔡進雄與范熾文發展的量表等人為代表，茲簡述如下：

### 1.林合懋（1995）的轉型領導與交易領導量表

(1)量表緣起：針對國內企業界與教育界的主管編製轉型領導與交易領導量表。

(2)測量工具與方法：該量表採開放問卷方式針對轉型領導、交易領導的因素加以瞭解，並採五點量表計分。

(3)分析成果：經信度分析，所得結果為將轉型領導行為層面分為親近融合、遠景及吸引力、承諾與正義、激勵共同願景、尊重信任、智識啓發、個別關懷等七個因素。互易領導則包含主動例外管理、被動例外管理、承諾後效酬賞、實質後效酬賞（互惠）、實質後效酬賞（表揚）等五個因素。

### 2.張慶勳（1996）的轉型領導與交易領導量表

(1)量表緣起：根據Bass（1985）的「多因子領導問卷」修訂為適合學校情境的題目，並以臺南市38所國小，109位教師進行施測。

(2)測量工具與方法：經由因素分析與內部一致性係數的分析，確定量表內容，共計二十一題。問卷採五點量表計分，轉型領導有五個因素，計十五題；交易領導包含有二個因素，計六題。

(3)分析成果：其量表內容分為交易及轉型兩種領導形式，轉型領導包含遠景、魅力、激勵、智識啓發、關懷等五個層面；交易領導則包含互惠獎賞、介入管理等二個層面。

### 3.蔡進雄（2000）之「國民中學校長轉型領導及互易領導調查問卷」

(1)量表緣起：蔡進雄（2000）根據Bass和Avolio（1990）、林合懋

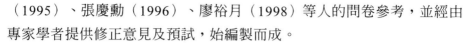

（1995）、張慶勳（1996）、廖裕月（1998）等人的問卷參考，並經由專家學者提供修正意見及預試，始編製而成。

(2)**測量工具與方法**：題目均為正向敘述，探李克特五點量表計分。該問卷以臺灣地區八縣市國中271位教師進行施測，效度部分一方面利用內容效度係依據理論建構內容，另一方面在建構效度上，利用LISERL統計軟體，進行驗證式因素分析。

(3)**分析成果**：將其分為轉型領導與互易領導兩部分，轉型領導分為建立願景、魅力影響、激勵鼓舞、啟發才智、個別關懷等五個層面，合計31題；互易領導分為被動的例外管理、主動的例外管理、條件式的酬賞等三個層面，合計22題，總題數為53題。

4.范熾文（2002）的「校長領導行為量表」

(1)**量表緣起**：以林合懋（1995）所發展之轉型領導與互易領導量表為依據，原量表係以Bass 理論為基礎。

(2)**測量工具與方法**：問卷探李克特六點評分法，並透過開放問卷、內容分析、因素分析等編撰而成。

(3)**分析成果**：轉型領導部分包括型塑願景、魅力影響、激發鼓舞、智能啟發、個別關懷等五個層面；校長互易領導部分行為包括主動例外管理、被動例外管理、條件式酬賞三個層面。

## （三）國內近年實證研究之趨向

蔡進雄（2003b）曾針對轉型領導的實證研究進行回顧，當時只有二十多篇的成果。筆者最近再次針對相關實證資料彙整後發現，國內目前已有一百七十餘篇關於轉型領導方面的實證研究。唯近年來針對轉型領導的研究內涵與方向上已與前述四項的研究向度略微改變，茲將其差異處說明如下：

1.**研究主題**

除了傳統直接探討領導與效能之外的研究，近來的研究還擴展有關於組織承諾、公民行為、創新、工作滿意度、工作壓力與行銷策略等主題，可知研究主題的範疇更加豐富。這些研究如王世璋（2005）、吳育

綺（2007）、柯雅欽（2006）、林文勝（2006）、曹俊德（2005）、陳永堂（2006）、廖芬娟（2007）、蔡幸娟（2006）、許順興（2005）、方淑芬（2005）、黃懿嬌（2007）、蔡欣虹（2007）、蘇美珠（2006）、蔣奎雨（2006）等人之研究，即是顯示轉型領導已結合其他主題進行研究，呈現多元發展的趨勢。

### 2.研究方法

雖然研究上仍多以量化研究為主，而且大多數仍採取變異數分析、典型相關與迴歸等方式，但也有如王世璋（2005）、趙偉勝（2007）等使用LISREL的方式加以分析；此外，亦有部分研究開始採取質化方法，如薛桂美（2007）與姜曉欣（2007）等人的研究。此一現象顯示在方法的使用上已逐漸跳脫質量使用上的區隔。

### 3.研究對象

在研究對象的選擇上，從原本大多針對校長之領導行為，開始轉變探討其他校內人員在轉型領導的使用，如姜曉欣（2007）、蔡欣虹（2007）、鄭安順（2007）、許翠華（2006）等，皆針對教師運用轉型領導的部分加以探討。

### 4.研究層級

除原本集中於國中小之外，學前教育、高中職教育的層級亦開始納入研究探討的題材之中。例如曹俊德（2005）、廖芬娟（2006）是針對學前教育部分進行討論；陳瑞堂（2006）、方淑芬（2006）、鄭安順（2007）、許翠華（2006）等皆是針對高中職部分進行研究。此一研究情形顯示轉型領導已深受各層級所重視。

## 五、轉型領導的層面、原則與策略

經過多年轉型領導方面的研究，不同的學者針對轉型領導的層面、策略、原則有不同的分析結果，茲略述如下，以作為對轉型領導層面上的理解。

## （一）轉型領導的層面

Leithwood、Jantzi、Sillins 和Daret（1993）認為轉型領導可分為七個層面：

### 1.建構願景

領導者要利用機會建構學校願景。當願景形成價值體系時，則能引導成員產生承諾，專業成長。

### 2.發展目標

領導者要提升成員合作機會，為共同目標而努力，以便強化團體目標與發展團體認同感。

### 3.個別支持

領導者要尊重並關心成員之情感與需求。

### 4.智性啟發

領導者能激勵成員去檢驗工作的假定，才能創造動力知覺，提升情緒奮起，具有工作績效。

### 5.提供適合模式

領導者設定與型塑良好的價值模範，讓成員追尋。

### 6.高績效期望

領導者能表現對卓越、品質、績效之期望。

### 7.有條件酬賞

領導者指引成員清楚知道完成哪些可獲得酬賞。

而後蔡進雄（2003）又更進一步針對原本轉型領導所可能產生的問題，如過度誇大領導者功能、忽略團隊的建立與成員的被動心態等問題，提出新轉型領導的概念，並經實證研究後，將新轉型領導區分成三個因素，分別為：

### 1.共創願景

強調願景是由領導者與成員共同建立的過程。

### 2.激發潛能

用以取代原本的鼓舞激勵、智性激發與個別關懷三層面。

　　3.建立團隊

希使轉化成員被動為主動積極的心態。

## （二）轉型領導的原則

　　在原則部分，Yukl（1994：374-376）針對如何在組織中有效運用轉型領導的問題，提出了十一項採行的原則，分述如下：

　　1.發展清楚、明確且具吸引力的願景

　　透過一個清晰明確的願景，有助於成為個人或團體工作的重要引導原則。

　　2.發展達成願景的策略

　　領導者必須提出能夠達成願景的策略，讓成員清晰知道如何去達成願景。這樣的策略擁有幾個與組織成員的價值一致的主題，其所涉及的範圍不應太過廣泛，否則會造成成員的混淆與缺乏活力。此外，若組織在舊的意識型態能擁有某些特定、共享的深遠價值，領導者應設法將策略與這些價值聯結起來，以建立新的願景。

　　3.說明與提升願景

　　成功的願景所強調的不僅是內容，如何和成員溝通願景亦是重要的工作。領導者應使用多采、豐富、具情感煽動的語言、譬喻、傳記、符號、口號等，來與成員溝通，使所提出的願景更具有說服力。

　　4.表現自信與積極

　　領導者要表現出自信和說服力，成員才會對願景有信心。領導者要以積極的態度告知成員已經完成了多少工作，並在語言、行動中充分表現出自信。

　　5.表達出對成員的信心

　　當工作非常危險或發生困難時，領導者最重要的工作就是對成員的能力表現出高度的信任，並建立成員的自信，以過去成員曾經克服困難的實事為例，來激勵成員繼續努力。

　　6.從階段性的成功來建立信心

　　願景的達成必須一步一步慢慢來，先設立短期的目標，使成員能夠

順利完成每一階段的工作，體會到成功的經驗，以獲得更多的自信。

### 7.慶祝儀式

以正式或非正式的儀式來慶祝任務的達成，有助於建立成員對團體的認同感、樂觀的態度與共識。在儀式進行的活動中，也可以傳達出重要的價值觀或組織所重視的革新思想。

### 8.使用戲劇性和符號象徵的行為來強調核心價值

建立成員對願景產生共識的另一個方式，就是使用清晰可見的、戲劇化的動作來強調願景的核心價值。領導者重複表現代表核心價值的象徵動作，讓成員能夠知道組織所重視和強調的重點。

### 9.建立領導者楷模

領導者所持有的價值必須履行於每日的行為中，唯有建立適當的角色楷模，才能引起成員的共鳴。角色楷模的行為必須是持續性的，而不是如火花般瞬間即逝。

### 10.創造、塑立或消弭文化形式

組織從事改變時，領導要謹慎考慮創造哪些文化型式、儀式、典禮、口號等，要保留哪些原已存在的文化形式，以及有哪些組織原有的價值應被取消，才能協助組織順利重建。

### 11.使用轉移的儀式協助成員渡過改變

劇烈的改變往往會給成員帶來失落感與不安，領導者可以舉行一些轉移的儀式，讓成員在儀式中表達出不滿、焦慮、生氣等，以幫助成員渡過難關。

## （三）轉型領導的策略

在策略方面，結合Bennis、Nanus（1985）與謝文全（2003）等歸納出下列轉型領導所使用的策略：

### 1.型塑共同的願景

利用願景引起成員注意，並透過機會提出對事情的理念與看法，和大家共同分享。換言之，透過願景鼓舞信心，及利用各種場合清晰地表達成員共同的願景，讓成員瞭解為何努力，以便產生認同感，做為努力

的目標。

### 2.透過溝通建立共識

誠如巴那德與哈伯瑪斯所強調的，溝通系統對組織有其重要之影響力，有效的領導方式必須具足良好的溝通和意念的表達，方能建立共識，亦才能同心協力。

### 3.確立定位以建立信任

俗諺說：路走對了，就不怕遙遠，故領導者必須先清楚什麼是該做的，確立組織發展的定位，如此才能建立成員對領導者的信任。

### 4.激勵成員的工作動機

領導者除了權力上要授權給所有成員以提升參與感外，在工作上也要提供足夠的時間以從事計畫、給予計畫經費支助、避免給予過多的書面工作，方能支持組織內的各種團隊活動，讓有才能的人可以發展所長。

### 5.激發成員的智能

領導者除了鼓勵成員勇於嘗試新事物、實驗新的理念、成員之間相互觀摩，分享成功經驗與帶動進修風氣也是激發團體智能有效的具體作法，甚至在整體環境上營造開放、有創見的環境，亦有助於激勵成員勇於表達自己的意見與想法及以創新、整體的觀點來思考問題。

### 6.關懷成員的需要

領導者應主動傾聽成員的聲音，感知成員的心理感受，瞭解成員的情緒。並當成員需要幫助時，能幫助他們解決困難，思考以成員權益、福利、需求為前提，替成員設想，方能使成員心悅誠服的追隨領導者。

### 7.培養領導者的個人魅力

由於轉型領導在個人特質上與魅力領導有關，因此如何培養個人魅力是不可缺少的關鍵之一。領導者平時在人際關係上，除了與成員建立親密友善的關係外，在決策上應具有民主包容的風度與清楚的理念，並透過個人所展現的積極、熱忱、誠信與正派之特質，為自己的領導加分，以取得成員的認同。

# 參、學校應用實務

由於Yukl（1994）曾提出轉型領導的步驟為建立組織的願景，激勵部屬對於組織的奉獻，滿足組織成員的需求，並鼓勵以新的角度觀察問題，引導組織成員自願為組織付出，以轉型後的行為，實現組織目標。因此，本文擬以上述觀點，再配合領導者、被領導者與情境等三種領導基本要素，提出幾項學校應用轉型領導的參考途徑：

## 一、願景的型塑與實踐方面

1.善用定位與階段性目標，以落實願景的達成

由於教育計畫依時間的長短可分為短、中、長程計畫，為有效銜接不同時程計畫，學校經營管理者應善用計畫評核術（PERT）、策略分析（SWOT）等方式逐步建構願景的實踐。此外，計畫之運行必以認識問題與界定目標為首要，因此也可透過願景管理讓組織的成員瞭解未來的發展方向為何，齊一往目標努力。

2.利用目標管理，提升成員的參與度與增權賦能感

學校經營管理者透過權力的分享與互惠，以強化部署自主性、自律能力與成員自我效能感，兼顧學校目標與個人目標的達成。

## 二、成員的動機與價值方面

1.近程階段運用動機理論，轉化成員價值

學校經營管理者不僅應注意動機內容，亦需瞭解促進動機的方式，以期透過互易領導的方式與社會交換理論的影響作為轉型之開端，並逐步轉化成員觀念。

2.長程階段強化組織公民行為，協助組織發展

學校經營管理者應發掘組織成員利他主義的誘因，以提高對組織承諾，協助組織整體發展。

## 三、領導的魅力與影響方面

### 1.注意關鍵影響要素，以發揮影響效果

有鑑於轉型領導的領導能力與風格建立在洞察力、親和力與持續力（毅力）三個基礎上；因此學校經營管理者在此三要項上必須審慎為之，包含培養洞見以便指引未來的方向、利用個人魅力集結組織成員的力量，輔以不斷學習成長，作為維繫眾人追求成功的動力。

### 2.以身作則樹立榜樣，以發揮規範權威的影響

經營管理者應嘗試透過人格感化與精神感召的影響力，藉由彼此互動效仿的歷程，來提升成員動機與道德層次。

## 四、文化與情境的改變方面

### 1.營造理想的溝通言談情境有其必要

以巴納德的觀點，溝通系統是銜接正式組織與非正式組織之橋樑。而哈伯瑪斯亦強調共識之建立有賴理想的溝通言談情境，上述兩者皆說明了營造理想的溝通言談情境，有助於協助組織成員發展合作文化，達成激發成員的智能的目標。

### 2.引入創新與學習理念成為改革契機

領導者是組織成功適應變革的關鍵，因此因應開放系統下的動態變化，情境與領導者的領導方式如何配合，端賴領導者運用之妙。領導者宜隨時應瞭解情境之變化，帶領組織持續創新，達成永續經營的理想。

# 📖 肆、結語

領導是一門藝術，有效的領導不僅能帶領組織往對的方向前進，更能促進組織的良性發展，而轉型領導中的「轉型」正具有蛻變革新的涵義，不僅是結構上的改變，更是價值觀念的成長（范熾文，2004）。在研究方面，國內外學者大致從領導者的風格、效能及因素等三個方面探討轉型領導層面。Mui（2003）亦指出轉型領導確實有助於提升組織承

諾與組織效能，顯示轉型領導確實對於相關領導行為的研究有其一定的衝擊。其理由在以往傳統之領導多限於技術上與人際上的追求，忽略了在其上的理念層次（秦夢群，1997）。值得注意的是，轉型領導在實務上仍存有部分爭議之處，如蔡進雄（2003，2004）曾提出：可能容易誇大領導者的功能；容易忽略團隊的重要性；以及壓抑異見與成員被動等可能產生的缺失。因此在運用轉型領導的概念時宜減少負面影響，方能增進轉型領導之成效。

## 問題與討論

一、何謂轉型領導？其在學校經營與管理方面，有何具體可行的作法，試析論之。

二、轉型領導可與當代哪些領導理論結合，而和這些領導理論異同之處為何？

三、在學校經營的過程中，有哪些不利於領導者進行轉型的因素？要如何克服？

四、轉型領導與交易領導有何互補之處？在學校經營中如何善用轉型領導之策略，請舉例說明之。

## 參考文獻

### 中文部分

方淑芬（2006）。臺北縣市高中校長轉型領導與教師組織承諾關係之研究。國立政治大學學校行政碩士在職專班碩士論文，未出版。

王世璋（2005）。國小校長轉型領導、學校組織學習與學校組織創新關係之研究。國立政治大學教育研究所博士論文，未出版。

何淑妃（1996）。國小校長轉型領導行為與學校組織氣氛之調查研究。國立新竹師範學院初等教育學系碩士論文，已出版。

吳育綺（2007）。**國中校長轉型領導、組織創新與學校效能關係之研究**。國立高雄師範大學人力與知識管理研究所碩士論文，已出版。

吳清山、林天祐（1998）。教育名詞：轉型領導。**教育資料與研究**，*24*，63。

林文勝（2006）。**桃園縣國民小學校長轉型領導與學校創新經營關係之研究**。臺北市立教育大學教育行政與評鑑研究所碩士論文，已出版。

林合懋（1995）。**學校主管與企業主管轉型領導之比較研究**。國立政治大學教育研究所碩士論文，未出版。

姜曉欣（2007）。**運用互易領導與轉型領導提升班級經營效能**。中原大學教育研究所碩士論文，未出版。

柯雅欽（2006）。**國民小學校長轉型領導、組織創新與教師工作滿意度關係之研究**。國立高雄師範大學教育學系碩士論文，已出版。

范熾文（2002）。**國小校長領導行為、教師組織承諾與學校組織績效之研究**。國立臺灣師範大學教育研究所博士論文，已出版。

范熾文（2004）。西方與本土：轉型領導與家長式領導的探究省思。臺中師院主辦：**現代教育論壇**（40-46），國立臺中教育大學。

秦夢群（1997）。**教育行政**。臺北市：五南圖書出版公司。

涂欽文（2007）。**國小教師知覺校長互易領導、轉型領導與組織承諾之關係研究**。中原大學教育研究所碩士論文，未出版。

張明輝（1997）。學校組織的變革與領導。載於高強華主編：**學校教育革新專輯**，*21-38*。臺北：國立臺灣師範大學。

張慶勳（1996）。**國小校長轉化、互易領導影響學校組織文化特性與組織效能之研究**。國立高雄師範大學教育研究所博士論文。

張慶勳（1997）。**學校組織轉化領導研究**。高雄：復文。

張慶勳（2001）。**國小校長轉化、互易領導影響學校組織文化特性與組織效能之研究**。高雄：復文圖書公司。

曹俊德（2005）。**學前教育機構主管轉型領導、專業發展與幼兒教育品質關係之研究**。國立政治大學教育研究所博士論文，未出版。

許順興（2005）。**臺北市國中校長轉型領導與教師組織公民行為關係之研究**。國立政治大學學校行政碩士在職專班碩士論文，未出版。

許翠華（2006）。**高中職商業類科導師轉型領導行為與班級經營效能關係之研究—以彰化縣為例**。國立彰化師範大學工業教育與技術學系碩士論文，未出版。

陳永堂（2006）。**國民小學教師知覺校長轉型領導與教師服務精神之相關研究**。國立嘉義大學國民教育研究所碩士論文，未出版。

陳春蓮（2006）。**國小校長轉型領導、組織創新氣氛與學校效能關係之研究**。高雄師範大學成人教育研究所碩士論文，未出版。

陳瑞堂（2006）。**高屏地區高中校長轉型領導、學校本位課程發展與學校效能關係之研究**。高雄師範大學教育學系碩士論文，未出版。

陳謰森（1996）。**轉換型領導對警政服務品質之影響研究**。國立政治大學公共行政研究所碩士論文。未出版。

黃懿嬌（2007）。**臺北縣國民小學校長轉型領導行為與學校創新經營關係之研究**。國立臺北教育大學教育政策與管理研究所碩士論文，已出版。

廖芬娟（2007）。**臺北市私立幼稚園園長轉型領導與成員組織承諾之相關研究**。淡江大學教育政策與領導研究所碩士在職專班碩士論文，未出版。

廖裕月（1998）。**國小校長轉化領導型式與領導效能之研究**。國立臺北師範學院國民教育研究所碩士論文，未出版。

趙偉勝（2007）。**國小校長轉型領導、教師工作滿意與工作投入關係之研究**。中華大學經營管理研究所碩士論文，未出版。

蔣奎雨（2006）。**高雄市國民小學校長領導風格、教師工作壓力與學校效能的關係研究**。國立臺南大學教育經營與管理研究所碩士論文，未出版。

蔡幸娟（2006）。**私立中小學校長轉型領導與學校行銷策略之研究**。國立嘉義大學教育行政與政策發展研究所碩士論文，未出版。

蔡欣虹（2007）。**國民小學級任教師轉型領導與學童利社會行為之相關**

研究。國立屏東教育大學社會發展學系碩士論文，已出版。

蔡進雄（2000）。**轉型領導與學校效能**。臺北：師大書苑。

蔡進雄（2003a）。超越轉型領導：新轉型領導之建構與發展。**教育研究月刊**，*111*，100-112。

蔡進雄（2003b）。臺灣地區中小校長轉型領導實徵研究之回顧與前瞻。**教育資料與研究**，*54*，54-61。

蔡進雄（2004）。學校轉型領導的理論與實際。**教育研究月刊**，*119*，53-65。

鄭安順（2007）。**高職導師轉型領導風格、班級氣氛與學習動機關係之研究—以臺東縣某高職為例**。國立彰化師範大學商業教育學系碩士論文，未出版。

薛桂美（2007）。**國民小學校長以轉型領導推動學習型學校之個案研究**。中原大學教育研究所碩士論文，未出版。

謝文全（2003）。**教育行政學**。臺北：高教。

蘇美珠（2006）。**高雄縣國民小學校長轉型領導行為與教師組織承諾、工作投入關係之研究**。國立中山大學教育研究所碩士論文，未出版。

## 西文部分

Base, B. M.(1985). *Leadership and performance beyond expectation.* New York:The Free Press.

Bass, B. M. (1990). *Bass and Stogdill's Handbookof leadership: Theory, Research and Managerial Applications(3rd edn)*. New York: The Free Press.

Bass, B. M. & Avolio, B. J. (1990). *Transformational leadership development：Manual for the multifactor leadership questionnaire.* Palo Alto, CA:Consulting Psychologists.

Bass, B. M. & Avolio, B. J. (1994). *Improving organizational effectiveness through transformational leadership.* California:SAGE Publications,Inc.

Bennis, W. & Nanus, B. (1985). *Leaders: The strategies for take charge.* N.Y: Harper & Row.

Bryman, A.(1992). *Charisma and leadership in oraganizations.* Newbury Park,California : SAGE Publications, LTD.

Burn, J. M.(1978). *Leadership.* New York:Harper & Row.

Leithwood, K. (1992). The move toward transformational leadership. *Educational Leadership, 49(5)*, 8-12.

Leithwood, K., Jantzi, D., & Fernandez, A(1994). Transformational leadership and teachers' commitment to change. In J. Murply & K. S. Louis (Eds), Reshaping the principalship: insights from transformational reform efforts. Thousand Oaks, California: Corwin Press, Inc

Leithwood, K., Jantzi, D., Sillins, H., & Dart, B.(1993). *Secondary school teacher's commitment to change: The contributions of transformational leadership.* (ERIC Document Reproduction Service No.ED360901)

Leithwood, K., Jantzi, D., Sillins, H., & Dart, B.(1992). *Transformational leadership and school restructuring.* (ERIC Document Reproduction Service No.ED 342126)

Mui, M.(2003). Transformational leadership and enhancement of employee commitment and performance at Children's and Women's Health Care Centre of British Columbia. MAI 41/06, p.1697.

Sergiovanni, T. J.(1990).*Value-added leadership: How to get extraordinary performance in schools.* New York: Harcourt Brace Jovanovich.

Sergiovanni, T. J.(1992).*Moral leadership:Getting to the heart of school improvement.* Sam Francisco :Jossey-Bass Publishers.

Silins, H. C. (1994). The relationship between transformational and transactionalleadership and school improvement. *School Effectiveness and School Improvement, 5(3)*, 272-298.

Silins, H. C.(1993). *The relationship between leadership and school improvement outcomes.* (ERIC Document Reproduction Service No. ED360721)

Yukl, G. (1994). *Leadership in organizations.* N.J.:Prentice-Hall.

Yukl, G.(2002). *Leadership in organizations.* (5th ed). Upper Saddle River, NJ:Prentice Hall.

# 第十六章

## 競值領導

《孫子兵法》中提及：失敗的六大狀況分別為「走」、「弛」、「陷」、「崩」、「亂」、「北」，說明領導者必須注意各種不同的情勢，扮演不同的角色。

# 壹、前言

在充滿不確定性與混沌的後現代社會中，領導似乎沒有一套所謂最佳或者放諸四海皆準的方式。而從領導理論的相關論述中可發現，每種領導理論都有其他的優點和限制，所以傳統上不同的領導方式之間更可能會有適用上的問題。

Barach 和 Eckhardt（1998）就曾提出領導在本質上具有弔詭的特性，若能針對領導的弔詭意涵加以分析，將可加深吾人對領導的認識。Cameron和Whetten（1981）也提出應該以統整與鉅觀的角度，兼採各種模式才能有效的瞭解與分析組織全貌的觀點。而Quinn 所提出之競值架構的理論正有與Cameron和Whetten相似之處，皆強調「兼容並蓄」的重要性。此種看法，或許能提供一種較整體的觀點，去看待傳統上領導所面臨非此即彼的困境與弔詭，故本文將探究競值架構下的領導觀，以期進一步瞭解領導之意涵。

再者，隨著人權的重視、民主素養的提升、全球化的變遷，一個卓越且優質的領導必須兼顧工作成效與文化，方能達成經營長青的境界。而在學校情境中，更由於校務繁雜與相關條件之有限，常會面對許多兩難困境，因此如何隨情境脈絡之不同，適時地轉換領導型態有其必要性。甚至根據學校效能相關研究，不同領導型態的多元途徑，有利於學校領導者藉由融合差異的思維處理複雜的難題，加速促成學校變革（林明地譯，1998；Bolman & Deal, 1997）。

# 貳、競值領導之倡導者與定義

競值領導一詞，係由Quinn與McGrath（1985）從Quinn與Rohrbaugh（1983）的基本論點延伸而出。而Sergiovanni（2005）曾說領導者並非完美無缺的，必須要在領導中不斷地學習成長，但人類的內心常充滿一些相互對立的矛盾價值與標準，造成人類內心的衝突。而競值領導正是提供我們一個不同的思考方向，至於，究竟何謂競值領導，關於競值領導的定義，茲列舉中外學者之詮釋如下：

江岷欽（1994）認為競值架構是以兼容、平衡的觀點作為思考方式，企圖掙脫兩極化的束縛，調合二分法的偏頗，彌補兩分模式的闕漏，釐清人類認知上的偏見與盲點，並以並排競列的方式來獲取認知上的價值澄清。

江澈（2007）則提出競值領導是以多元適當的領導行為及角色扮演，處理複雜多樣的事務，促進組織發展的綜合領導能力。

而Quinn（1988）認為「競值領導」（competing values leadership）是以「競值途徑」為理論基礎的領導架構，也是一種全方位兼容並蓄（janusian）的思考模式。

綜合上述有關競值領導意涵的說明，可將學校競值領導定義為：學校領導者以平衡的觀點作為思考方式，扮演多重的角色與展現綜合領導能力，以便處理校園弔詭情況的領導行為。

# 參、競值領導的理論內涵

## 一、競值領導之源起及其假定

在概念的起源方面，Faerman（1993）認為：競值架構此一概念性模式源自於一些組織理論的研究。根據Cameron和Quinn（1999）、吳勁

甫（2003）、鄭彩鳳（2007）等人的看法，競值架構的發展源於有關組織效能實徵性的研究，競值架構係用於整合組織效能的主要指標之一。

另外，若是針對其基本架構，可從圖16-1中可得知競值架構之所以稱之為「競值」，係指人類內心常充滿一些相互對立的矛盾標準，而造成人類內心的矛盾與衝突。

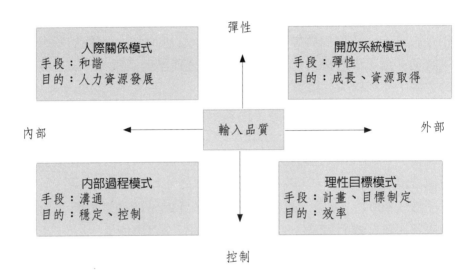

**圖16-1** 價值與效率規準之關係圖（Quinn & Rohrbaugh, 1983: 369）

在基本假定方面，鄭彩鳳（1996）提出競值架構的原始基本結構係以「資訊處理過程的結構」、以及「認知基礎」兩者所構成，假設人類抽象知識的知識有賴知覺架構而組成，整體觀之，可以算是一種後設理論。首先，在資訊處理過程的結構上，是透過兩個基準進行分類：

(一)可辨識性、可預測性、理解的程度。

(二)需要採取回應行動的迫切程度。

其次，在認知基礎方面，由於每個人具有不同資訊處理型態，因此會根據自我的偏好來組合認知。鄭彩鳳（2007）根據相關研究提出：這種取向的研究是對領導者的微觀認知進行探究，對瞭解領導更具有深層的意義。

此外，Robbins進一步提出競值途徑分析的時機，可以有助瞭解競值架構在實務的運作上，確實有助問題的判斷與解決（閻瑞彥，2000）：

(一)對組織的衡量沒有單一指標可以代表運用，也沒有單一的目標可讓組織來完全追尋。

(二)不同偏好是可以加以整合的，適用的組織評估指標有許多個，而這些足以創造出彼此間的價值。

(三)在所創造出的四種象限中任何一套模型，均可被定義為具有單獨意義及獨特之模式。

至於在領導、效能表現與價值創造的關係方面，Cameron、Quinn與DeGraff（2006）等人指出在經過二十五年多的研究，發現其具有下列之圖形關係：

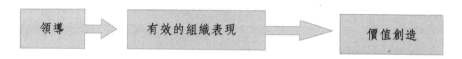

**圖16-2** **領導、表現與價值之關係圖**（Cameron, Quinn, Degraff and Thakor, 2006：6）

## 二、競值領導的理論基礎

自80年代以後，諸多有關管理者角色與技能的研究當中，Quinn建構出競值架構（competing values framework）（Quinn et al., 2004）頗受到關注，因此本文將以Quinn的主張做為論述的核心。

在整體架構上，競值架構是透過橫軸與縱軸相織而成的四個象限作為分類的基礎。而每個象限各自代表著一種對組織所持的理論、哲學或是觀點。首先以Quinn的觀點而言：Buenger, Daft, Conlon & Austin（1996）認為Quinn和Rohbauch於1983年提出的四種競爭價值具有各自的理論基礎，如表16-1所示：

表16-1　組織中競值之理論基礎（修改自Buenger,V., Daft, R. L., Conlon E. J., & Austin, J.,1996:559）

| | 內部過程價值 | 理性目標價值 | 人群關係價值 | 開放系統價值 |
|---|---|---|---|---|
| Quinn & Rohbauch (1983) | 強調控制及內部焦點，以及強調訊息的管理、溝通、穩定及控制 | 強調控制及外部焦點，以及強調計畫和生產力 | 強調彈性與外部焦點，以及強調凝聚力、士氣、及人力資源和發展 | 強調彈性及外部焦點，以及強調成長、資源獲致及外部支持 |

由表16-1可以進一步與教育行政的發展時期相對照並發現，內部過程模式關注的焦點與傳統理論時期所重視的重點相仿，人際關係模式則與行為科學時期關注內部成員的需求觀點一致，而理性目標模式與開放系統模式和系統途徑時期所重視環境的影響有異曲同工之妙，可見Quinn所提之理論架構能符應相關理論之研究結果。

## 三、競值架構領導之基本內涵

### （一）分類架構

原本Quinn在組織競值途徑模式中運用兩個向度：分權與集權、內在與外在，作為組織的資訊處理方法，進而建構一個目標模式，包括四組矛盾、對立的目標或八個目標，而每一組配對目標，彼此之間又都是呈現弔詭的關係（圖16-3）。

Quinn在其分類中，將CVF共分成四種模式，人群關係模式具有強調參與、建立共識和重視人力訓練的特性；開放系統模式則關注調適、創意革新以及組織外部資源的獲取和配置等影響；理性目標模式以目標明確與效率為優先考量；至於內部過程模式則力求組織內部的穩定及控制。

而後Quinn與Cameron等人於2006年更進一步將之分成核心與次級兩大向度，在核心向度方面，仍延續基本架構的分類模式，如圖16-4，但細部內容已開始加以類型化。如Cameron（2006）提到組織中有兩種主要的壓力，彼此抗衡角力：第一，是追求彈性與追求穩定、控制之間的

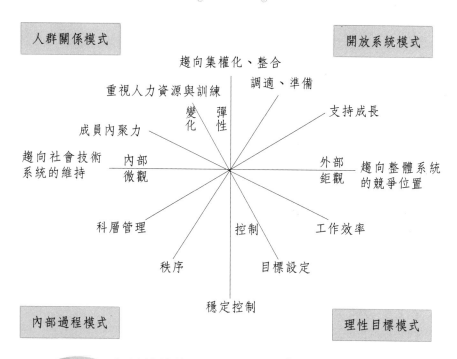

**圖16-3** 組織的競值類型初始概念（Quinn, 1988：48）

個體彈性

| | |
|---|---|
| 組織形式：集團<br>取向：合作 | 組織形式：無固定結構<br>取向：創新 |
| 組織形式：科層<br>取向：控制 | 組織形式：市場<br>取向：競爭 |

內部的維持 ← → 外部的情勢

穩定控制

**圖16-4** 組織競值類型之修正概念1（Cameron, Quinn, Degraff and Thakor, 2006：15）

妥協機制；第二，是強調內部維持與外部情勢之間的妥協機制。理論中係透過組織的形式與取向兩部分作為說明，並依此發展出四種價值象限：合作象限與競爭象限互相角逐，創新象限與控制象限互相角逐，架

構中相互對角的兩個象限互為對立，所代表的是不同個體所顯示的組織資訊、建立組織、展現領導能力、發展核心價值與文化等四種主要方式。

　　至於在次級向度（見圖16-5），則是改用三層面八向度作為分析的架構，可說是利用到組織行為常見的個人、團體、組織三層次的分析方法。根據Cameron（2006）的觀點，組織內部有兩種次要的壓力，這兩種次要的抗衡角力必須要在組織變革有關的情況下才能管理，理由有二：1.牽涉到主張不同變革強度之間的妥協；2.攸關主張不同變革速度之間的妥協。因此該理論透過四種不同形式：包含長期的改變、新的改變、快速的改變與漸進的改變等，來更明確的指引領導者在決定組織發展方向上之參考依據。

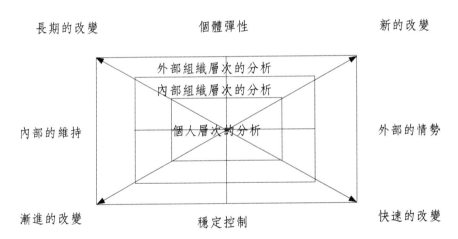

**圖16-5**　組織競值類型之修正概念2（Cameron, Quinn, Degraff and Thakor, 2006：17）

## （二）競值架構之特色

　　江岷欽（1994）曾指出競值架構能針對矛盾與弔詭的現象進行動態的分析，有助於面對組織中複雜而多重的價值與現象，進而作出符合組織利益之決策。而綜合江岷欽（1994）、陳麗玉（2007）、閻瑞彥（2000）、繆敏志（2002）、Quinn（1988）、Cameron（2006）等人的觀點，競值架構有以下優點：

### 1.釐清盲點

競值架構提供較廣闊的視野來分析社會現象，有助於跳脫傳統「非黑即白」的極端假設，可輔助發現知覺上存在的偏見。

### 2.澄清價值

透過價值並排的方式加以呈現，並不提出唯一或最佳解決方法，只是將各種價值觀點一一排列，希冀在思維時釐清彼此間的關係，有助使認知時更為清晰。

### 3.動態管理

對於諸多矛盾、弔詭的現象可擺脫互斥的態度而給予兼容的思想模式，並予以動態的解釋和定位。例如管理者懷抱X 理論卻採行參與式的管理方式。

### 4.兼容思考

競值架構跳脫了光譜兩端極化現象的束縛，強調不特定單一之理論的觀點有其必要。換言之，管理者可依情境調整角色立場俾利管理。

### 5.符應理論

競值架構對於各種現有理論中的異同，皆能有效的詮釋。可說是足以兼容現有理論的觀點。

## （三）競值架構的領導者角色

面對組織的弔詭現象，領導者如何有效地因應，Quinn曾界定出八種看似衝突矛盾卻必須兼籌並顧的管理角色（如圖16-6），他並列舉出扮演好的這些角色所需的二十四種能力（competence）。茲簡述其內涵如下：

### 1.生產者（producer）

領導者猶如強調工作取向的管理者，對工作具有高度的興趣、動機、精力與驅力，鼓勵成員接受責任、整體的工作分配及達到高度的工作成果；刺激成員在既定的目標上，獲得更好的成績。然而想要扮演好生產者的角色，管理者必須具備下列能力：(1)懂得如何有效地工作的能力；(2)塑造一個良好工作環境的能力；(3)管理時間與壓力的能力。

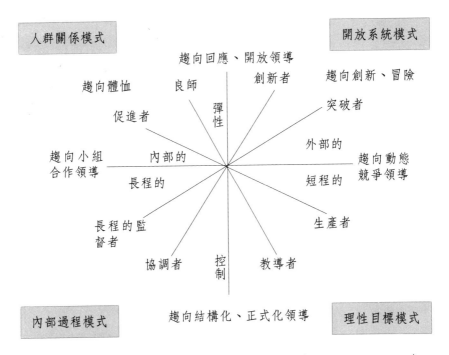

圖16-6　競值途涇的領導角色之初始概念（Quinn, 1988：86）

### 2.指導者（director）

管理者是藉由計畫與目標設定等方法，來澄清對成員的期望；在工作面向上指導者能界定問題、選擇可行方案、建立具體目標、定義角色與任務、設定規則與政策、評估表現等。亦即管理者任務在提供部屬處事的架構、方向與原則。若想要扮演好指導者必須具備下列三項能力：(1)研提與分享願景的能力；(2)設定目標的能力；(3)設計組織的能力。

### 3.監督者（monitor）

領導者扮演技術專家的角色，主要在從事相關資訊的蒐集活動，以便部屬能依既定順序完成目標。其工作面向包含確認成員是否遵循規範；強調細節，並精於理性分析，包含技術性分析、處理經常性資訊及邏輯性問題的解決。因此監督者的角色必須具備下列三種能力：(1)透過批判思維管理資訊的能力；(2)管理資訊超載的能力；(3)管理核心流程的能力。

### 4.協調者（coordinator）

領導者主要是具有維繫組織或團隊結構的責任，協調者的工作面向包含維持組織結構，並使此系統順暢；被期待能具有可依賴與信任；維持組織持續運作、減低受干擾程度、進行文書作業、評估報告、編列預算、訂定協調計畫與提議等特性。因此好的協調者的角色必須具備：(1)管理專案的能力；(2)設計工作的能力；(3)跨功能管理的能力。

### 5.良師益友（mentor）

領導者所採取的是關懷與同理心的行為，表現出對部屬的體恤與關懷。其工作面向是藉由關心、移情取向等進行成員的發展。領導者具有樂於協助別人、敏感、理解、開放與自由等特質，幫助成員為個人的成長與發展訂定計畫。故扮演優秀的良師須具備下列能力：(1)瞭解自己與別人的能力；(2)有效溝通的能力；(3)幫助部屬成長發展的能力。

### 6.促進者（facilitator）

促進者角色的領導者，是重視過程、促進互動的行為。其工作面向強調培養凝聚力、團隊工作及管理人際間的衝突；被期待的行為有：調節人際間的爭議、使用降低衝突的技巧、發展凝聚力與士氣、獲得參與的機會、協助團體問題之解決。因此想要扮演好促進者，其角色須具備下列能力：(1)建立團隊的能力；(2)善用參與式決策的能力；(3)調和衝突的能力。

### 7.突破者（broker）

突破者是能維持外在合法性與獲得資源，具有政治取向、說服力、影響力及權力；被期待能與組織外部人員接觸、交涉，成為組織的聯絡人與發言人，並獲得資源。這樣的領導者因為有著高度的靈活度，因此能為組織爭取獲得資源。

若想扮演好突破者的角色必須具備下列能力：(1)經營與維持權力的能力；(2)凝聚共識、爭取承諾的能力；(3)表達構想的能力。

### 8.創新者（innovator）

領導者可說是革新的角色，是具有創造力、帶領改革的特質，其工作面向是能促進適應與變遷，在概念與計畫方面均有變革之需求，領導

者要有創見能洞悉未來，並以創新的手法來處理事務。但想要扮演好革新者角色則需要的能力有：(1)瞭解與掌握環境變遷的能力；(2)創造性思維的能力；(3)創造變革的能力。

　　Quinn 所提出之概念，可說是首次有系統地將領導者的角色與技能合併探究，並認為卓越的領導者乃是在此八種角色上具有均衡的能力，領導者若只強調二種或三種之角色，而忽略其他的角色，則將影響其效能（鄭彩鳳，2007）。而後隨著相關研究的不斷累積，Quinn於2006年與Cameron等人再進一步結合組織文化、變革概念、價值與組織效能的研究提出下列的概念分類。如圖16-7所示，此一貢獻可說是整合領導影響的相關要素，提醒有效的經營與管理必須注意的層面，不僅是領導形式與角色，尚須注意變革與文化所帶來對整體的影響。

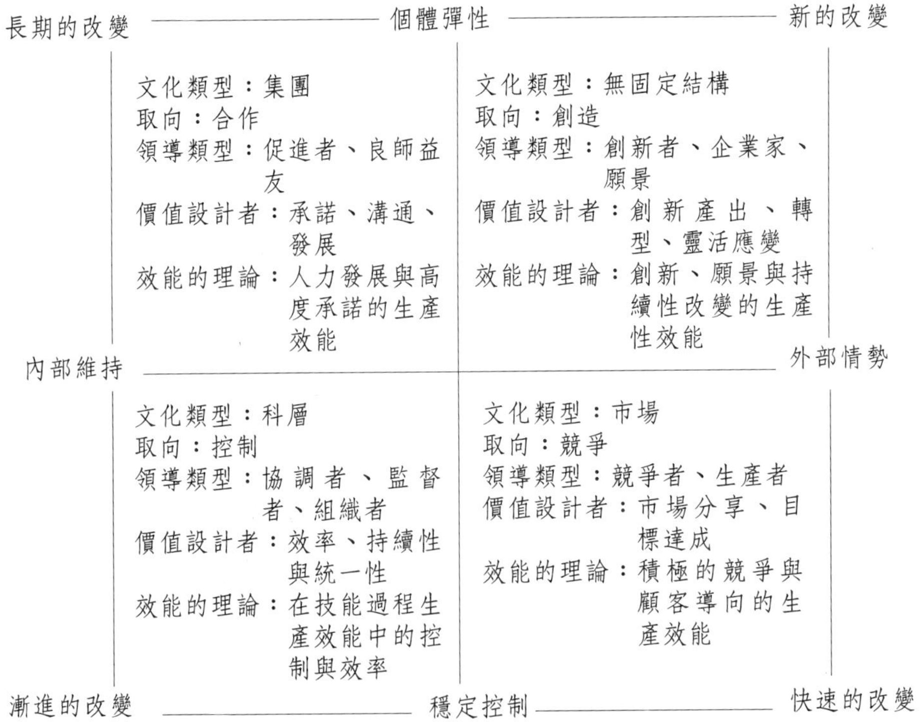

| 長期的改變 ———— 個體彈性 ———— 新的改變 | |
|---|---|
| 文化類型：集團<br>取向：合作<br>領導類型：促進者、良師益友<br>價值設計者：承諾、溝通、發展<br>效能的理論：人力發展與高度承諾的生產效能 | 文化類型：無固定結構<br>取向：創造<br>領導類型：創新者、企業家、願景<br>價值設計者：創新產出、轉型、靈活應變<br>效能的理論：創新、願景與持續性改變的生產性效能 |
| 內部維持 ———————————— 外部情勢 | |
| 文化類型：科層<br>取向：控制<br>領導類型：協調者、監督者、組織者<br>價值設計者：效率、持續性與統一性<br>效能的理論：在技能過程生產效能中的控制與效率 | 文化類型：市場<br>取向：競爭<br>領導類型：競爭者、生產者<br>價值設計者：市場分享、目標達成<br>效能的理論：積極的競爭與顧客導向的生產效能 |
| 漸進的改變 ———— 穩定控制 ———— 快速的改變 | |

**圖16-7　競值途徑領導角色修正概念**（Cameron, Quinn, Degraff & Thakor, 2006：32）

## 四、相關研究

目前國內已有一些針對競值領導進行的實徵性研究，茲為清晰所見，列述如表16-2：

表16-2 教育領域競值領導架構之實證研究彙整表

| 研究者 | 時間 | 研究範圍 | 主題 | 領導方面的研究結果與發現 |
|---|---|---|---|---|
| 鄭彩鳳 | 1996 | 高中和高職 | 探討校長領導、學校組織文化及學校組織效能間的關係 | ■高中職校長之競值領導角色以保守取向類型居多；競值組織文化以科層取向類型為多；競值組織效能有科層控制之趨勢<br>■背景變項、校長競值領導角色與學校競值組織文化，可以有效預測學校競值組織效能<br>■競值途徑之原始架構在我國高中職校長領導角色、學校組織文化與組織效能上部分趨同、部分趨異，且趨同與趨異之程度與學校組織效能之高低有密切關係 |
| 徐志誠 | 2000 | 國民小學 | 教師對服務學校公辦民營的態度 | 僅應用競值途徑組織效能工具為調查工具，但缺乏對領導上的論述 |
| 林淑芬 | 2001 | 國民中學 | 競值架構的觀點研究國中校長的領導行為與學校組織文化的關係 | 國中校長領導行為以「注重結果」類型取向居多（依平均得分最高所下之結論） |
| 羅錦財 | 2001 | 國民中學 | 探討校長領導與學校組織文化的關係 | ■國民中學組織文化就競值途徑架構而言，側重學校組織內部和諧氣氛的維持，並強調以法令規章來辦理行政，對於目標和成果的追求較為薄弱，對於革新的訴求較缺乏強烈的動力<br>■國民中學校長領導角色較強調控制，並趨向結構化與正式化、指導性與工作任務取向及 |

| | | | | 墨守成規與拘謹的領導型態<br>■國民中學校長領導角色，會因學校所在地（都市、鄉鎮）、學校規模大小及創校年齡而有所差異<br>■國民中學校長領導角色與學校組織文化呈正相關 |
|---|---|---|---|---|
| 孫瑞霙 | 2002 | 技術學院 | 校長領導、學校組織文化及學校組織效能 | ■技術學院校長領導型態偏重於「目標取向」與「穩健保守」<br>■學校組織多屬「層級型」文化<br>■組織效能指標以「穩定控制」表現最佳 |
| 吳勁甫 | 2003 | 國民小學 | 校長領導行為與學校組織效能關係之探討 | ■國民小學校長領導行為較著重「注重結果」及「經營過程」面向<br>■校長領導行為與學校組織效能兩者之間具有正向的關聯<br>■位於競值架構中某一象限的校長領導行為不限於只能預測對應象限的學校組織效能，亦能預測非對應象限的學校組織效能 |
| 黃馨慧 | 2005 | 國民小學 | 探討校長領導行為與學校組織效能 | ■國民小學校長領導行為較著重「注重結果」面向<br>■國民小學學校效能較著重「內部過程」模式<br>■校長領導行為與學校效能兩者之間具有正向的關聯。校長在開放系統、人際關係、內部歷程及理性目標等四個領導行為面向之表現愈佳，學校效能亦愈高 |
| 許惠玲 | 2006 | 國民小學 | 校長競值架構領導型態對教師快樂影響之研究 | ■國民小學教師知覺競值架構校長領導型態以「經紀人」型態最高<br>■年齡、職務與規模變項之差異的國民小學教師知覺校長競值架構領導型態有顯著差異<br>■校長競值架構領導型態與教師 |

| | | | | 快樂呈現「中度正相關」<br>■校長多運用「輔助者」、「協調者」領導，教師快樂知覺將較高 |
|---|---|---|---|---|
| 陳文慶 | 2007 | 國民小學 | 探討國民小學學校組織文化與學校效能之關係 | ■國民小學學校組織文化較偏向「層級文化」，強調學校的「穩定」與「控制」<br>■國民小學學校效能較偏向「內部過程模式」，強調學校的「科層管理」與「穩定控制」<br>■國民小學學校組織文化與學校效能兩者之間有正向關聯<br>■位於競值架構中某一象限的學校組織文化不只能有效預測對應象限的學校效能，亦可預測非對應象限的學校效能 |
| 江澈 | 2007 | 高級中學 | 探討校長競值領導、教師專業承諾、組織創新與組織效能之關係與影響 | ■校長競值領導能力愈強，則教師專業承諾表現、學校組織創新作為及組織效能提升會愈好<br>■校長競值領導對教師專業承諾、組織創新、組織效能均具正向因果關係 |

根據表16-2可歸納成三方面加以探討。首先，在研究領域方面，發現研究層級多集中在中小學，高等教育方面探討較少；其次，在研究時程部分，可以發現競值領導的架構可說是在2000年後才陸續開始，研究數量仍顯不足；再者，在研究結論方面，可歸納成以下要點：

## （一）在背景變項方面

不少研究顯示：並非所有變項在競值架構下都存在差異，如不因教育背景、不因學校所在地（都市、鄉鎮）而有差異，但在性別、擔任職務與學校規模大小等方面則存有差異，如在學校組織效能有顯著差異的教師背景變項上，「現任職務」方面，「教師兼主任」顯著大於「級任教師」；在學校組織效能有顯著差異的學校背景變項上，在「學校規

模」方面，「小型學校」顯著高於「中型學校」等。

### （二）在領導行為方面

不論學校層級高低，多數結果均指出校長的領導行為具有目標取向、重視結果、穩健保守與強調控制的領導型態。

### （三）在領導行為與其他因素的關係方面

目前此方面大多的研究多集中於文化、效能與領導行為的探討上，而幾乎所有研究的結果均顯示校長領導行為與學校組織效能兩者之間具有正向的關聯。

## 肆、競值領導在教育組織之應用

70年代，Katz（1974）於《哈佛企業評論》（*Harvard Business Review*）中，發表了〈有效的管理者所應具備的技能〉一文，文中提出三種管理者必備的技能：技術性技能、人際間技能與概念化技能。此一架構對往後有關管理者技能之研究，有頗大的引導與啟發作用。任何一位管理者勢必要具備至少上述的三項技能，始能成功地扮演好管理者的角色，有效地遂行管理的任務。而Quinn的競值架構更進一步的提出在不同情境下領導的的多元角色，在實務上更有其發人省思之處。Faerman（1993）即曾認為競值架構此一概念性模式源自於一些組織理論的研究，所以，它不會受限於只能應用在某些特定型態的組織。也因此，競值架構能應用在各種不同的組織。

此外，在教育體系當中，由於教育價值具多元特性。因此，在面對學校組織中對立、矛盾的價值與原則時，常會使領導者面臨抉擇對立關係的某一立場，導致學校領導在處理問題時流於「非此即彼」（either or）的固定化模式，而忽略變通的可能性。這種分裂式的學校組織領導，可說是一個弔詭領導方式，因為會讓不同價值間彼此產生互相排斥的關係，導致無法有效處理學校組織的矛盾與對立情境或價值衝突。

Murphy和Beck（1994）就曾提到：

> 　　　教育行政人員一方面被期待要主動地致力於組織的轉型；
> 但另一方面，他們又會受到在組織中歷史傳統的影響，拒絕改
> 變、且維持既有的穩定性（Murphy & Beck, 1994：3）。

　　綜合上述所提之競值架構領導要點，提出下列數項啓示與省思作爲
參考之用：

# 一、啓示部分

## （一）在教育變革與計畫的方面

　　由於組織面臨多重複雜的情境，領導者在推動變革時，不應執著於
單一角色的扮演，除了傳統所重視的關懷與倡導外，內外部的平衡也是
關注的焦點，若是結合教育計畫中「階段的分別（短、長程）」以及
「變革穩定度（高、低度）」作爲思考的焦點，則可以分成下列執行策
略以作爲參考：

　　1.開放系統模式：適合於短程計畫與低度確定性變革的情境特質，
因此策略可採取組織自我更新的方式爲之。

　　2.人際關係模式：適合於長程計畫與低度確定性變革的情境特質，
策略可考量採取改善滿意度爲優先，以尋求共識。

　　3.理性目標模式：適合於短程計畫與高度確定性變革的情境特質，
因此以策略性變革作爲達成目標的方法。

　　4.內部過程模式：適合於長程計畫與高度確定性變革的情境特質，
此時可以透過改善運作流程，來提升運作效能。

## （二）在經營者的角色扮演與評鑑的方面

### 1.競值領導角色扮演上

有鑑於在不同情境下，領導者須調整自我之角色，方能達成有效

能之領導，因此在面對組織的弔詭現象，Quinn等人提出在領導的層面
上，領導者可以下列四種型式的領導風格來因應環境差異的變化，以便
成為卓越的領導者（如表16-3所示）（林耀堂，2004）：

　　(1)開放系統模式—理想主義的帶領者（idealistic prime mover）：理
想主義的帶領者扮演創新者與突破者的角色，因此適合在環境條件確定
性低、需立即行動的情境下處理事務。

　　(2)理性目標模式—理性的成功者（rational achiever）：組織中理性
的成功者，以理性主義為基礎，扮演指導者與生產者的角色，因此適合
在環境條件確定性低、需立即行動的情境下處理事務。

　　(3)內部過程模式—經驗性的專家（empirical expert）：經驗性的專
家，經驗主義為基礎，扮演內在的監督者與協調者的角色，因此適合在
環境條件確定性高、但不需立即行動的情境下處理事務。

　　(4)人群關係模式—存在式團隊的建立者（existential team builder）：
存在式團隊的建立者，以存在主義為基礎，扮演良師與團體的促進者之
角色，因此適合在環境條件確定性高、不需立即行動的情境下處理事
務。

**表16-3　領導風格、環境與文化對應表**（修改自：林耀堂，2004：6）

| 領導風格 | 組織環境的條件 |
| --- | --- |
| 理想主義的帶領者（創新者與突破者） | 確定性極低，須立即行動 |
| 理性的成功者（指導者與生產者） | 確定性極高，須立即行動 |
| 經驗性的專家（監督者與協調者） | 確定性極高，不須立即行動 |
| 存在式團隊的建立者（良師與輔助者） | 確定性極低，不須立即行動 |

　　此外，從上述多重角色，可進一步針對如何診斷領導行為、調整領
導行為加以思索，因此可考量下列之作法：

　　(1)診斷方面：透過競值領導之量表進行學校組織與自我領導風格之
診斷，藉以洞察學校組織文化，調整自我領導風格，使人員在領導模式

轉化上兼具多種領導角色，發揮整合領導的功能。

(2)**調整方面**：根據前面的研究結果顯示，目前多數領導行爲仍偏重控制、目標導向的特質，因此可藉由競值架構的思考，正視組織弔詭相斥現象的存在，暢通校內溝通管道，以開放校內對話的空間，減少彼此認知的差異。進而配合組織的特質與情境之變遷，導引學校組織的變革及健全的發展。

2.評鑑設計指標上

在學校經營管理層面，很適合參考競值架構來設計評鑑。因爲校內的運作與處理事務複雜，涵蓋的範圍也非常廣，再者，每位人員發展的方向不同，所擁有的資源也不相同，所以評鑑指標應該是有彈性的。因此，若是能從競值模式發展來建立學校各項教育指標，將教育目標具體化，並作爲實施學校評鑑的規準，將有助於推動學校組織變革與提升組織效能。

## 二、省思與限制

### （一）動態性平衡領導的重要

根據孫瑞霙（2002）與陳麗玉（2007）等人的論述中皆指出，學校經營管理者的首要任務是「追求動態中的平衡」，亦即避免盲目追求單一價值，應在一組相互矛盾的正向價值中取得均衡，是卓越的領導者應在此模式的八種角色上具有全方位均衡的領導行爲，領導者應視不同情境採取一組動態的變化領導行爲，不必侷限於單一的領導類別。Cameron等人（2006）在修正競值架構後，強調其次級面向的重點就在於動態平衡功能。競值架構中若是違反均衡原則，管理者扮演的角色可能會轉變成組織的負債而非資產，產生過猶不及的負向結果（如圖16-8）：

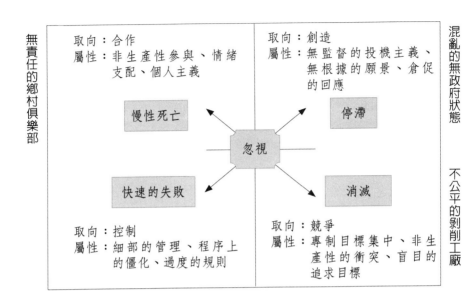

**圖16-8　競值架構之負向區**（Cameron, Quinn, Degraff & Thakor, 2006：157）

### （二）研究情境下的文化差異

　　由於競值架構係由美國學者所提倡的，而根據相關研究顯示國家文化係影響組織文化的關鍵因素之一（Hofstede, 1999）。因此，競值領導所產生的研究結論是否在跨國上具有理論一致性，在應用時需再細加觀察，以免造成橘越淮為枳的情況。

### （三）領導實證研究的數量不足

　　競值架構有關的實證研究多集中在組織文化與組織因素間的關係。多數的研究均未將組織外在環境細分構面，故未能得知不同構面的組織外在環境與組織文化之關係。再者，專門針對教育組織領導的實證研究仍不多，有必要進行更多的研究檢證其成效。

## （四）哲學基本假設產生的弔詭

林耀堂（2004）指出競值途徑的不足之處，在其對立、矛盾與弔詭「兩者兼顧」的論述，是屬於組織領導理論的本質性論述、抑或只是策略性的方法媒介？若「兩者兼顧」是本質性的論述，在事實情境中，領導者本身還是習慣於以個別單一的角色自居、且被領導者更容易對領導者貼上單一角色的標籤，無法思及領導者的雙重角色。鄭彩鳳（2007）亦指出類似的觀點，認為在實務操作上，領導者本身可能還是慣用於以個別單一效能為訴求的重點，不易思及領導者的多元效能。

綜言之，競值架構領導確實可以幫助我們瞭解組織內弔詭的現象，而且對從事經營的實務與學術工作者而言，具有提醒經營管理者要能兼顧各種領導角色與技能之培育。切忌以「非此即彼」的思考模式，排斥扮演某些角色與拒絕學習某些技能。但對於其基本假設所產生的弔詭與文化情境所產生的差異問題，則有其必要做更進一步的釐清。

# 伍、結語

教育是無止境的努力，也是動態的發展活動。在社會變遷導致學校組織變革的速度加劇的今日，學校經營管理者應體認學校領導者不應只是個職位，或只是扮演單一種角色，必須依情境所需轉換多種角色，而競值領導正是提供此一觀點的典型論述。它可說是透過管理組織內的壓力來創造價值的理論。根據Cameron等人（2006）的看法，組織內不同組織份子間的整合若要能導向成功，所需要的條件就是要有彈性的領導管理，而且須透過不同管理策略間的交互使用，才能達到創造價值目的。因此，在思維上，競值領導架構揭露組織中的弔詭現象。在行動上，競值領導強調領導者不僅應避免過於執著於「非此即彼」中的某一種觀點、規範或價值，甚至應在兩難的困境中不斷創造新的可能性。因此學校的諸多弔詭現象若能夠善用競值領導的概念與做法，將有助於領導者解決學校的問題。

## 問題與討論

一、Quinn所主張的競值領導在新舊架構的內涵上有何差異？

二、競值領導內涵中領導角色有哪些類型？學校經營管理者如何成功
　　扮演這些角色，以追求動態平衡？試舉例說明之。

三、競值領導所提之內涵在校園實務上的符合情形有哪些？尚可融入
　　哪些重要的議題來發展？

## 參考文獻

### 中文部分

江澈（2007）。私立高級中學校長競值領導、教師專業承諾、組織創新
　　與組織效能關係之研究—私立高中有效經營模式之建構。國立高雄
　　師範大學成人教育研究所博士論文，未出版，高雄市。

江岷欽（1994）。競值途徑在組織研究中之應用。中國行政，55，
　　29-66。

何雍慶、楊易淳、周政德（2007）。應用競值架構探討組織文化、主管
　　影響力與新產品發展績效之關係。中華管理評論國際學報，10(3)。

吳勁甫（2003）。競值架構應用在國民小學校長領導行為與學校組織效
　　能關係之研究。國立高雄師範大學教育學系碩士論文，未出版，高
　　雄市。

林明地譯（1998）。學校領導：平衡邏輯與藝術／Terrence E. Deal, Kent
　　D. Peterson。臺北：五南。

林淑芬（2001）。競值架構在國中校長領導行為及學校組織文化應用
　　之研究。國立暨南國際大學教育政策與行政研究所碩士論文，未出
　　版，南投縣。

林耀堂（2004）。思維模式在學校組織弔詭領導的應用—以阿多諾的
　　「非同一性思維」深化並提升「競值途徑」為例。國立臺北師範學

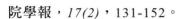

院學報，*17(2)*，131-152。

孫瑞霙（2002）。**競值架構下領導型態、組織文化與組織效能之研究—以臺灣地區技術學院為例**。國立臺北大學企業管理學系博士論文，未出版，臺北市。

徐志誠（2000）。**臺灣中部地區國民小學教師對服務學校公辦民營模式態度之研究**。國立臺中師範學院國民教育研究所碩士論文，已出版，臺中市。

許惠玲（2006）。**桃園縣國小校長競值架構領導型態對教師快樂影響之研究**。中原大學教育研究所碩士論文，未出版，桃園縣。

陳文慶（2007）。**競值架構應用在國民小學學校組織文化與學校效能關係之研究**。臺北市立教育大學教育行政與評鑑研究所碩士論文，未出版，臺北市。

陳麗玉（2007）。競值架構對我國高等教育評鑑國際化指標之啟示。**教育行政與評鑑學刊**，*3*，1-18。

黃馨慧（2006）。**競值架構應用在國民小學校長領導行為與學校效能關係之研究**。國立花蓮教育大學行政與領導研究所碩士論文，未出版，花蓮縣。

鄭彩鳳（1996）。**競值途徑應用在高中職校長領導角色、學校組織文化與組織效能關係之研究**。國立高雄師範大學教育學系博士論文，未出版，高雄市。

鄭彩鳳（2007）。**校長競值領導效能研究：理論、指標與衡量**。臺北：高等教育。

閻瑞彥（2000）。**基層領導型態與組織效能—競值途徑觀點下之研究**。國立臺北大學企業管理學系博士論文，已出版，臺北市。

繆敏志（2002）。環境不確定性與組織文化類型、強度、均衡性及集群關係之研究，**企業管理學報**，*55*，83-111。

羅錦財（2001）。**國民中學領導角色與學校組織文化之競值途逕研究——以桃園縣市為例**。國立臺灣師範大學教育研究所碩士論文，已出版，臺北市。

## 西文部分

Barach, J. A., & Eckhardt, D. R. (1998). The paradox of leadership. In G. R. Hickman(Ed.), *Leading organization: Perspectives for a new era* (pp.68-78). California: Sage.

Bolman, L. G., & Deal, T. E. (1997). Reframing organizations, (2nd ed.). San Francisco, CA: Jossey-Bass.

Buenger, V., Daft, R. L., Colon,E. J., & Austin(1996). Competing values in organizations: Contextual influences and structural consequence. *Organization Science, 7(5),*557-576.

Cameron, K. S. & Quinn, R. E. (1999). *Diagnosing and changing organizational culture:Based on the competing values framework.* Boston: Addision-Wesley.

Cameron, K. S. & Whetten, D. A.(1981). Perceptions of organizational effectiveness across organizational life cycles. *Administrative Science Quarterly, 26,* 525-544.

Fareman, S. R.(1993).Organization change and leadership styles. *Journal of Library Administraton, 19(3-4),* 55-79.

Hofstede, G.(1999). Problems remain, but theories will change：The universal and the specific in 21st century global management. *Organization Dynamics,28(1),* 23-24.

Kim S. Cameron, Rpbert, E. Quinn and Jeff Degraff Anjan V.Thakor(2006). *Competing values leadership : Creating value in organizations. Cheltenham,* UK : E. Elgar Pub.

Murphy, J. & Beck, L. (1994). Reconstructing the principalship: Challenges and possibilities. In J. Murphy & K. S. Louis (Eds.), *Reshaping the principalship: Insights from transformational reform efforts,*(3-19). Thousand Oaks, CA: Corwin Press.

Quinn, R. E. (1988). *Beyond rational management: Mastering the paradoxes and competing demands of high performance.* San

Francisco: Jossey- Bass.

Quinn, R. E. & Cameron, K(1983). Organizational life cycles and shifting criteria of effectiveness: Some preliminary evidence. *Management Science,* 29(1), 33-51.

Quinn, R. E. & McGrath, M. R. (1985). The transformation of organizational cultures: A competing value perspective. In Frost, P. J., Moore, L. F., Louis, M. R., Lundberg, C. C., & Martin, J. (Eds.), *Organizational culture,*(315-335). Beverly Hills, CA: Sange.

Quinn, R. E. & Rohrbaugh, J. (1983). A spatial model of effectiveness criteria: Towards a competing values approach to organization analysis. *Management Science, 29(3)*, 363-377.

Quinn, R. E., S. R. Faerman, M. P. Thompson and M. R. McGrath(2004). *Becoming a master manager.* (3rd ed). John Wiley & Sons, Inc.

Sergiovanni, T. J.(2005).*Strengthening the heartbeat: Leading and Learning together in schools.* San Francisco, California: Jossey Bass Pubilshers.

# 第十七章

# 靈性領導

# 🔖 壹、前言

　　21世紀是一個充滿混沌、不確定與快速變遷的新紀元，人類處在高度科技社會文化的氛圍裡，不僅存在於理性與科學的層面下，毫無異議，即使在感性慾望與資訊科技的奴隸下，也渾然不知。在這稍縱即逝的偶然中，人類確實早已忽略人類「第五向度」——靈性（spirituality）的存在與影響力（鄧元尉譯，2001）。但不可否認的，人類卻又是最具靈性的動物，可在日常生活與生命經驗中，尋求人生的意義與價值。因此，Ellis（2003）認為強調科學與理性的時代，早已無法提供我們所有問題的答案，我們現在需要的是一個感性與靈性的時代。

　　其實，靈性是人類與生俱來的智慧表徵，更是人類社會向上發展不可或缺的元素。哈佛大學心理學教授Gardner於1993提出七項多元智慧之後，近年來又納入三項新的智慧，其中一項即是靈性智慧（spiritual intelligence）（李心瑩譯，2000）。Zohar與Marshall（2000）指出靈性不僅可以促進理性與感性對話，而且能調和自我與他人的差距、統整個人人際內外的失調，甚至未來社會的發展，更非依賴個人靈性智慧的充分發展不可。

　　其次，靈性在領導者與員工之間，以及員工的個人生活與工作領域上，也頗為重要的。Fry（2003）認為在工作上強調靈性，可以促進個人的內在性動機，而此種內在性動機，又是激勵個人工作意願的動力。根據Fry與Matherly（2006）的研究發現，在工作職場上表現靈性，不僅能引發個人的組織承諾與工作表現，更能增進工作效能與降低曠職率，而在管理領導上展現靈性，除了增進幸福感與卓越表現外，尚能創造出優勢的競爭力。Ferguson與Milliman（2008）認為，當組織在進行核心價值的傳達、溝通與執行時，靈性領導便顯得特別重要。其實，Fry 與 Slocum（2008）也認為，在工作上表現靈性以及靈性的領導方式，皆是當今領導者首要面對的課題。

因此，靈性的探討是未來組織發展上一項重要的議題，對個人心理幸福、工作表現與組織永續發展上，應有相當程度的影響力。基於上述，本文將從靈性意涵的探討為開端，藉以闡述靈性的本質，其次探討靈性領導，介紹相關的靈性領導理論與模式，最後進行學校靈性領導實務的探討，藉此提供學校教育人員運用之參考。

# 貳、靈性的意涵

靈性（spirituality）意涵的呈現是多元取向的，Ellis（2003）將之歸納出三種不同的靈性意涵，一是宗教觀點、二是內在本質觀點、三是存在主義觀點。在宗教觀點上的靈性，強調將規則、信仰，或教條、教義，對個人以一種外在的、強制性的方式來傳播，呈現出一種不變的實在論述，想以一種有限的觀念來解釋無限的現象。而內在本質的觀點，則認為靈性是一項人類頭腦與靈魂內在本質的能力，透過它們發現意義並使用意義，以一種深層的自我經驗探討「自我」的本體，至於存在主義觀點的靈性，則強調自我存在意義的追尋，以及與個人、他人、宇宙間關係存在的發掘。因此，Zohar與Marshall（2000）認為靈性使宗教成為可能，但靈性卻不需要依賴宗教。所以靈性可視為一種目的，但不宜等同視之，Fry與Matherly（2006）特別指出靈性與宗教有幾點異同：第一，宗教與某一種傳統思想的信仰有關，並接受上帝或涅盤的假定，甚至伴隨著如教條教義、禱告儀式等修道的方式；而靈性則跟人類精神特質有關，如愛、同情、容忍力、寬恕、滿足，以及責任感、整體感與和諧感，能帶給自我與他人快樂的特質。第二，靈性是宗教的必要條件，但反之，靈性未必需要宗教條件。第三，靈性與宗教有一項共同特質，皆同時重視他人的利益，並樂於助人的利他傾向（altruistic orientation）。因此，本文將從內在本質與存在主義的觀點，闡述有關靈性的意涵。

## 一、靈性是一種人類內在的本質

　　Fairholm（1998）認為靈性是人類內在的一部分，與內心或情感相關，是人類一種跨時空的普遍內在價值，此種價值是我們得以舒適、有力量、快樂的泉源，而且跟我們的價值與道德等內在世界息息相關。例如：愛、關照、信任、同情、感恩等。

## 二、靈性是一種智慧的表徵

　　Ellis（2003）認為從心理學、神經科學、人類學與認知科學等方面，皆有證據顯示靈性是一項智慧。而Zohar與Marshall（2000）更從科學證據，指出靈性智慧確實位於人類腦內中樞神經網絡上，為提供個人統整化、意義化的中心，更是個人成長與轉型的關鍵。

## 三、靈性是一種關係的意識（relational consciousness）

　　Hay（2001）用個人與自己、個人與他人、個人與世界以及個人與上帝等二元關係說明靈性的關係意識現象，這種最原始現象明顯反映在兒童好奇與提問上，但是往往受到社會文化的壓抑以至於隱而未顯。Korac-Kakabadse、Kouzmin與Kakabadse（2002）也認為靈性是一種內在自我與外在他人或環境的連帶感。

## 四、靈性是一種意圖與探究的過程

　　Ranson（2002）認為靈性與宗教基本上是不同的，主要是前者強調意圖（attending）與探究（inquiring），而後者著重解釋（interpreting）與行動（acting）。個人本質上會發現或認識到個人與自己、個人與他人、個人與世界以及個人與上帝等關係的意圖，如此的意圖促使個人企圖想要進行更深層的探究，如此的意圖與探究，是無關乎宗教的有無，是一種最直接性本質本能的反應，此種現象明顯反映在兒童身上。

## 五、靈性是一種價值的創造歷程

Zohar與Marshall（2000）主張靈性不會跟隨著現存的價值亦步亦趨，而是創造很多可能的價值，甚至Fairholm（1998）也認爲靈性提供我們價值系統。例如：忠誠、無私、和平、寬恕與謙卑等。

## 六、靈性是一種圓滿的（wholeness）感覺與經驗

Korac-Kakabadse等人（2002）認爲靈性是我們與外在環境融爲一體的整全感受，或者是一種個人內在心智身靈的圓滿經驗，並能喚起個人態度、信念與行爲的表現，或者也是一種生活知足圓滿的感受。例如：和諧、整體感與幸福感等。

綜合上述有關靈性意涵的說明，靈性可定義爲：係指一種存在於人類內在的本質與智慧，意圖對個人與自己、個人與他人、個人與世界以及個人與上帝等關係進行探討，並在探究過程中尋求一種可能的價值與道德，以致使個人內在心生圓滿的感覺與經驗。Ellis（2003）認爲在我們社會的活動上、情緒的表現上與智力的活動上，皆可看到靈性的展現。無獨有偶，Fairholm（1998）也認爲靈性是很人性化的，可導引我們的價值，並指導我們最內在、最重要的決定，缺少了它，工作上、生活上或生命上將若有所失。因此，經由上述有關靈性意涵的說明之後，接著介紹相關的靈性領導理論與模式。

## 參、靈性領導理論

面對21世紀領導者的工作任務，已不能侷限在監督與管控方面，因爲智慧是無形的資產，並且僅存於人類的心智中，唯有不斷的開發與挖掘才有可能源源不絕、取之不盡、用之不竭。Barrett（2003）認爲21世紀已使舊有的企業經營典範產生了變化，舊有的企業經營典範雖然創造了現代社會，但已無法滿足需求。Macaulsy與Lawton（2006）認爲，以管理主義、效率與講求能力的哲學，追求卓越是不足的。因此，Korac-

Kakabadse等人（2002）認為此時的組織設計、管理，應以靈性與意識為整個動態革新系統的核心。身為領導者應具備工作任務的哲學與靈性基礎，才能促進靈性組織形成，並完成各項領導任務。

有關靈性領導的倡導者，主要為Fairholm（1998）與Fry（2003）二人，不過Ellis（2003）認為Greenleaf（1998）、Covey（1999）、Barrett（2003）與Senge（1990）等人，也皆有相關靈性領導的論述。然而靈性如何領導？或者何謂靈性領導？Fairholm（1998）認為靈性領導，是同時考慮領導者、部屬員工與組織的全面性需求、能力與興趣，並將之整合到一個更寬廣的管理系統裡面。而Fry（2003）所提及的靈性領導，是涵蓋著價值、態度與行為的領導，採用內在性動機方式激勵自己與他人，讓自己與他人感受到靈性存在的感覺，強調一種全面性的關照。而至於Martinez與Schmidt（2005）則定義靈性領導，是涉及人的行動與態度，特別是有關個人靈魂與精神方面的發展、開發與實踐，意謂著將個人的靈性引領到組織的脈絡中來施展。另外，Martinez與Schmidt（2005）指出，靈性領導者是一種兼具傳道者、家長、教師、政策領導者與組織管理者等多重角色於一身的領導人。除此之外，有學者更從領導理論的脈絡中去闡釋靈性領導的意涵，Ellis（2003）認為當代領導觀念中，具有以靈性哲學為基礎的理論，有僕人式領導（servant leadership）、靈性領導（spiritual leadership）、原則中心領導（principle-centered leadership）、以價值為基礎的領導（values-based leadership）以及學習型組織（the learning organisation）等理論。

有關靈性領導的理論中，Greenleaf（1998）的僕人式領導理論強調領導者以服務為第一要務，將為他人服務視為天經地義的事，讓被服務的人更健康、有智慧、更自由、更自動自發，甚至變成另一個僕人。此種論述是將聆聽、感情移入、關係治療、覺醒、說服、概念化、先見之明、管理、對人的成長做出承諾，以及建立共通處等十項有關靈性的特徵納入領導者人格特質中，期望組織員工能有個人的、專業的與靈性的成長（Ellis, 2003）。而Fairholm（1998）的靈性領導理論中則指出一位靈性領導者，應具備教導正確原則、運用技巧鼓勵員工自我管理、創造

出可自由工作的情境、領導者即是僕人兼管家、感謝人的整體性而非只是工作上的能力而已等領導觀念，以一種整全式取向，將領導者與部屬的能力、潛力、需求與興趣，甚至於組織目標皆一併考慮進去，因此Fry（2003）認爲Fairholm的靈性領導是能協助他人從身體、心理、情感與靈性等四方面進行整全式的決定與選擇。

　　另外Covey（1999）的原則中心領導則主張領導者應遵循自然法則，焦點在領導者整全性的觀點，因此強調領導者應具有七項習慣：主動積極（be proactive）、先思考前因後果（begin with the end in mind）、設定優先順序（put first things first）、雙贏（think win-win）、先尋瞭解再求諒解（seek first to understand, then to be understood）、一加一大於三（synergies）、不斷的磨練（sharpen the saw）。前三個成功的習慣，是使你從依賴的個體走向一個獨立的個體，可以爲你贏得個人的勝利；後三個則是使你從獨立的個體走向相依的群體，可以爲你贏得公眾的勝利，最後一種習慣則是使你進入成功的循環，越來越成功（徐炳勳譯，2005）。

　　至於Barrett（2003）以價值爲基礎領導理論，則提出必須將個人價值、組織價值與慾望價值統合一起，並將Maslow的需求層次論中自我實現分爲四個靈性知覺（spiritual consciousness）發展階段：轉化（transformation）、內聚（internal cohesion）、融入（inclusion）與一統（unity）。Fry（2003）認爲Barrett的領導理論，是強調領導者必須全然對整個知覺狀態了然於胸，並且以較高層的價值對待顧客、員工與組織。而Senge（1990）學習型組織認爲領導者必須以學習爲中心，並提出足以培育靈性價值的學習型組織理論。領導者應具備五項修練，即是建立共同願景、自我超越、改善心智模式、團隊學習和系統思考，在每一次個人靈性的成長皆是個人與組織學習、發展的重要元素（Ellis, 2003）。

　　如上所述，靈性領導的發展脈絡在上述五種領導理論中，皆能提供其發展的哲學基礎。接著爲了進一步瞭解靈性領導的理論，本文再提供二個頗具參考價值的領導模式，一是Fairholm的靈性領導模式，另一則

是Fry的靈性領導模式。

# 一、Fairholm的靈性領導模式

有關領導思想的演進方面，Fairholm（1998）提出近一百年思想演進的五種領導心智模式（five mental models）：

(一)領導即是管理，以計畫、目標設定等科學方式，進行控制與預測。

(二)領導即是卓越，以高品質、高生產等策略方式，強調卓越、革新與創造。

(三)領導即是價值，以一種哲學式的思考方式，著重價值教導與個人發展。

(四)領導即是信任的文化，以一種分享、高信任的文化，營造信任、授權的團隊氣氛。

(五)領導即是靈性領導，以一種僕人式、管家式的角色，建立具信念、誠實、開放、平衡與整體感等感覺的社群。

上述的每種模式皆有其特有的領導任務與領導型態，並呈現出一種從管理控制至強調靈性整體的演進脈絡，更可看出是以一種心理性存在的領導模式，持續不斷的成長。因此，Fairholm（1998）總結出有關人類存在的議題才是決定我們價值與行動的重要因素，並提出一種整全性取向（a holistic approach）的靈性領導，考慮領導者與員工的能力、需求、興趣，以及組織目標的整全性思維方向，促進經濟性企業奉獻社會，而人類亦可得到自我完全發展。

Fairholm（1998）的靈性領導模式主要基於Greenleaf的僕人式領導觀念發展而來，此領導模式以一種整全性（holistic）取向，考慮領導者、部屬員工與組織的全面性需求、能力與興趣。靈性領導者協助部屬員工，在進行決定時能同時兼顧到生理、心理、情緒與靈性等四部分。因此，靈性領導者必須藉由願景來激勵組織內的合作、信任、相互關照與承諾等精神，並具有能力來使員工接受與贊同。因此，Fairholm以三個類別、八項特徵提出其靈性領導模式，如圖17-1。

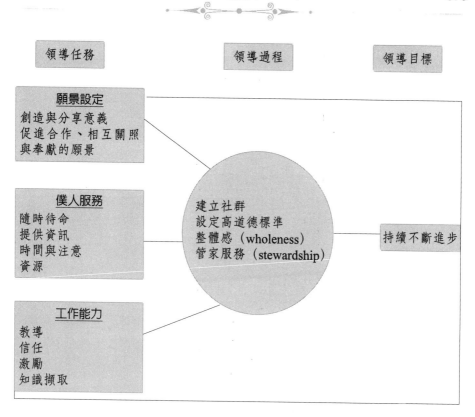

**圖17-1**　Fairholm（1998）靈性領導模式（Ellis, 2003: 40）

　　Fairholm認為靈性領導應分為任務、過程與目標等三類，其中靈性領導任務，係指願景設定、僕人服務與工作能力，而靈性領導過程，則指建立社群、設定高道德標準、整體感（wholeness）與管家服務（stewardship），至於靈性領導目標，則以持續不斷發展與精進為標的。首先，就靈性領導任務而言，願景設定是要領導者能創造並分享出願景的意義與意圖，並進而促進合作、相互關照與奉獻的精神；而僕人服務係指領導者必須能隨時待命、提供資訊、時間、注意、與資源；至於工作能力則指出領導者必須具備教導、信任、激勵與知識擷取等能力。其次，就靈性領導過程而言，以靈性為基礎的領導，主張個人歸屬感是基本的需求，但同時也追求獨立，因此，建立社群與個人整體感同時兼顧。最後，藉由靈性領導任務與過程達到的目標，是建立在持續不

斷進步與學習的組織上，使得領導者、部屬與其他利害關係人多方得利
多方皆贏，並創造出一種最佳的內在平和心理狀態（a state of mind of
inner peace）。

## 二、Fry的靈性領導模式

　　Fry（2006）認為靈性領導即是透過願景、期望／信念與利他性的
愛（altruistic love）來領導，其中應包含價值、態度與行為等三部分，
領導者透過使命感（calling）與會員關係（membership），由激勵個人
的內在性動機，使他人產生一種精神上的幸福感，這種幸福感讓他人經
驗到生活上是具有意義的、與眾不同的，以及一種被瞭解、被欣賞的感
覺，最後對組織產生承諾與生產力。Fry認為在工作、績效與報酬的脈絡
中，外在性的動機方式，強調工作後績效所獲得的外在性報酬，才是激
勵部屬的原動力，然而內在性的動機方式則強調工作所獲得的績效就是
一種報酬的方式，績效本身便是工作的原動力。因此，Fry（2003）提出
靈性領導模式如圖17-2：

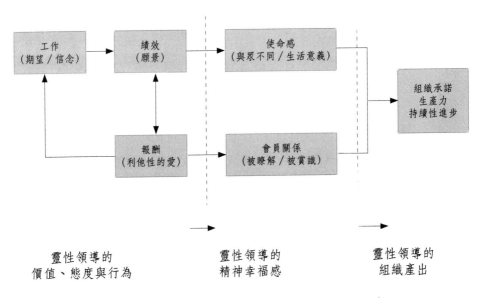

**圖17-2** Fry的靈性領導模式（Fry, 2003: 695）

　　靈性領導模式中的願景主要包含著廣泛徵詢利益關係人意見，並確定組織發展方向與期程，藉此反映出高標準的理想，並形成員工的期待與信念，進而訂定出卓越的工作標準。其次，所謂利他性的愛，是員工被一種信任、忠誠、寬恕、正直、誠實、仁慈、謙卑與感恩等方式來對待。至於工作的期望與信念，則是員工以一種耐性、軟性、卓越、成功與竭盡所能等觀念自持自信。

　　針對此一假設性的因果模式，Fry認為藉由清楚的工作信念與令人信服的願景，將會喚起組織同仁部分的幸福感，使人覺得在組織工作是與眾不同的、深具生活意義的，而將組織願景深化的期望與信念，又以一種內在性動機方式激勵未來工作的方向。而利他性的愛可在追求組織願景的同時，在組織或同仁中毫無限制性的釋出與給予，如此可以消除工作上的恐懼、憂慮、嫉妒、自私、頹廢等情緒，使人人被瞭解、人人被賞識，因而增加另一部分的幸福感。此種內在性動機的循環模式，主要是基於組織工作願景、利他性愛的報酬，以及工作期望／信念等價值、態度與行為的互動模式，因而產生個人精神上的幸福感，最後產出具正向的組織成果，例如組織承諾、生產力與持續性的成長。此種組織承諾，因員工與眾不同、生活意義、被瞭解與被賞識等方面的喚起與認同，因而形成員工與組織相互依存；至於組織生產力與持續性成長，因員工具有組織願景的期望／信念，並期待被喚起與認同，因而會竭盡所能追求組織共同的生產與成長。

　　綜合上述有關靈性領導論理的探討，約略反映出三項特徵，第一，強調一種整全式的發展取向，不僅注重個人全面發展，亦顧及組織整體經營。第二，強調社會的成長與發展，是朝著一種高層次的心理性存在在邁進。第三，強調未來的領導走向，須要領導者透過靈性知覺與洞察，引領組織不斷進步與發展。由此可知，靈性領導未來對組織將造成相當程度的影響，更是一股不可忽視的領導趨勢。

# 肆、學校靈性領導的實踐

　　所謂沒有理論的實踐是盲的，而沒有實踐的理論則是空的，在教育與社會科學研究上，理論與實踐的結合更應如此。楊深坑（2004）認為教育與社會科學研究異於自然科學，在於自然科學有可能純理論之探討，但教育與社會研究不然，研究總意味著有意圖地將理論化為實踐性的活動。靈性領導理論屬於社會科學理論性之研究，應具有改善人類生活與提升幸福感之意圖。學校是教育的場所，學校教育若無靈性，則易生貪婪、冷漠與衝突，而學校領導若無靈性，則易短視近利、急功好利，所以，靈性之於教育，猶如樹根之於枝葉，本末相繫為一體，前後相依不分離。然而，教育卻往往忽視靈性的存在，因此，蔡進雄（2006）指出教育領導一直忽略靈性的探討，主要原因是長期量化研究的偏向，與靈性、宗教、教育三者間不易區隔與劃分，因而誤以為靈性即是宗教，宗教即是信仰。有鑑於此，本文將以有關靈性領導文獻論述為依據，而以學校領導實務為運用，提出學校靈性領導的實踐與作法，以供實務運用之參考。

## 一、設定學校願景以喚起教師使命感

　　Fry（2003）認為願景提供組織三個重要的功能，即是幫助釐清革新的方向、確定並簡化複雜的決定與快速統合員工的行動等，不僅能喚起員工的使命，並能激勵個人的希望與信念。而Fairholm（1998）也認為設定願景，領導者可分享與創造意義，而靈性領導者會進一步發展互助合作，並致力於願景的達成。學校願景應是未來發展方向與圖像，學校領導者基於學校發展方向、確定學校決定流程與統整學校成員的行動等考慮，可藉由別緻的組織結構與組織流程，激發出組織的靈魂，例如，開個靜謐深思的組織會議、排定每季一次的戶外團隊修練，在此可設計一系列自我靈性探索與組織發展靈魂的價值澄清。

## 二、善用利他性愛的獎勵方式以營造教師情感性認同

　　利他性的愛是一種圓融、和諧與幸福的感覺，主要藉由組織成員彼此關心、照顧與感恩的互動而來。Fry（2003）認為在利他性愛的情境下，組織成員會展現出一種耐力、和藹、寬恕、謙卑、無私、信任、忠誠、自控與真誠等的價值與力量，這種價值與力量足以克服恐懼、生氣、灰心氣餒與傲氣等破壞性情緒，不僅能導引出組織成員的認同，且能強化個人工作信念與組織發展願景。學校教育以「人」為本，各項活動設計與行為動念間，理應以「教育」為念，而存在於師生互動、行政執事、親師合作與學校社區交際之間。而利他性的愛是一種人本的價值，是學校親師生良性互動的因子，因此，學校領導者除了以外在獎勵之外，應引導出親師生的額外附加價值。

## 三、鼓勵自我修練以提升個人靈性智慧

　　信念是希望的保證，雖未必能具體證明但確信它是真的，它更是組織願景／目的／任務的源頭，在個人靈性智慧中孕育而成。蔡進雄（2006）認為學校領導者只停留在「現實面」，不追求更高層次的「理想面」，將無法提升個人生命與領導境界，然而，具靈性修養的領導者是有超越性的，不追逐個人權力與利益的，較易對學校教師產生潛移默化的作用。而持有靈性智慧的員工，將會知其所以、欲往何處，即使面對困難與挑戰，也會義無反顧在所不惜（Fry, 2003）。

　　學校教育是百年大計，是得長期深耕培植的事業，為人教師者，除了得天下英才而教之外，也應能樂在其中、享受其中。因此，學校領導者，可設計提升教師身與心連結的探討活動（例如：瑜珈或太極，透過身體來培養靈性的知覺）、提供教師足以反省的時間與空間（例如：禱告或冥想，藉由個人化反省來引發個人內在靈性），以及引導教師靈性產出的實踐活動（例如：社會服務或慈善活動，超越個人需求展現出慈悲、同情等胸懷）。

## 四、喚起個人使命感以產生學校組織承諾

使命感是一種生命目的與意義的呈現，Fry（2003）認為使命感讓人產生與眾不同與生活意義的感覺，是人類的需求之一、是引發內在動機的元素，具有使命感的員工將會依附、忠誠與留任在組織之中。Covey（1999）認為領導者應以服務為使命，協助他人以一種嶄新的和諧關係，面對外在的挑戰與壓力。學校教師處在這瞬息萬變、詭譎不定的後現代社會中，其使命應藉由願景、信念與利他性的愛來喚起，體認教育的神聖性與價值性。因此，學校領導者，可適當提供靈性文獻，激勵教師使命感，亦可以人性化的團隊為基礎，加強個人靈性價值與組織成功的連帶性關聯。

## 五、運用會員關係讓教師受到賞識與瞭解

會員關係的擁有，意味著個人身分的確認與地位。Fry（2003）認為會員的關係是一種員工被瞭解與賞識的經驗，透過此種經驗便可開始發展、擴展個人的社會關係脈絡，而在與人互動過程中，利他性愛的付出與接受，又更加強會員關係的深度與廣度，讓人更願意為組織績效而努力。而Kouzes & Pozner（1987）則指出個人藉由團隊的參與，在產生認同感過程中，會經歷著類似會員關係的感覺，即是一種被瞭解與被賞識的心理感受。

學校關係體系素來以鬆散結構存在，在教學專業的設限下，常視班級內教學為獨門絕學，而以班級教室為獨占王國，因而在學校內不易產生「會員」的關係，不易有「家」的感覺。學校靈性領導者，必須以接納的心態賞識與瞭解教師，營造一個家庭的氣氛，除安排饒富人味與溫馨的家庭環境外，宜注意教師身心情靈整體的發展，例如：設計健康管理方案、心理諮詢管道、情緒管理策略與靈性發展等計畫。

## 六、匯集教師組織承諾以導引學校持續進步

持續進步是組織一致追求的目標與目的，也是組織得以永續發展與

生存的關鍵，面對快速多變的21世紀，唯有持續進步才能保有彈性與應對機制。Fairholm（1998）認為發展組織持續精進的目的，是靈性領導的任務，藉由學習型組織，在領導者、追隨者與利害關係人之間，協助營造出一種內在的平衡狀態。學校組織一直以權威性、垂直式為導向，將無法回應多變的社會需求。因此，學校領導者宜透過學習型組織，藉由腦力激盪，匯集教師對組織的承諾，導引學校向上向善持續發展。

　　面對高不可測的變遷社會與一日千變的資訊環境，靈性領導提供的是組織生存再造、永續發展的必要條件，而非充分條件。所以Fry（2003）認為一個成功的靈性領導者應該是有人須要引導時，走在前面拉一把；有人需要鼓勵時，走在後面推一下；而當有人需要朋友時，走在旁邊拍一拍。因此，學校的靈性領導者宜透過教師間智慧的交談，與貼心的對話來領導，使每個人相信一些事、相信一些人，並讓這些人相信自己，甚至讓這些人繼續相信別人，甚至相信他們會做明智的決定，而且此種決定是關乎其一生一世的。學校是個需要靈性的環境，學校領導者有使命與義務，營造出深具靈性意義的氣氛，並激發出親師生間的靈性之氣，進而引導學校向上向善發展。

## 📖 伍、結語

　　靈性是人類高貴的特質，不僅可展現內在優勢力自助外，亦可發揮外在影響力助人。而工作上的靈性，使組織充滿和諧、圓融的氣氛，並能產生員工組織信任與承諾，進而提高績效責任感。至於領導方面展現靈性，其不僅可喚起組織成員的使命感與會員關係，更可促進組織生產力與績效，並引導組織持續進步與發展。學校組織是教人育民的場所，一切的施為與步驟，都應以「人」為本，以「人」為念，而人之所以異於禽獸，貴在有靈性。因此，學校領導者導引出師生靈性本能、提升師生靈性智慧、促進人際間靈性關係與營造學校靈性環境等方面的發展，將有其必要性與重要性。

　　靈性領導是一個新興的觀念，尚在發展階段，最近研究已融入多項

議題（Fry, 2005），例如工作靈性、道德標準與正向心理學等方面，此等一致認爲靈性領導的價值、期望／信念與利他性的愛是人類健康與幸福感的表徵。其次，在追求願景過程中，滿足利害關係人需求的同時，也可將自我超越（transcendence of self）的觀念納入，讓個人經驗更高的心理幸福感，並減低健康疾病的威脅，例如心血管疾病、身體機能衰退與認知功能失調等。特別的是，這些參與靈性領導的同仁伙伴們，會更注意自己、自己的過去，以及與人互動的品質，無形中讓生活增加了意義與目的，並能有效管理周遭環境，與增強自我的信念，讓人持續不斷的成長與自我實現。相信不久的將來，靈性領導將引領另一波的經營管理革命，並激起組織研究的另一波熱潮。有爲者，亦若是也。

## 問題與討論

一、靈性與宗教如何區辨？二者是否有互補之處？

二、靈性智慧既然生而有之，學校教育將如何導引呢？

三、靈性領導可與當代哪些領導理論結合，引領組織持續不斷成長呢？

四、學校教育環境中，有哪些不利於靈性發展的因素？

五、靈性領導尚可融入哪些重要的議題來發展？

## 參考文獻

### 中文部分

李心瑩譯（2000）。Howard Gardner著。再建多元智慧—21世紀的發展前景與實際應用（譯自Intelligences reframed: Multiple intelligences for the 21st century）。臺北：遠流。

徐炳勳譯（2005）。Stephen Covey著。與領導有約（譯自principle-centered leadership）。臺北：天下遠見出版社。

楊深坑（2004）。科學哲學的新發展及教育與社會科學研究之展望。載
　　於潘慧玲（主編），**教育研究方法論：觀點與方法**（頁27-44）。臺
　　北：心理出版社。

蔡進雄（2006）。提升教育領導的新境界：論靈性與教育領導。**教育研
　　究月刊**，*146*，78-86。

鄧元尉譯（2001）。John Hick著。第五向度─靈性世界的探索（譯自
　　The fifth dimension: An exploration of the spiritual realm）。臺北：
　　商周文化事業公司。

## 西文部分

Barrett, R. (2003). Culture and consciousness: Measuring spirituality in the workplace by mapping values. In R. A. Giacalone, & C. L. Jurkiewicz (Eds.), *Handbook of workplace spirituality and organizational performance* (pp. 345-366). New York: M. E. Sharp.

Covey, S. (1999). *Living the 7 habits*. New York: Simon & Schuster.

Ellis, T. (2003). *The era of compassionate capitalism: A vision of holistic leadership development in the 21st Century*. Executive MBA dissertation, Henley Management College, London.

Fairholm, G. W. (1998). *Perspectives on leadership-From the science of management to its spiritual heart*. Westport, Connecticut: Quorom Books.

Ferguson, J. & Milliman, J. (2008). Creating effective core organizational values: A spiritual leadership approach. *International Journal of Public Administration*, 31(4), 439-459.

Fry, L. W. (2003). Toward a theory of spiritual leadership. *The Leadership Quarterly 14*, 693-727.

Fry, L.W. (2005). Toward a theory of ethical and spiritual well-being, and corporate social responsibility through spiritualleadership. In Giacalone, R. A., & Jurkiewicz, C. L. (Eds.) *Positive psychology in business ethics and corporate responsibility*. Greenwich, CT:

Information Age Publishing.

Fry, L. W. & Matherly, L. L. (2006, August). *Performance excellence through Spiritual Leadership*. Paper accepted for presented at the August 2006 meeting of the Academy of Management, Atlanta, Georgia. http://www.tarleton.edu/~fry/resources.html

Fry, L. W. & Slocum, J. W. (2008). Maximizing the triple bottom line through spiritual leadership. *Organizational Dynamics, 37*(1), 86-96.

Greenleaf, R. (1998). *The power of servant-leadership*. San Francisco: Berrett-Koehler.

Hay, D. (2001). Spirituality versus individualism: The challenge of relational consciousness. In J. Erricker, G. Ota. & G. Erricker (Eds.), *Spiritual education: Cultural, religions and social differences: New perspectives for the 21st century*(pp. 104-117). UK: Sussex Academic.

Korac-Kakabadse, N., Kouzmin, A. & Kakabadse, A. (2002). Spirituality and leadership praxis. *Journal of Managerial Psychology, 17*(3), 165-182.

Kouzes, J. M. & Pozner, B. Z. (1987). *The leadership challenge*. San Francisco, CA: Jossey-Bass.

Macausly, M. & Lawon, A. (2006). From virtue to competence: Changing the principles of public service. *Public Administration Review*. 66(5), 702-710.

Martinez, R. J. & Schmidt, D.(2005). *Spiritual leadership and the quest for survival in organizations*. A Working Paper presented at the 2005 Christian Business Faculty Association Conference in San Diego, CA. http://www.cbfa.org/papers/2005conf/paper32.doc

Ranson, D. (2002). *Across the great divide: Bridging spirituality and religion today*. Strathfield NSW, Australia: St. Paul's.

Senge, P. (1990). *The fifth discipline*. London: Random House Business

Books.

Zohar, D. & Marshall, I. (2000). *SQ: Spiritual intelligence: The ultimate intelligence*. London: Bloomsbury.

# 索 引

## 中文部分

## 西文部分

principle-centered leadership  376, 386

國家圖書館出版品預行編目資料

學校領導：新理論與實踐／黃宗顯等合著.
--1版.--臺北市：五南，2008.09
面；　公分
含索引
ISBN 978-957-11-5368-1（平裝）
1.學校行政　2.學校管理　3.領導理論
526　　　　　　　　　　　　97016440

1ITK

# 學校領導:新理論與實踐

作　　者 ― 黃宗顯(294.1)　陳麗玉　徐吉春　劉財坤
　　　　　　鄭明宗　　劉峰銘　郭維哲　黃建皓　商永齡
發 行 人 ― 楊榮川
總 編 輯 ― 王翠華
主　　編 ― 陳念祖
責任編輯 ― 李敏華
封面設計 ― 童安安
出 版 者 ― 五南圖書出版股份有限公司
地　　址：106台北市大安區和平東路二段339號4樓
電　　話：(02)2705-5066　傳　　真：(02)2706-6100
網　　址：http://www.wunan.com.tw
電子郵件：wunan@wunan.com.tw
劃撥帳號：01068953
戶　　名：五南圖書出版股份有限公司
台中市駐區辦公室/台中市中區中山路6號
電　　話：(04)2223-0891　傳　　真：(04)2223-3549
高雄市駐區辦公室/高雄市新興區中山一路290號
電　　話：(07)2358-702　傳　　真：(07)2350-236
法律顧問　林勝安律師事務所　林勝安律師
出版日期　2008年 9 月初版一刷
　　　　　2013年10月初版三刷
定　　價　新臺幣450元